高等职业教育物流类专业新形态一体化教材

物流管理基础

花永剑 吴汪友 主 编
周宁武 蔡书欣 副主编

清华大学出版社
北京

内 容 简 介

本书为浙江商业职业技术学院在线精品课配套教材,是学习物流管理知识的一本入门级教材,在对物流领域的基本业务知识进行模块化介绍的基础上,还对物流发展历程中发生的一些重大事件进行了梳理分析,旨在与读者一起探讨物流产业发展变化的原因,为未来可能产生的变革做好准备。全书按物流产业的业务分类设计成十一章,内容按物流业务分成三大部分:第一部分是传统物流业务模块,包括运输、仓储两章;第二部分是新兴物流业务模块,包括配送、快递、流通加工、采购、数智物流、国际物流六章;第三部分是物流衍生业务模块,包括供应链管理、绿色物流、物流平台三章。每一章都安排了学习目标、导入案例、头脑风暴、即问即答、资料链接、本章思考、二维码链接等栏目,便于读者边阅读边思考,逐步形成自己对物流业务的认知。

本书适合职业院校物流类专业及其他相关专业的教学使用,也可作为物流从业人员的参考读物。

本书封面贴有清华大学出版社防伪标签,无标签者不得销售。
版权所有,侵权必究。举报:010-62782989,beiqinquan@tup.tsinghua.edu.cn。

图书在版编目(CIP)数据

物流管理基础/花永剑,吴汪友主编. --北京:清华大学出版社,2023.4
高等职业教育物流类专业新形态一体化教材
ISBN 978-7-302-62073-0

Ⅰ.①物… Ⅱ.①花… ②吴… Ⅲ.①物流管理-高等职业教育-教材 Ⅳ.①F252.1

中国版本图书馆 CIP 数据核字(2022)第 195099 号

责任编辑:左卫霞
封面设计:常雪影
责任校对:李 梅
责任印制:曹婉颖

出版发行:清华大学出版社
网 址:http://www.tup.com.cn,http://www.wqbook.com
地 址:北京清华大学学研大厦 A 座　　邮 编:100084
社 总 机:010-83470000　　邮 购:010-62786544
投稿与读者服务:010-62776969,c-service@tup.tsinghua.edu.cn
质量反馈:010-62772015,zhiliang@tup.tsinghua.edu.cn
课件下载:http://www.tup.com.cn,010-83470410

印 装 者:北京同文印刷有限责任公司
经　　销:全国新华书店
开　　本:185mm×260mm　　印 张:12.5　　字 数:303 千字
版　　次:2023 年 4 月第 1 版　　印 次:2023 年 4 月第 1 次印刷
定　　价:48.00 元

产品编号:098497-01

FOREWORD 前　言

物流往往与贸易相伴随,是达成商业交易必不可少的支撑要素。交易实现的是商品所有权的转让,物流实现的是物品在空间上的流转。商业发达,则物流的需求量就大;物流先进,则会推动商业更好地发展。自古以来,运输就是物流的主要内容。随着社会的发展,物流活动逐渐衍生出了仓储、配送、采购、流通加工、国际物流、供应链管理等活动,相关技术也在不断迭代升级,物流产业日新月异。

本书全面贯彻新时代中国特色社会主义思想和党的二十大精神,以立德树人为根本,以培养脚踏实地、求是创新的现代物流管理人才为使命,按照"分析岗位需求→确定育人目标(知识、能力、素养目标)→知识模块设计"的思路,有机融入课程思政元素。本书通过十一章内容的介绍,给读者打开一幅展现物流全貌的画卷。

编者团队拥有多年的物流课程教学经验,平时交流甚多,在教学与研讨的过程中逐步达成共识,希望学生在学习的过程中多思考"为什么",而不只是知道"是什么"。出于这个目的,合作编写了这本书,重在突出以下四个特点。

第一,思政与专业并重。"国无德不兴,人无德不立"。党的二十大报告指出,用社会主义价值观铸魂育人。一直以来,物流企业只有将讲诚信、有担当、敢创新的"道"与会运营的"术"有机融合,才能走得快、走得远。本书在介绍物流专业知识的同时,注重正能量价值观潜移默化的引导,培育适合我国现代物流行业发展的人才。

第二,历史与现状并重。本书编写时,不仅对物流业务的运作现状有充分的介绍,还对物流产业发展过程中的一些重大事件有较为详细的分析。编者希望读者在阅读本书时能从三个层面进行思考:第一层,物流是什么?第二层,物流服务是为了什么?第三层,物流产业是如何一步步发展到如今这种状态的?我们不仅要了解当前的物流是如何运作的,还要通过分析它们的演变过程,探索将来会向哪个方向发展。

第三,理论与实际并重。本书在根据业务模块对物流理论进行梳理分析的基础上,对国内外的物流业务实际案例进行了分析。在编写体例上,设置了导入案例、资料链接、头脑风暴、本章思考等模块,引导读者结合当前的实际案例学习相关物流理论知识,增进对物流业务的了解。

第四,内容与形式并重。本书在充分讲解物流基础知识的同时,注重形式的多样化,将纸质教材与电子教材有机融合,在纸质教材上设置了数量众多的二维码,链接了相应的微课、视频资料、图文资料等。同时,本书为浙江商业职业技术学院在线精品课配套教材,扫描下页下方二维码即可在线学习该课程,内含课件、习题库、教学视频等资料,方便读者拓展学习。

管中窥豹，见微知著。只有借鉴前人的经验，我们才有可能在未来更好地推动物流运营模式的创新升级。希望读者通过学习本书，能够较好地理解现实中物流作业背后的原因，并能够适当参与到物流行业商业模式的发展创新中。本书除了可用作职业院校现代物流管理及相关专业的教材，也非常适合新进入物流行业的从业者参阅，读者可以在本书中发现一些物流创新的优秀案例，拓宽工作创新思路。

本书由浙江商业职业技术学院花永剑、蔡书欣，浙江交通职业技术学院吴汪友，湖州职业技术学院周宁武合作编写，花永剑和吴汪友担任主编，周宁武和蔡书欣担任副主编。花永剑负责大纲的制定、稿件的增删与修改；吴汪友对稿件进行统稿与定稿。本书具体编写分工如下：第一章至第五章、第十章、第十一章由花永剑编写，第六章、第七章由吴汪友编写，第八章由周宁武编写，第九章由蔡书欣编写。本书由浙江商业职业技术学院俞涔教授审稿。上海韵达速递有限公司周益军、杭州储仓快杰物联网科技有限公司蔡万想为本书的编写提供了相关资料，在此一并表示感谢。

本书在编写过程中借鉴了许多同行的教研成果，参阅了大量的国内外专著、教材、期刊及中国物流采购网、罗戈网、物流沙龙公众号等线上媒体公开发表的资料，在此特向这些资料的作者表示诚挚的感谢。

由于编者水平有限，书中不足之处在所难免，敬请广大读者批评指正。

花永剑

2022年10月

物流管理基础
在线课程

CONTENTS 目 录

第一章 运输 ·· 1
   第一节 运输方式选择应用 ·· 3
   第二节 运输方式创新突破 ·· 10

第二章 仓储 ·· 18
   第一节 古代仓储管理探秘 ·· 19
   第二节 仓储业务模式创新 ·· 23
   第三节 高大上的电商仓储 ·· 28

第三章 配送 ·· 35
   第一节 现代配送市场分析 ·· 37
   第二节 典型配送模式分析 ·· 45
   第三节 即时配送市场变迁 ·· 48

第四章 快递 ·· 56
   第一节 快递行业帝国传奇 ·· 57
   第二节 快递电商比翼齐飞 ·· 66

第五章 流通加工 ··· 75
   第一节 流通加工包罗万象 ·· 76
   第二节 流通加工模式创新 ·· 82

第六章 采购 ·· 88
   第一节 采购的权力制衡 ··· 89
   第二节 拍卖有利于公平 ··· 94
   第三节 采购的创新路径 ··· 98

第七章 数智物流 ··· 101
   第一节 物流信息技术演变 ·· 103
   第二节 物流机器人的应用 ·· 112

第三节　数智化物流的挑战 …………………………………………… 118

第八章　国际物流 ……………………………………………………………… 125
　　第一节　国际物流发展变迁 …………………………………………… 126
　　第二节　跨境电商物流模式 …………………………………………… 131

第九章　供应链管理 …………………………………………………………… 150
　　第一节　供应链改变着世界 …………………………………………… 152
　　第二节　供应链柔性化策略 …………………………………………… 158
　　第三节　集群式供应链管理 …………………………………………… 162

第十章　绿色物流 ……………………………………………………………… 168
　　第一节　绿色物流推进举措 …………………………………………… 169
　　第二节　绿色物流痛点分析 …………………………………………… 174

第十一章　物流平台 …………………………………………………………… 184
　　第一节　物流平台覆盖策略 …………………………………………… 185
　　第二节　物流平台构建模式 …………………………………………… 191

参考文献 ………………………………………………………………………… 194

第一章

运　输

学习目标

知识目标：
1. 了解不同运输方式各自的优缺点；
2. 了解运输工具选择的影响因素；
3. 理解各类运输作业方式创新过程中遇到的障碍及解决思路。

能力目标：
1. 能分析我国近年来大力发展物流网络基础设施的原因；
2. 能分析各类运输超大工程的价值。

素养目标：
形成勇于创新的思维理念。

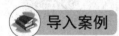

从内河漕运到漕粮海运

漕运是中国历朝历代都有的运输方式，也是我国内河水道独有的交通方式。漕运的作用主要是运输粮食、商品等物资。在我国地理中，内河发达，水系庞大，可航行的水道漫长。漕运起源很早，秦朝统一天下后，修建了灵渠，连通了长江水系和珠江水系，这两大水系的打通，是一个伟大的杰作，北方的军队可以从长江走内河，直达岭南地区，岭南地区很快融入中原地区。

1. 漕运兴旺与京杭大运河的开辟

内河的发达，造就我国漕运的兴旺。南来北往的商船，带动南北经济与文化的交流。隋朝时，南北经济交流频繁，为了适应和便利两地的交流，在前人开通的运河上大幅度扩建，把许多地方连接起来，变成一条比较长的运河。隋朝的首都在长安，运河就经过长江、淮河、黄河等水系抵达长安。这条运河也称隋唐大运河。元朝时，首都在北京，运河也做了修改，直接通往北京。

经过元、明、清三朝的修建与管理，形成了今天的京杭大运河。京杭大运河从杭州出发，途经浙江、江苏、山东、河北、天津、北京，跨越了钱塘江、长江、淮河、黄河、海河等水系，长约1 797km，是中国古代三大工程之一，更是世界上最长的人工运河。不论是在经济、文化还是政治上，京杭大运河都发挥着不可代替的作用。而漕运是京杭大运河的主要作用，元、明、清更加看重京杭大运河的漕运作用。

2. 清朝的漕运

清朝，京杭大运河的运量超过整个漕运一半，形成一条黄金水道。南经济，北政治，而京杭大运河作为一条纽带，连接了两地。在漕运方面，采用标准规格的麻袋装运货物，由官方押运。漕运带动了运河两岸的经济发展，许多地方因此繁荣起来。但漕运也带来了走私，一些士兵在执行押运任务时，私带一些商品，到其他地方贩卖，或者帮商人走私，收取运输费。这种情况屡禁不止，最终清政府只能睁一只眼闭一只眼，而北上的漕运船返航时，因是空船，允许载客返回南方，这样也可获得不少银两，这些都是清政府根据实际情况做出的改变。

扫码查看古代京杭大运河路线图。

京杭大运河出现的这些情况也体现了漕运的发达。除去官方的漕运，民间也出现了商业运输，甚至出现了运输集团。发达的经济造就了京杭大运河，形成了许多中心枢纽城市。在经济、文化、军事、政治上，京杭大运河在古代就有独特的魅力，它形成了"经济—社会"的背景。配合运输、防洪、防旱等功能，在古代内河中，京杭大运河发挥了很大的作用，因此，它也成为我国文化遗产之一。

古代京杭大运河路线图

与明朝相比，清朝对漕运的管控更加严格，1840年以后，由于清朝衰落，大运河的地位非常尴尬，海运逐渐发展起来，大运河无法通行庞大的船只，而大海可以，这样海运运量逐渐超越了大运河，但一些商人还是坚持走大运河，因为这里有独特的风景，且水面平静，更有来来往往的民众，还能领略到不同地方的风土人情。

扫码查看清朝内河漕运场景图。

3. 清朝漕运的制度与危机

由于黄河经常改道，造成京杭大运河北方段经常阻塞，1644—1676年，黄河决口次数高达32次，几乎每年一次，漕运与社会稳定息息相关，清朝统治者也认识到这一点，康熙用了30年的时间治理内河，终于有了成效，之后制定了专门管理漕运的制度体系，并组建了庞大而严密的专门管理机构，漕运开始兴旺起来。

清朝内河漕运场景图

清朝设置了漕运总督，驻扎在淮安，专门管理京杭大运河漕运。它有道、厅、汛三级管理。"道"设有河标副将、参将；"厅"与地方的州、府同等级，设有同知、通判；"汛"与县同级，设有县丞、主簿。清朝前期，形成了一套完整的漕运管理制度，对每个环节都有规定，并形成了奖罚制度。从清朝对漕运的运作、管理、维护、制度、奖罚等规定可以看出这时对京杭大运河漕运的管理，达到前所未有的高度。

扫码查看清朝总督漕运部院古迹图。

从嘉庆开始，漕运出现衰落并伴随着危机。此时，叛乱、河槽变浅等问题频出，贪污和漕运制度带来的腐败现象显现，漕运越来越落后，弊端逐渐突出。嘉庆多次提起漕粮海运变革的问题，但有的大臣不同意，屡屡拿古代的思维限制嘉庆的提议，加上漕运贪污严重，形成严重的官僚体系，最终漕粮海运变革失败。鸦片战争后，海运逐渐兴起，大运河漕运面临严峻的危机。道光年间，面对世界海运的兴起，漕粮开始尝试海运。此时通过漕运抵达京师的粮食越来越少，京师的粮食储量也随之减少。在1826年，1 000多艘漕船从海上向北驶向天津，这是第一次海运，结果是

清朝总督漕运部院古迹图

损耗比漕运少。河运和海运之争,此时也得出结果,但这一次海运之后,海运并没有成为常态运输,第二次海运已是在1848年。与第一次海运相比,这一次海运结果不太理想,其间出现各种问题。世界近代史中,海运明显是有优势的,但清朝的海运没有发展起来。道光年间,始终以内河漕运为主,道光的犹豫不决、传统思想的限制、保守派的反对阻挠、水手和纤夫的问题,都制约了海运的发展。

4. 清朝漕粮海运常态化

咸丰年间,面对漕粮海运的争论,海运逐渐占上风。此时西方的商船经常来往于海上,清朝也逐渐使用铁船,更有利于海上运输和对外交流。清朝国力衰退,内河和领海的航运权均被列强打开,太平天国运动后,整个内河漕运均被摧毁。在这些因素影响下,内河漕运最终衰落,被海上运输超越。这是2 000多年未有的局面,内河占据的主导地位被取代。

黄河决堤,清朝无力治理水患,大运河漕运无法到达北京,最终也促进了漕粮海运的结局。1851年,清朝漕粮改海运。1852年,完善了各种海运章程,但还没有大规模推广,后来逐渐加快扩建规模。漕粮等各种物资改海运效果逐渐显现出来。漕船经过黄河时,由于河床比较高,河道阻塞,需要花费许多时间,漕船来回一次需要7个多月,严重的话时间会更久。而走海运,完全不用担心阻塞的问题,20天就可以抵达,中间也省去了许多停靠点。

扫码查看京杭运河沿线地势剖面图。

清朝后期,从事漕运的人数很多,仅运丁人数就达万人、闸夫数千,加上各种管理职位的人数,这也是漕运开支巨大的原因。海运则节省了这些庞大的开支,相比河运,机构精简。河运漕粮年年欠缺,都因各种花费而耗掉,改海运后,还有盈利。但海运的风险比较大,没有内河安全,在海军不强大时,容易被列强或海盗抢劫。即使有弊端,海运依旧盛行,逐渐成为主流。

京杭运河沿线地势剖面图

资料来源:https://xw.qq.com/cmsid/20200422A06TZV00.

▶ **头脑风暴**

京杭大运河为什么兴盛?为什么衰落?运输工程的重要性受到哪些因素的影响?

第一节　运输方式选择应用

有证据表明,中华文化的最早源头,其实是盐文化,中国商业的起源也同盐有关系。考古证实,尧都平阳离盐池最远为140km;其次为舜都蒲坂,约为60km;再次为禹都安邑(禹王城),约为20km。

人类早期从事的一切经济活动,差不多都是围绕着盐这一特殊资源而进行的。盐是一切商业的根本,也是源泉。例如,在中国的汉字中,商贾的"贾",原来就写作"卤"。在中国第一个奴隶制朝代夏朝,因为生产力不发达,生活水平低下,除了盐,几乎没有可以用来交换的商品。但是,当商部落崛起以后,王亥以超人的智慧,驯服了牛,这种长着一对威武的犄角,身体庞大,看起来凶顽异常的动物,实则脾气温良,极易驯服。从此,人类有了一个可以帮助其耕作、驮运货物,进行长途跋涉的忠实伙伴。不但商业活动的范围迅速扩大,部落之间的大规模贸易也成为可能。

当王亥驾着牛车，一次次从中原大地出发，去一个个部落进行贸易，一种自由贸易形式逐渐形成。人们将这种贸易活动称为商业，从事这种活动的人称为商人，用来贸易的货物称为商品。而支撑商业活动顺利完成的一个必不可少的条件，便是物流运输的实现。物流是指物品的流通，运输是最基础、最重要的活动。

物流运输的实现，除了需要物流工具，还离不开物流通道。就像血液，它必须通过血管才能流到全身的每个角落，如果没有顺畅的血管，那么血液循环无法完成。有时候，血管会藏在不起眼的角落发挥作用。茶马古道就是一个典型的例子，早在汉朝以前就有了茶马古道，只是官方一直不知道。据史书记载，张骞出使西域时，居然在那里看到产自中国汉地的"邛竹杖"等物品，他沿途都没有见过这些物品，因为丝绸之路并不经过四川，张骞好奇心大起，仔细询问这些物品的来历和运输路线。最后得出一个结论：在陆路交通方面，除了从敦煌至哈密，由天山南北两路过葱岭、大月氏、大夏等地这一通道路外，在西南，还存在着另一条对外交通途径。汉武帝获知这一消息后，立即在公元前109年和公元前105年两次用兵云南，征服了昆明夷，大理、洱海一带也随之归顺。结果，发现那里早就存在一条"通道"，这就是"茶马古道"。它形成的最大可能，是滇、川、藏三地的人们，因为互相需要对方的生活用品——云南产茶、四川产盐、藏族地区产马，开始互相之间的交换，慢慢地，一条条道路被开拓出来，向大的"动脉"上集中，犹如百川汇入大海。最终构成一个连接滇、川、藏的大网络。它印证了鲁迅先生的一句话："其实地上本没有路，走的人多了，也便成了路。"有了茶马古道，古代中国与周边国家的国际贸易才能达成，商人们虽然艰辛，但是利润也颇为丰厚。

今天的"茶马古道"，主要指两条线路：一是从中国云南普洱茶原产地（今西双版纳、思茅等地）出发，经大理、丽江、中甸、德钦到西藏的邦达、察隅或昌都、洛隆、林芝、拉萨，再经由江孜、亚东分别到缅甸、尼泊尔、印度；另一条是从中国四川的雅安出发，经泸定、康定、巴塘、昌都到拉萨，再到尼泊尔、印度。在两条主线沿途，还有无数支线，如蛛网般密布各个地区。古代的商人在这么一条世界上最高的"国际商道"上从事贸易贩运，一次远行短则四五个月，长则八九个月甚至一年。

当前，常用的运输方式有公路运输、铁路运输、水路运输、航空运输、管道运输（图1-1）这些运输方式在运输规模、运输单位成本、运输作业效率等方面各有不同。

(a) 公路运输　　(b) 铁路运输　　(c) 水路运输

(d) 航空运输　　(e) 管道运输

图 1-1　运输类型

一、运输工具选择的影响因素

影响运输工具选择的因素很多。工业革命之前,主要依靠畜力运输,这些牲畜包括牛、马、驴、骡、骆驼,它们各自都有自己适合的运输范围。例如骆驼,又称沙漠之舟,主要用于长途运输,那么在古代长途运输中,骆驼是如何在与其他动物的竞争中胜出的?

秋原先生所著的《清代旅蒙商述略》一书中记载:清朝时,一匹普通的骆驼价格为30～50两白银,一匹好的头驼价格可达300两白银;而一匹好马的价格只有30两。骆驼之所以能卖出高价,与其在沙漠、戈壁等条件艰苦地带的顽强生命力息息相关。

骆驼的优点主要有3个方面。

(1) 超强的长途运输能力。骆驼的胃容量与功能和其他动物有较大区别,以蒙古马为例,其一个胃的容积在18L左右,不具有反刍功能,牛有4个功能不同的胃,容积130余升,且会反刍,牛的瘤胃可以使饲料在细菌作用下发酵,分解成细菌蛋白质,继而降解为氨基酸,在进入肠道后被吸收利用,同样一份饲料,牛对其中植物蛋白成分的吸收率可达75%,而马只有25%,所以说,"马无夜草不肥",对马必须细养和增加饲喂次数,骆驼有两个胃,可对形质不同的干、液态食糜加以区别消化,且容量比牛更大,对植物粗纤维和粗蛋白的消化能力也更高,而且,反刍动物还可以利用尿素再循环功能提高蛋白利用率,所以,马、牛需要每天喂养,而骆驼一次吃饱喝足后,可以连续数日长途跋涉。

(2) 便利的沿途给养。现代运输中,加油站的建设很重要,如果加油站匮乏,汽车就无法跑长途。在沙漠、戈壁地带,沿途没有适合动物食用的植物,而骆驼却可以戈壁上生长的植物为食,如沙漠中的梭梭、沙棘等盐碱植物,马和牛都吃不了,却是骆驼的主食。鉴于骆驼身体机能的特点,它的精饲料是用大豆榨油或磨豆腐后剩下的豆渣,拌入食盐、糖渣和微量大黄做成的咸豆饼。古代的畜力运输如果需要携带大量的食物,则其自身的运力会大幅下降,行进距离就会受到很大限制。骆驼可以在驮负物资状态下持续10天行进而不饮水,凭此通过荒漠无水地域;有水时又能一口气饮用上百升,再加以饲喂干草和豆饼,当天即可恢复体力。一支驼队里面,包括喂骆驼的豆饼、驼药和驼夫的必要衣食行囊,只占驮负物资总量的20%～25%,运送效率是骡马车的百倍以上。

(3) 低廉的管理成本。一支200峰骆驼组成的商队,由领队带着20个各有分工的伙计就可以了。旅蒙晋商的驼队可以专走荒漠地带,将草势相对较好的路线让给贩运活羊和马匹的商队,由此再细分出牛马道、羊道和驼道。

从古代畜力运输的筛选过程可以看出,人们在选择运输工具时,主要会从运输时效、持续时间、单位成本及补给便利程度等方面进行考虑。其实,在选择现代运输工具时,单位运输成本及时效也是运输主体最主要的考虑因素。正因为如此,一般在中短距离和运输量较小时,选择汽车运输;在中长距离和运输量比较大时,选择铁路运输;在长距离且运输量巨大时,选择水路运输;在长距离、运输量小且时间要求较高时,选择航空运输(图1-2)。

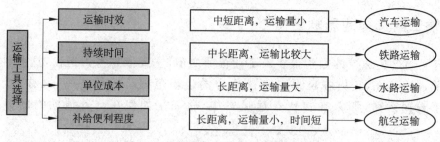

图 1-2　选择各类运输方式考虑的因素

即问即答

古代运输速度很慢,运力又小,也没有先进的冷链运输,那么为了保证肉质鲜美,内蒙古草原的羊是如何千里迢迢运到北京销售的呢?

二、多式联运

在跨国贸易中,多式联运是常见的运输方式。由两种及以上的交通工具相互衔接、转运而共同完成的运输过程称为复合运输,我国习惯上称为多式联运。《联合国国际货物多式联运公约》对国际多式联运所下的定义:按照国际多式联运合同,以至少两种不同的运输方式,由多式联运经营人把货物从一国境内接管地点运至另一国境内指定交付地点的货物运输。中国《海商法》对于国内多式联运的规定是必须有一种方式是海运。例如,从中国上海到南非的约翰内斯堡,经过海运(从中国上海到南非德班),再经陆运(德班到约翰内斯堡),这已经是多式联运了。

2018年,为实现调整运输结构的目标,我国交通运输部门在京津冀及周边地区、长三角和汾渭平原三大重点区域实施"公转铁"和"公转水"行动方案,推动多式联运的发展。多式联运有什么好处呢?先具体来了解多式联运的运作。多式联运经营人是全程运输的组织者,其业务程序主要有以下几个环节:①接受托运申请,订立多式联运合同;②集装箱的发放、提取及运送;③出口报关;④货物装箱及接收货物;⑤订舱及安排货物运送;⑥办理保险;⑦签发多式联运提单,组织完成货物的全程运输;⑧运输过程中的海关业务;⑨货物交付;⑩货运事故处理。

人们选用多式联运,主要是因为它具有以下优点。

(1) 简化托运、结算及理赔手续,节省人力、物力和有关费用。无论货物运输距离有多远,由几种运输方式共同完成,而且不论运输途中货物经过多少次转运,所有一切运输事项均由多式联运经营人负责办理。而托运人只需办理一次托运,订立一次运输合同,支付一次费用,办理一次保险,从而省去托运人办理托运手续的诸多不便。由于多式联运采用一份货运单证,统一计费,因而也可简化制单及结算手续,节省人力和物力。此外,一旦运输过程中发生货损货差,由多式联运经营人对全程运输负责,从而也可简化理赔手续,减少理赔费用。

(2) 缩短货品运送时间,削减库存,减少货损货差,提高货运质量。在国际多式联运下,各个运送环节和各种运送工具之间合作紧密,连接紧凑,货品所到之处中转敏捷及时,大幅削减货品在途停留时间,从根本上确保了货品安全、敏捷、精确、及时地运抵目的地,因此也相应减少了货品的库存量和库存占用资金。多式联运以集装箱为运送单元进行直达运送，尽管货运途中需经多次转换，但因为运用专业机械装卸，而且不触及槽内货品，因此货损货差大为减少，很大程度上提升了货品的运送质量。

（3）减少运送成本，节约各种开销。因多式联运可实施门到门运输，因此对货主来说，在货品交由首个承运人后即可获得货运单证，并据以结汇，提早结汇时间。有利于加快货品占用资金的周转，削减利息，因货品是在集装箱内进行运输，从某种意义上来看，可节约货品的包装、理货等费用。

（4）提高运输管理水平，促进合理化运输。对于区段运输而言，因为各种运输方法的承运人各自为政，自成体系，因此运输规模受到限制，货运量也有限。而且由不同的承运人一起参与多式联运，运输规模能够大幅扩展，最大限度发挥现有设备的效果，挑选最佳运输路线组织合理化运输。

当然，由于多式联运涉及多种运输方式、多个承运人，它也存在一些问题，需要改进完善。一方面，在运输过程中，如果信息更新不及时，则双方的人员不能对接，可能造成运输暂停，延长收货时间。另一方面，全程单一运价，这个运价一次性收取，包括运输成本、各段运杂费的总和、经营管理费和合理利润，可能存在不合理的因素。

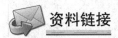

资料链接

驮背运输

驮背运输（piggyback）本质意义上是公铁多式联运，相关资料显示，美国驮背运输于20世纪20—30年代逐步发展起来，当时集装箱还没有出现，但已经出现了半挂车的多式联运。20世纪90年代，美国的挂车驮背运输处于多式联运的主导地位，之后双层集装箱运输快速发展，驮背运输年运量仍处于平稳状态。目前，欧洲公铁联运中集装箱运输（含甩箱运输）比重约为80%，驮背运输比重约为20%，而且驮背运输占比逐年增长。欧洲的驮背运输对象包括公路半挂车和汽车整车。

驮背运输发源于美国，但真正流行起来是在欧美地区，欧盟成员国之间的运输距离是比较短的。为保护阿尔卑斯山地区环境，减少污染，在跨越阿尔卑斯山脉的多条铁路开行驮背运输。线路最长的500km、较短的175km，运行区间为从德国雷根斯堡到意大利都灵。欧洲驮背运输始于20世纪60年代末，当时欧洲铁路运输企业看到美国驮背运输的蓬勃发展并取得了很好的经济效益，便开始推进此类业务。

驮背运输是一种公路和铁路联合的运输方式，货运汽车或集装箱直接开上火车车皮运输，到达目的地再从车皮上开下。

扫码查看驮背运输场景图。

驮背运输场景图

我国第一代多式联运公铁驮背运输专用车，是我国加快发展多式联运，提高交通运输服务质量和效益的一项重大创新成果，该车填补了我国铁路装备技术上的一项空白，为落实"互联网+"行动，促进现代运输与传统运输深度融合提供了重要的装备。此车的研制成功对于落实"一带一路"、长三角、珠三角经济圈及京津冀一体化建设等国家战略，打造综合交通一体走廊、发展各种形式的多式联运，具有开创性意义。

铁路驮背运输的开行,一改传统运输方式,加速了车辆周转,节约了装卸或挂载作业时间,提高了作业效率。公路货车可自行上下铁路车辆实现装卸,铁路有平地面场站提供电源,可以满足作业要求,可不摘钩同时装卸作业。这种运输有着基础设施投入小、作业效率高、灵活性好的优点,将成为铁路货运新的增长点,同时对提高运输服务质量和效益有着重要意义。

公路运输具有灵活性强、投资少、适应性强、能够实现"门对门"的运输服务等优点,但也难以掩盖运量小、长距离、运输费用高、易发生交通事故、受天气影响大、易污染环境等缺点。而铁路运输运量大、安全性较高、运输成本较低、受天气影响较小,能够准时准点将货物送达目的地,但其投资高、装卸时间长、灵活性较差的缺点也较为突出。公铁驮背运输能够结合公路运输和铁路运输的优势,弥补单一运输方式的不足,不仅适合中长距离普通货物、电商物流及快递运输,而且对于冷链运输、危化品运输等具有独特运输要求的货物有更好的适应性。因此,驮背运输在我国具有广阔的发展前景,能够带来巨大的经济和社会效益。

首先,公铁驮背运输将"门到门"和"站到站"运输服务进行有机结合,在"门到站"和"站到门"时采取公路运输,在"站到站"时采用铁路运输,既能够发挥公路运输送货上门等优势,又能够发挥铁路运输运量大、全天候、准时准点的优势,装卸作业便捷灵活,能够有效提高货物运输效率。

其次,驮背运输在运营管理过程中,将公路和铁路运输两者有机整合,组成一条完整的运输服务链,业主仅需支付一次费用、办理一次手续,就可以享受完整的运输服务,有利于提高客户满意度。同时,驮背运输采取整车装卸作业,减少了运输过程中货物的搬运次数,同时避免了运输过程中超载、超限等问题,安全性较高,能够有效降低货物破损率,降低成本。实践表明,驮背运输能够将运输成本降低20%左右。

此外,相关研究表明,公路运输的平均能耗是铁路运输的8倍,污染总量是铁路运输的30倍。公铁驮背运输由铁路完成中间长距离的运输,能够有效减少运输过程中的能源消耗,减轻环境污染,缓解公路交通拥堵状况,减少路桥磨耗和维护成本,解决司机疲劳驾驶问题,提高运输的安全性。据预测,当驮背运输的年运量达到亿吨时,货物周转量将占全国货物运输周转总量的3.5%左右。预计每年将减少公路汽车行驶250万车次,节约燃油量260万吨,同时能够减少约700万吨的一氧化碳、二氧化碳、颗粒物等有害物质的排放。

资料来源:https://news.qcc.com/postnews-18e87f16c66065e138c9893a7cb274ec.html。

三、无车承运人

无车承运人由货车经纪人(truck broker)一词演变而来,是无船承运人在陆地的延伸。无车承运人是指不拥有车辆而从事货物运输的个人或单位。无车承运人具有双重身份,对于真正的托运人来说,其是承运人;但是,对于实际承运人而言,其又是托运人。无车承运人一般不从事具体的运输业务,只从事运输组织、货物分拨、运输方式和运输线路的选择等工作,其收入来源主要是规模化的"批发"运输而产生的运费差价。无车承运人是以承运人身份与托运人签订运输合同,承担承运人的责任和义务,通过委托实际承运人完成运输任务的道路货运经营者。无车承运人具有资源整合能力强、品牌效应广、网络效应明显等特点,利用互联网手段和组织模式创新,有效促进货运市场的资源集约整合和行业规范发展,对于促进物流货运行业的转型升级和提质增效具有重要意义。

无车承运人与货运代理人类似,它们在以下4个方面是相同的。

(1) 本质相同。无车承运人与货运代理人的本质相同,两者都是运输中介组织。

(2) 作用相同。无车承运人和货运代理人在整个运输过程中都起着组织者的作用。

(3) 资产购置要求相同。无车承运人和货运代理人均是轻资产运营,不需要专门购置车辆。

(4) 盈利模式相同。无车承运人和货运代理人都是利用信息不对称而盈利,收取的都是信息资源费。

无车承运人与货运代理人的区别体现在以下4个方面。

(1) 法律地位不同。无车承运人属于承运人的范畴,其业务活动是以承运人的身份接受货载,并以托运人的身份向实际承运人委托承运,签发自己的提单,并对货物的安全负责。在无车承运人与实际承运人对货物的损失都负有赔偿责任的情况下,两者要承担连带责任;而货运代理人则是受货方委托,代货方办理货物运输的人,属代理人范畴,其业务活动是代理货主办理订舱、报关等业务,不对货物的安全运输承担责任。

(2) 身份不同。两者虽然都是中介组织,但无车承运人是处于中介组织与实际承运人之间的一种业态形式,兼具两者的共同特性。无车承运人与托运人是承托关系,与收货人是提单签发人与持有人的关系。即对于托运人而言,他是承运人;而对于实际承运人来讲,他又是托运人。货运代理是受他人委托办理服务事务,与托运人是被委托方与委托方的关系,与收货人则不存在任何关系,而在托运人与收货人之间承担的只是介绍人的角色。

(3) 收费性质不同。无车承运人是以承运人的身份向货主收取运费。在整个运输过程中,无车承运人在收取货主运费后,需委托实际承运人完成运输,并向其支付运费,赚取两者的运费差价;货运代理人收取的是服务中介费。因此,是否赚取运费差价是判断经营者是否承揽无车承运业务的重要依据。

(4) 成立的条件及审批程序不同。按照规定,我国对成立货运代理企业实行审批制,对注册资本规模做出了严格的要求。其中,经营海上国际货物运输代理业务的,注册资本最低限额为500万元;经营航空国际货物运输代理业务的,注册资本最低限额为300万元;经营陆路国际货运代理业务或者国际快递业务的,注册资本最低限额为200万元。如果货物运输代理企业要设立分支机构,则每设立一个分支机构,应当增加注册资本50万元。然而,我国对于无车承运企业实行的是登记制,而不是审批制,要想成立无车承运企业,只需要交纳一定数额的保证金。

无车承运人核心在于承运,本质上还是一个物流公司;与实质托运人签订运输合同、与实际承运人签订运输协议,具有普通货物道路运输经营许可,可开具11%的增值税发票的企业。笼统来讲,现在的大小三方、信息部、专线等都可以称为无车承运人,因为很多企业运力支撑并非都是自有车,运输企业一般通过少量购买或挂代理挂靠车辆来获得运输资质,但在实际运营当中,80%以上的运力都是通过跟个体司机签订长期合同来完成实际运输任务。

国家推广无车承运人模式就是要解决目前物流行业层层转包、代开发票、货物运输风险不可控、货物运输担保机制等关键问题。试点企业需要政府最大的支持在于如何合理解决税务问题(国家实施营改增之后,税务部门认为,无车就属于货代服务,只能开具6%的发票;但是客户需要11%的发票)。道路运输许可办理比较容易解决,购买或代挂靠5辆货运车辆即可获得运输资质;现有的保险机制和无车承运准入门槛也可以解决运输风险及赔付问题,目前只是需要规范与优化。

据统计,上海无车承运人试点公司绝大多数为综合型物流企业,规模较大、管理规范、拥有稳定货源、社会信誉好且经营范围多样化,大多数拥有货物运输、仓储、配送等一整套业务方案,而可为客户提供物流设计方案与物流服务信息平台,能够通过现代信息技术对实际承运人的车辆运营情况进行全过程管理则成为这些试点公司的一大特性。无车承运人必须借助信息化的服务平台并利用信息不对称而盈利,收取的都是信息资源费。

移动互联网技术与货运物流行业深度融合,货运物流市场涌现出无车承运人等新的经营模式。无车承运人是以承运人身份与托运人签订运输合同,承担承运人的责任和义务,通过委托实际承运人完成运输任务的道路货物运输经营者。无车承运人依托移动互联网等技术搭建物流信息平台,通过管理和组织模式的创新,集约整合和科学调度车辆、场站、货源等零散物流资源,能够有效提升运输组织效率,优化物流市场格局,规范市场主体经营行为,推动货运物流行业转型升级。

扫码学习运输工具选择技巧微课。

微课:运输工具选择技巧

丝绸之路

丝绸之路是起始于古代中国,连接亚洲、非洲和欧洲的古代陆上商业贸易路线,最初的作用是运输古代中国出产的丝绸、瓷器等商品,后来成为东方与西方之间在经济、政治、文化等诸多方面进行交流的主要道路。

1877年,德国地质地理学家李希霍芬在其著作《中国》一书中,把"从公元前114年至公元127年间,中国与中亚、中国与印度间以丝绸贸易为媒介的这条西域交通道路"命名为"丝绸之路",这一名词很快被学术界和大众接受,并正式运用。其后,德国历史学家郝尔曼在20世纪初出版的《中国与叙利亚之间的古代丝绸之路》一书中,根据新发现的文物考古资料,进一步把丝绸之路延伸到地中海西岸和小亚细亚,确定了丝绸之路的基本内涵,即它是中国古代经过中亚通往南亚、西亚以及欧洲、北非的陆上贸易交往的通道。

丝绸之路从运输方式上主要分为陆上丝绸之路和海上丝绸之路。

陆上丝绸之路是指西汉(公元前202—8年)汉武帝派张骞出使西域开辟的以中国长安(今西安)为起点,途经凉州、酒泉、瓜州、敦煌,离开中国,进入阿富汗、伊朗、伊拉克、叙利亚等到达地中海,以罗马为终点,全长6 440km。这条路被认为是联结亚欧大陆的古代东西方文明的交汇之路,而丝绸是最具代表性的货物。

海上丝绸之路是指古代中国与世界其他地区进行经济文化交流的海上通道,最早开辟也始于秦汉时期。从广州、泉州、宁波、扬州等沿海城市出发,出中国到南洋,再到阿拉伯海,甚至远达非洲东海岸的海上贸易的"海上丝绸之路"。

资料来源:https://baijiahao.baidu.com/s?id=1713966811588173120&wfr=spider&for=pc。

第二节 运输方式创新突破

经过几千年的发展,人类的运输作业方式不断丰富,作业效率越来越高。这其中既有运输设备及技术的功劳,也有作业方式创新的重大作用。有时一点微小的创新就能给整个行业带来巨大的促进作用。

一、古代的高速公路

公元前221年,秦始皇统一六国之后,为了更方便对全国施行控制,除拆毁六国原有的关隘外,还从公元前220年起,开始建造以帝都咸阳为中心,呈一巨大弧形向北面、东北、东面和东南辐射的帝国公路,而这种公路,在当时被称为驰道。驰道全长超过6 800 km,要知道当时没有先进的机械设备,就连铸铁器也没有普及,工人的工具非常原始,可驰道却一路翻山越岭,地形条件比现在复杂得多。跑在这个全国性公路网上的是皇帝和他的扈从,以及经皇帝许可的政府官员及军队。据有关史料记载,这种驰道,规格上有严格的要求,宽大约50步,就连路两边种的树,间隔也规定在30步左右。放在现在,驰道大概可以叫作国家公路网。驰道建成以后,秦始皇开疆拓土、内部平乱都变得快捷了。

扫码查看大秦直道古迹图。

大秦直道
古迹图

罗马人修路架桥的历史似乎更早,从公元前5世纪开始,随着统治疆域的扩大,罗马大道伸向已知西方文明世界的各个地区,连接欧、亚、非三大洲,形成环抱地中海的空前大帝国的道路网。根据现代学者的估计,罗马大道总共40多万公里,其中铺设石块路面的就有8万多公里。这张古老的道路网无异于罗马帝国的血管和神经系统,离开这张网,帝国的军事、行政、财政、邮政和贸易便无法正常运转。

西方谚语说:"条条大路通罗马。"实际上,罗马通过条条大路掌控着行省和主要城市的局势,维持了七八百年的地中海霸权。直到今天,在意大利、法国、英国、西班牙等国家,部分罗马大道仍在使用。

现代世界的早期网络出现在英国。18世纪下半叶,蒸汽机的应用拉开了工业革命的序幕,马车已无法满足运输煤炭铁矿和重型机器的需要,于是英国人开挖了运河,随后又将运输的重心转移到铁路网。1825年9月27日,第一条蒸汽机驱动的公共铁路线在斯托克顿和达灵顿之间落成通车,全长40 km,由被称为"铁路之父"的乔治·斯蒂芬森设计,这一年又被公认为铁路世纪的元年。乔治·斯蒂芬森既是具有创新精神的工程师,也是出色的企业家,他和儿子以及另外两个合伙人成立了公司,专门生产机车车头。1829年,斯蒂芬森以"火箭号"牵引车头在技术竞赛中胜出,除了500英镑奖金,还赢得了从利物浦到曼彻斯特铁路线的设计与建筑合同。1830年9月15日,这条线路建成投入使用,开幕式成了新技术的盛大庆典,吸引了包括英国首相在内的政界和工业界要人到场,乔治·斯蒂芬森等人亲自驾驶8列火车从利物浦出发,在人们热情的欢呼声中抵达曼彻斯特。

利物浦—曼彻斯特线的开通激发了英国人的投资热情,多条城际铁路接连开工。乔治·斯蒂芬森敏锐地预见到,单条铁路线最终会连接成一个网络,需要尽快统一各条线路的轨道宽度。乔治·在斯蒂芬森的倡导下,英国于1845年立法确定标准轨宽为1.435 m,这个宽度后来成为世界标准。19世纪中叶,英国已有铁路3 600多公里,年运送旅客3 000多万人次,而当时英国总人口也就2 750万人(1850年)。到19世纪下半叶,铁路已接通了大大小小的城镇,形成全国性的运输网络。

事实证明,乔治·斯蒂芬森的轨道标准对铁路技术的推广起到了至关重要的作用。从理论的角度看,如果轨道宽窄不同,运输线路局限于一国一地而不能相互连通,将大幅降低网络特有的梅特卡夫效应。秦朝在修建驰道的同时,规定了车轨的宽度,"车同轨"才可形成交通网络。罗马帝国也规定了道路和车轨的宽度,保证不同的车辆在帝国境内畅通无阻。

二、集装箱改变世界

集装箱其实就是一个大铁箱子,它看起来并没有多大的技术含量,但是正是集装箱在运输领域的广泛运用,极大地推动了货物国际联运作业方式的发展,使得国际贸易成本大幅下降。古代的船运货物主要通过人力进行装卸搬运,一艘较大的轮船卸完货需时约一周,速度慢、效率低,码头工人还很累。古代与现代海运方式比较如图1-3所示。

图1-3 古代与现代海运方式比较

这是什么原因?

主要是因为这些货物多以小包装零散进行装卸搬运,难以采用机械化作业。于是,有人就想到把装卸货物的设备做成标准的箱子,即集装箱,它发明于19世纪初,但是在其诞生之后的几十年里,它并未如最初设想的那样被广泛运用。这是为什么?

在集装箱出现之前,货物的运输非常昂贵,以至于有很多东西跨越半个国家运输都不划算,更不用说跨越半个地球了。集装箱的重要性并不在其本身。一个冷冰冰的铝制或钢制大箱子,上面有很多焊缝和铆钉,底部铺着木板,其中一端有两扇巨大的门,标准的集装箱非常像一只马口铁罐头盒。对一个高度自动化、低成本和低复杂性的货物运输系统来说,集装箱就是核心。

1961年,集装箱还没有进入国际运输领域,单单海运成本就占美国出口总值的12%和进口总值的10%。1960年,如果一家制药企业想把一卡车的药品从美国的中西部运到欧洲的一个内陆城市,需要支出将近2 400美元。1962年,从纽约向巴西运输钢管的平均费用是57美元/t,占出口钢管平均成本的13%,这当中还没有包含把钢管从钢铁厂运到码头上所需的费用。达成贸易的成本太高了,以至于在很多情况下进行贸易毫无意义。

1966年,集装箱终于进入国际运输领域,之后10年中,制成品国际贸易量的增长速度是全球制造产量增速的2倍,是全球经济产出增速的2.5倍。

即使在20世纪50年代,利用船只运送货物仍然是一项非常复杂的工程。在发货人的工厂或仓库里,货物被一件件地装到卡车或者火车上。卡车或者火车把数百或数千件货物运到码头。然后,这些货物一件件被卸下,一件件登记到理货单上,再一件件存放到一个码头旁边的中转货棚里。当一艘船已经做好装船准备后,货物又要从中转货棚里一件件搬出来,再点一遍数,然后或推或拽地运到船边。码头会弄得一片狼藉,到处是纸板箱、木板箱和木桶。把所有这些东西装上船是码头装卸工的活儿。在码头上或者码头旁的仓库里,一群码头工人会把各种箱子和桶搬到木头的货盘或吊货板上,凑成一"吊"货物。有些凑成"吊"的货物是用绳子捆起来或者用网罩住的,但货盘往往是装载摞起来的纸板箱或袋子。当一吊货物准备好以后,码头上的装卸工人会解开吊货板下面的绳索,并把它们的末端系在一起。在船的甲板上,起货机驾驶员或者说"吊运水手"在等着发给自己的信号。当信号出现时,他就把船上起货机的吊钩移动到吊货板的上方。码头这边的工人们把绳索挂到吊钩上,起货机把货物吊起,移动到打开的舱口上方,慢慢降低并把货物放进货舱。舱里的人很快就会放开吊钩,让它升起来去吊运码头上的下一批货物。同时,在昏暗的货舱里,另一群装卸工会把货物从吊货板上卸下,然后借助四轮推车或叉车,或者全凭一身蛮力把它们搬到适当的位置上去。

自动化在第二次世界大战期间到来,但影响非常有限。叉车从 20 世纪 20 年代开始使用,20 世纪 50 年代被普遍用来把货盘从仓库搬运到船旁;有些港口还安装了传送带,用来卸载成袋的咖啡豆和马铃薯。尽管有了机械作为辅助,肌肉却往往还是最终的解决办法。

宾夕法尼亚铁路公司是美国最大的运输公司,在集装箱运输应用之前,它遇到的难题在于公司的很多客户都不是向一个目的地发送大量的货物。例如,一家小工厂可能会让一节火车车厢在铁路公司的支线轨道上停留一周,这期间它们会把发给很多不同买家的货物装上去。铁路公司必须把这节车厢挂到一列货车上,并把它拖运到最近的联运交接点去,在那里,车厢中的货物会被卸下,分拣到手推车里,然后再重新装到开往不同目的地的火车车厢里。该公司的替代方案是一种钢制集装箱,其宽度只有 9 英尺(约 2.7m),大概是普通火车车厢的 1/6。发货人可以把发往底特律的货物装进这样一个集装箱里,发往芝加哥的装进另一个,发往圣路易斯的再另外装一个。这些集装箱可以用叉车放到一节车厢上,而在联运交接点,一辆叉车会很容易地把这些集装箱分别搬运到合适的火车上。根据该铁路公司的计算,在转运站分拣散件货物的成本是 85 美分/t;转移一个 5t 集装箱的成本仅为 4 美分/t,而且这还减少了损毁索赔以及对火车车厢的需求。

然而,集装箱化对运输成本的节约并不是那么简单。1955 年,一次普查发现,在欧洲国家里有 154 907 个使用中的船运集装箱。但是,这些集装箱并不大,其中 52% 的集装箱小于 106 立方英尺(约 3m³)。几乎所有欧洲的集装箱都是木制的,而且很多都没有顶盖;使用者要把货物堆在里面,并用帆布盖住,这导致货物搬运的效率不高。要想把卡车车身装进比利时国有铁路公司推广的集装箱中,使用者必须先把集装箱推到一个斜坡上,而这就又多了一个处理步骤。美国的集装箱大多是钢制的,可以提供更好的防护,但也需要巨大的成本;一个装满了货物的集装箱,其总重量的 1/4 是集装箱自重。另外,比起把货物装在集装箱里,散件堆放的货物所占的空间要小得多,浪费的空间可能会超过 10%。于是一个矛盾出现了,1956 年,一项研究发现,把食品从宾夕法尼亚的仓库装船运到拉布拉多的空军基地,使用集装箱运输的成本要比传统方法高 10%。如果把集装箱运回宾夕法尼亚的成本也计算在内,那么集装箱运输的成本要比散货运输高 75%。原本以为可以节约成本,没想到反而增加了成本。

集装箱从发明到广泛使用,期间经过了几十年,是美国商人麦克莱恩的努力,才让集装箱从一个普通的箱子成为推动国际运输业的重要工具。这其中,麦克莱恩也是"过五关斩六将",想了诸多的办法,付出了艰辛的努力。

其原因主要有 3 点:①集装箱没能采用统一的标准。1955 年一次普查中,人们发现有的集装箱是木制的,有的是钢制的,有的集装箱没有顶盖,而且集装箱的尺寸规格也很多。②当时的轮船是既有集装箱,又有散货堆放。而就算是集装箱,里面的货物也是品类繁多,然后杂乱地堆放在集装箱中,导致集装箱的空间浪费较大。③对国际航运来说,海关当局往往既对货物也对集装箱征收关税。

这时,美国商人麦克莱恩看到了其中的商机,他采取了4个应对措施:①找人改进回转起重机,安装上可以罩住提起集装箱的扩张爪,用以替代传统的起货机。新的起重机每隔7min就能把一个集装箱吊到船上,装完一艘船装卸不到8h。②改造货轮,将船的甲板从63英尺(约19.2m)加宽到72英尺(约22m),将舱口扩大足以使整只集装箱可以轻松通过。将船舱里集装箱的格槽设计成比它要容纳的集装箱长1.25英寸(约3cm)、宽0.75英寸(约2cm)。③说服军方采用集装箱船来解决部队的后勤运输问题,使用集装箱船向越南运输的成本仅为海军自有商船的1/2。④每运送一个集装箱,资本家会给工会另外补偿35美分,以应对美国码头工人因为集装箱运输所导致的失业而产生的抵制,这样一年下来,工会可以拿到3 000多万美元。经过不懈的努力,集装箱终于得以广泛使用,运输成本大幅降低,迎来了国际航运的大发展。

扫码查看资料链接"利用效果,空即是满"。

资料链接:利用效果,空即是满

即问即答

为什么海上运输船只越造越大?

三、甩挂式运输

有时会在公路上看到如图1-4所示的货车,它的车头和车厢是可以脱卸的,主要是便于进行甩挂式运输。这样做有什么好处?

图1-4 甩挂式货车

试想一下,货车在装卸货的时候采用怎样的流程?卸货的时候,司机先把车开到目的地仓库,对方安排工人卸货,如果货车比较大,比如长为17.6m的货车,卸一车货至少需要半天。如果是装货,那刚好反过来,司机先把空车开到仓库,然后等着工人装货。这个时候,看到司机是空闲着的,也许有人会说,司机刚好可以歇一下。适当休息是需要的,但休息时间太长就是效率低下了,因为货车的装卸需要排队等候,这就要耗费比较多的时间。而大多数的情况是,在一天中的不少时间段,这些装卸工人是空闲的,他们忙碌的只有几个小时。这就造成了物流资源的结构性不对称。定挂运输的缺陷如图1-5所示。

定挂运输作业的缺陷 ─┬─ 司机等候时间长
　　　　　　　　　　├─ 装卸工人的忙闲不均
　　　　　　　　　　└─ 运输作业衔接效率低

图1-5　定挂运输的缺陷

如果采用甩挂式运输,前来拉货的司机可以提前几小时联系好,装卸工人可以先利用空闲的时间将货装好,司机一来就可以将货拉走,既提高了货物交接的效率,又不占用作业的场地,甩挂式运输作业流程见图1-6。卸货也是一样,司机将车厢停好,就可以开着车头去别的地方承缆业务了。甩挂式运输可以使运输作业与装卸作业并行完成,提高相关物流环节共同的作业效率。

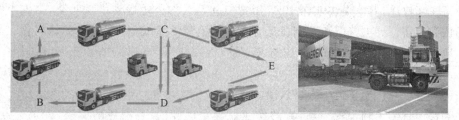

图1-6　甩挂式运输作业流程

四、轴辐式转运

因为地处密西西比河的中央位置,而且不受洪水影响,孟菲斯在19世纪成为棉花交易中心。美国内战前,南方的棉花经济需依赖大量的非洲裔奴隶,孟菲斯也就成为美国中南部最大的奴隶买卖市场。随着城市的发展,孟菲斯的对外交通也发展起来。1834年,轮船公司开通了孟菲斯—新奥尔良的航线,1857年,铁路线通过南卡罗来纳州的查尔斯顿经孟菲斯接通到大西洋。19世纪50年代,这座城市的人口翻了5倍,达到3.3万人。内战结束后,在孟菲斯生活的人们继续从事买卖棉花、棉制品、硬木和木制品的交易。1892年,孟菲斯建成了第　座跨密西西比河,也是当时密西西比河最南端的桥梁。这座城市共有11条铁路干线,通往四面八方。

直至今日,孟菲斯仍然保持着驳船和铁路物流中心的地位。它是密西西比河上的第二大内陆港,每年处理1 900万吨货物。依靠5条一级铁路,可以一夜之间将孟菲斯与美国60%的人口联系起来。卡车运输作为货运模式发展起来后,孟菲斯又成为400个货运场站的集聚地，但最大的变化则是因准时空运这一新的运输方式的兴起，吸引了新类别的物流业务来到孟菲斯。

1965年，美国南部一家区域性公交公司的继承人弗雷德·史密斯在耶鲁大学写了一篇期末论文，提出了可靠的全国性空运包裹服务这一新观念。他设想，公司将使用轮辐型系统，所有包裹晚上飞到同一个地方，快速分拣，然后在凌晨发送到目的地。据说费雷德·史密斯的教授不为所动，还给这篇论文写下这样的评语，"如果要拿B或者A，这个想法必须要有可操作性"。

1969年夏天，在跟随海军陆战队到越南服役两年之后，25岁的弗雷德·史密斯上尉回到家乡，受到了英雄般的欢迎。宝贝女儿快要出生了，迎接他的还有他的继父在阿肯色州小石城破衣烂衫般的航空服务生意。史密斯接管了公司，并不断寻找新的机会，如公务飞机备件销售、代理小型公务机，这个业务后来很快流行起来。因为遇到几次糟糕的空运服务，弗雷德·史密斯开始重新考虑他的大学期末论文。当时，他需要的飞机零件"最快"的空运服务可能会晚几天，甚至一个星期才能送达。这种经历和市场调查让弗雷德·史密斯明白现有的空运企业不能满足客户的需要。

弗雷德·史密斯发现，在中央枢纽整合货物是创建规模经济的一条路子。只要联邦快递可以按交货期限要求交货，如第二天凌晨1:00或下午交货，包裹在飞去(回)中央枢纽过程中产生的任何延误都无关紧要。1971年，史密斯开始行动。他采购了20多架达索猎鹰商务机，推动联邦政府改变空运的有关规定，并希望政府允许使用猎鹰飞机从事货物运输，把喷气客机改装成货机，给自己的冒险行动寻找资金。虽然弗雷德·史密斯在阿肯色州小石城创办了联邦快递，但他很快就在1973年把成立不久的公司搬到了孟菲斯，据说小石城机场当局认为弗雷德·史密斯和航空货运业都不会有什么前途，因此拒绝扩建机场。同时孟菲斯在地理上也是联邦快递更好的选择，因为它距离东海岸的各人口中心仅500英里(805km)，可以更好地节省燃料和时间。

扫码查看联邦快递转运中心场景图。

联邦快递首创了轴辐式空运，它的作业原理是这样的：各网点的货物先运到转运中心，再由转运中心运到其他网点。它看起来比两点之间的直达运输多了一个环节，但是它有利于整合各网点的货物形成运输规模，还能有效减少运输的线路。轴幅式运输与传统的两两对应式运输作业的对比如图1-7

联邦快递转运中心场景图

所示。这种作业方式对现代的大范围转运有很大的借鉴意义，现在国内快递公司的作业方式与之类似，它们是在全国建立几十家大型分拨转运中心，网点先将货物送至就近的转运中心，再由转运中心送至下一个转运中心，再送到对方的网点，然后进行派送。所以，我们有时在网上查看网购货物的物流信息时，会发现它有可能先送到更远的地方，然后往回送。孤立地来看，这样会造成物流成本的上升，但是综合分析，它是有利于节约货运总成本的。

因为两个关键的地理因素，孟菲斯成为一个很好的选择。

(1) 孟菲斯位于美国中东部，能优化去美国东西岸的距离和飞行计划。联邦快递飞行模式的设计原理有两个：匹配客户的需求(如傍晚接货、早上交付)，匹配运输工具和基础设施的限制(如飞机的速度和空域拥堵)。东海岸的货物傍晚起飞，到达孟菲斯时还不算晚。相比之下，西海岸的货物在当地时间傍晚起飞，到站时已经很晚了。交错设计的航班抵港时间避免了孟菲斯机场的拥挤，西海岸最后一班进港航班和第一班出港飞机之间的时间差，刚

两两对应式运输

每两个点之间都有运输线路,以8个点为例,共有运输线路8×(8-1)÷2=28

轴辐式运输

中心设一分拨中心,共有运输线路8条,每点又是一个小的分拨中心

图1-7 轴辐式运输与传统运输作业的对比

好足够分拣包裹,也不会造成分拣中心阻塞。美国有多个时区,东海岸的人口集中区要比孟菲斯早1h开始一天的生意,而西海岸要晚2h。但是孟菲斯更靠近东海岸,因此,孟菲斯飞往华盛顿的飞机可能在3:00起飞,2h后华盛顿当地时间6:00落地。飞旧金山的飞机可能在3:00起飞,因为时差,飞行5h之后在当地时间6:00到港。联邦快递的飞机主要在晚上飞行,避开了客机飞行的高峰期,合理利用了机场非高峰期的运力。

(2) 孟菲斯在美国中南部的位置,能淡化各种天气状况的威胁。为不辜负公司的老口号"绝对需要,隔夜必达",联邦快递需要一个很少有恶劣天气的地方。孟菲斯离美国北部很远,可以避开冬天恶劣的天气,离南部也足够远,可以避开墨西哥湾飓风的冲击,离西部也十分遥远,可以避开美国大平原的龙卷风走廊。联邦快递全球供应链服务首席执行官汤姆·施密特说过:"孟菲斯是美国天气最有保障的地方,飓风、暴风雪和长期冰冻天气都不会影响它。"

运输作业方式的创新还有很多,物流成本的降低和作业效率的提高不一定需要发明出很厉害的高科技,大家不要小看这些小的改进,这就是微创新的力量,虽然看起来并没有大的技术改进,但只要能解决物流运营业务中的痛点,就是有价值的创新。

扫码学习运输作业方式创新微课。

扫码查看资料链接"一带一路"引领交通运输创新。

微课:运输作业　　资料链接:"一带一路"
方式创新　　　　引领交通运输创新

本章思考

1. 影响运输服务效率及成本的因素有哪些?物流企业可以从哪些方面着手去降低运输成本?
2. 甩挂式运输的优点有哪些?它在实际运行中存在哪些困难?
3. 集装箱运输对国际多式联运的发展起到了什么作用?
4. 试举例说明轴辐式转运能带来哪些好处?

第二章

仓 储

> 学习目标

知识目标:
1. 了解古代粮仓和冷库的设计思路;
2. 理解并掌握仓储作业方式创新的路径;
3. 理解电商仓库的作业流程。

能力目标:
1. 能分析仓储作业5S管理的必要性;
2. 能分析库存管理与资源节约的辩证关系。

素养目标:
1. 养成学习认真细致、工作一丝不苟的态度;
2. 养成日事日清的工作习惯。

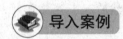 导入案例

屈臣氏:店仓一体化

新零售业态下,屈臣氏深化与菜鸟、天猫的合作,并覆盖各个门店和商家。屈臣氏首先在天猫开旗舰店,2019年1月与菜鸟合作,推出基于门店发货的"定时达"服务,可根据消费者下单的商品,计算门店内的库存,而定位附近3km内的屈臣氏门店,消费者网购下单时,可以选择从就近的实体门店送货,最快2h可以送达,还可以预约特定时段送货。

目前屈臣氏将在上海、广州、深圳、杭州、东莞五大城市的200多家门店变身"前置仓"、实现店仓一体化,这5个城市的消费者在屈臣氏天猫旗舰店购物时,菜鸟将根据消费者的收货地址,给3km内的网购消费者送货。如果门店有库存可以发货,系统将在消费者支付前的页面上显示"定时达"字样。消费者点击后,可以选择不同的时段送货上门。最快的可选时段在下单后的2h,这意味着门店发货最快1h、最慢2h就可以送到,而不用像过去那样等商品从全国仓库发货,需要1~3天的配送才能到手。

目前,屈臣氏的天猫旗舰店共有500多个SKU的商品支持门店发货服务。消费者下单的一瞬间,一条消息会被推送至门店锁定库存,通知打包,另一条消息将通知快递员上门揽收。

这是新零售下线上线下物流融合的一大突破。从此,消费者购买的屈臣氏商品不仅可

以由专属的电商仓库发出,还可以灵活地从附近门店发货,商家位于线下的门店将成为一个个放在消费者身边的"前置仓",既能满足消费者极速、精准的配送需求,又能帮助屈臣氏降低仓储成本,并使其供应链的运营更为智能。

资料来源:https://www.sohu.com/a/296389949-100009714。

▶ 头脑风暴

商品流通过程中,仓库起着什么作用?如今,仓储管理主要看重哪些方面?

第一节 古代仓储管理探秘

仓储与运输是现代物流的两大核心部分,仓储以仓库为依托。仓库的历史非常悠久,原始社会末期,当某个人或者某个部落获得的食物除自给之外还有剩余时,就会将其储藏起来,主要目的是积谷防饥。同时产生了专门储存产品的场所和条件,"窖穴"就是在这期间出现的。随着生产力水平的不断发展,剩余的产品越来越多,人们开始建造专门的场所用以存放物品,从而有了仓库。

一、粮仓的发展

西汉时期,我国建造了历史上最早由国家经营的仓库常平仓。"仓"和"库"在古代是有区别的,中国古人所谓的"仓"是指储藏粮食的场所;而"库"则是指储存物品的场所。后来,人们逐渐将"仓"和"库"两个字连在一起用,表示储存各种物品的场所。我们熟知的"仓廪实而知礼节"就出自《史记·管晏列传》一书,《资治通鉴》里也有隋炀帝的"宁积于人,无藏库府"的主张,说明中国古代对于仓库的认识和运用处于一个相对发达的水平。

中国古代的"邸店",是商业仓库的最初形式,但受当时商品经济的局限,它既具有商品寄存性质,又具有旅店性质。随着社会分工的进一步发展和交换的不断扩大,专门储存商品的"塌房"从"邸店"中分离出来,成为带有企业性质的商业仓库。近代中国的商业性仓库也称"堆栈",是指堆存和保管物品的场地和设备。堆栈业与交通运输业、工商业的发展状况,以及与商品交换的深度和广度关系极为密切,在我国工商业发展较快的地区,堆栈也较为发达。例如,1929年上海的大小仓库已有40多家,库房总容量达90万吨。散装货品、堆场货栈、私营管理是当时的仓储特点。

仓库在古代是重要的财富存放场所,以粮食、手工业品为主。在建设时,需要考虑交通便利、防火防盗等因素,建仓的3个原则分别是"便于运输""就近设置""依山傍水"。元代时期,奠定元制及今日北京都城形态的政治家刘秉忠针对"纳粮就远仓,有一废十者"的现象,提出"宜从近仓,以输为便"的主张。古代仓库管理的主要目的是防商品变质、防商品损耗、防内部偷漏。古时商品多供不应求,一般都能顺利销售出去,所以,对于商品的流转管理,也就是现在的"库存管理",并不特别受重视。

古人在粮仓(图2-1)的设计上非常巧妙,很好地实现了"先进先出"。他们是怎么做到的?

古时大户人家多采用木桶状的粮仓,存放粮食的时候,把顶部的盖子拿开,把粮食倒进去。而由于粮食聚在一起时会呈圆锥形,所以盖子设计成圆锥形,可以多放些粮食。对农户

图2-1 古代粮仓

来讲,一家会有几个这样的粮仓,那么粮食怎么取出来?如果直接从上面取,会有两个不便:一是上面比较高,从上面取很麻烦;另一个是如果里面只剩下不多的粮食了,人就需要站到里面才能取出来,非常不便。聪明的古人想出了一个好办法,在底部开一个口子,平常用一块木板拦牢。要取粮食的时候,把木板抽出,粮食自然就流出来了。这样做的另一个好处就是可以保证先放进去的粮食先取出来,做到"先进先出"。现代家庭在市场上买的按压式米桶,也是借鉴了古人的这个思路。

微课:古代仓库起源与发展

扫码学习古代仓库起源与发展微课。

即问即答

在日常生活中,还有哪些地方是采用类似设计的?为了避免存放在仓库里的物品难以取出,人们采用了什么方法?

扫码查看一些特殊仓库的图片。

特殊仓库图片

资料链接

杭州富义仓

富义仓是旧时中国各地储粮备荒的一种社会习俗,隋唐已有富义仓。杭州富义仓始建于清代光绪年间,位于浙江省杭州市霞湾巷8号,京杭大运河畔。地处胜利河与古运河交叉口,是清代国家战略粮食储备仓库。其南面是反映接驾文化的御码头,往北是佛文化气息浓厚的香积寺和大兜路历史文化街区,往东为特色临水古街胜利河美食街,往西则与运河特色画舫"乾隆舫"隔河相望。

清光绪六年(1880年),浙江巡抚谭钟麟因当时杭州粮食告急,遂令杭城士绅购粮十万石分别储存于原有的两个粮仓。因原仓库不敷存储,购买霞湾民地十亩,再建仓廒。清光绪十年(1884年)七月,历时四年粮仓建成,共耗白银11 000两,仓房共四排,可储存谷物四五万石。同年冬天,谭钟麟调任陕甘,临行前将仓库命名为富义仓,命名取"以仁致富,和则义达"之意。它与北京的南新仓并称为"天下粮仓",遂有"北有南新仓,南有富义仓"之说。

民国时期，改为浙江省第三积谷仓，短时做过国民党军用仓库。

当时富义仓内共有五六十间粮仓，每间约 20m²，还有砻场（去稻壳的碾坊）、碓房（舂米的作坊）、司事者居室等。主仓东西相向而建，四列三进，一层砖木结构，硬山造。这里是杭州百姓最主要的粮食供应地，也是江南谷米的集散地，当年的朝廷贡粮也是从这里开始北运。

资料来源：https://baike.baidu.com/item/富义仓/9319555?fr=aladdin.

二、古代冷库

随着人类生产力水平和消费水平的提高，如今对易腐物品的储存运输要求越来越高，冷链应运而生。其实，作为冷链重要环节的冷库，早在 3 000 多年前就已经产生了。据史籍记载，我国西周时期冰库就已初具规模，当时称为"凌阴"，管理冰库的人称为"凌人"。《周礼·天官·凌人》记载："凌人，掌冰。正岁十有二月，令斩冰，三其凌。"这里的"三其凌"，即以预用冰数的 3 倍封藏。西周时期的冰库建造在地表下层（图 2-2），并用砖石陶片之类砌封，或用火将四壁烧硬，故能具有较好的保温效果。当时的冰库规模十分可观，1976 年，考古人员曾在陕西秦国雍城故址发现一处秦国凌阴，容冰量可达 190m²。

图 2-2　古代冷库

隋唐时，人们又发明了深井贮冰法，使天然冰块的储存期大幅延长。当时人们利用打井的技术，往地下打一粗深的旱井，规制在八丈深以下，然后将冰块倒入井内，封好井口。夏季启用时，冰块如新。明清时期的冰库则称为"冰窖"。冰窖也建筑在地下，四面用砖石垒成，有些冰窖还涂上了用泥、草、破棉絮或炉渣配成的保温材料，进一步提高了冰窖的保温能力。

杨贵妃吃荔枝的典故广为流传。为了讨得爱吃荔枝的杨贵妃欢心，唐玄宗派快马将荔枝从产地广东、四川日夜不停运送到西安。然而四川到西安有千里之遥，需 3 天才能送达。广东到西安有 3 000 多里，需 7 天才能送达。鲜荔枝难以保存，"一日而色变，二日而香变，三日而味变，四五日外，色香味尽去矣。"杨贵妃依然不乐。

扫码查看杨贵妃与荔枝图片。

唐玄宗召见大学士羊望，盼咐他解决这个难题。羊望冥思苦想，终得一法：制作了一个双层木箱，木箱夹层中填充棉花、羊毛，起到保温作用，将藏在地窖的寒冰和新鲜荔枝一起放入木箱中运输，荔枝到达西安后，色香味俱全。

扫码学习古代仓库建造使用微课。

杨贵妃与荔枝图片　　微课：古代仓库建造使用

古代仓吏舞弊案

嘉庆十四年(1809年),清廷在通州查出了两个盘踞多年的仓吏舞弊集团。据保留下来的有关档案记载,其中一个集团的主犯高添凤,原为通州西仓书吏,在五年服役期间长期贪污索贿。服役期满后,高添凤又先后以其弟、其子及其表弟补充遗缺。但正如高添凤后来所交代的:他们不过是应名当差,仓中一切事情"总是我一人办理"。于是,在长达十几年的时间里,高添凤与西仓的其他书吏、攒典及斗级等吏人结为团伙。另一集团的主犯张连芳,为通州中仓的甲斗头役,曾两次改名继续充役,也与本仓其他吏人结成贪污团伙。

这两个集团的舞弊活动主要有以下内容。

第一,在收粮之际向渭运旗丁勒索"使费"。如西仓书吏潘章在办理潜粮入仓手续时,向各船收取20~60吊(2 000~6 000文)铜钱。索得贿钱后,潘章即命手下役夫免验渭粮成色,盆解时也有意放宽。对方若因短欠过多而补交时,也通融过关。潘章每年接收80多艘渭船,可得1 600~4 800吊铜钱。如按当时1两银兑换2 000文铜钱的比价换算,即为80~240两银。当然,这笔贿钱还要分给本仓其他吏人一部分,如按每船2 450文铜钱分给高添凤,以每船1 200文铜钱分给攒典宋三、赵六等人,以每船2 000文铜钱分给舍头王大、张六等人。最终,潘章约得400两银,舍头得8两银,攒典得48两银等。另外,中仓书吏张继华勒索旗丁数额与潘氏相同。据张连芳供认,在分给诸人之后,"我每年总可得三百数十吊",折银一百几十两。

第二,在出粮之时,向领粮官吏索要钱财。如高添凤任海运仓书吏时,利用官吏想领好米、多领米的机会,向领米官吏索钱,每石索铜钱二三百文或四五百文不等,高氏便"放给好米,并满量解面",每石可多给二三升米。采用这一手法,高氏每年得铜钱二三千吊。折银1 000~1 500两。在他及亲属连续任职的11年间,"约共得过钱二三万吊"。另如张连芳,也采用相同的手法,共获得与此数额差不多的"使费钱"。

第三,合伙作弊,出领"黑档米"。清政府每年都发给各级京官禄米米票,由他们到仓场领取。按照仓场出纳规定,米票只能一次使用,在领完米后,仓吏要将米票销号注销。但仓吏们利用职务之便,常将一部分支过米的米票不予注销,私下再次使用,冒领大米。这种做法被称为"出服档"。例如,嘉庆十一年(1806年),高添凤串通西仓书吏潘章、攒典陈瑞亭、康连茹,一次私出黑档米300石,获利1 800吊铜钱,高氏独得700吊铜钱。两年后,高添凤又与新任攒典宋均、赵鹤龄合伙,先后3次出黑档米2 185石、502石和520石。高添凤独得8 000余吊铜钱,宋均、赵鹤龄二人共得7 350吊铜钱。另如,张连芳也在同年伙同攒典私出米1 400石,获利23 200吊铜钱,张连芳独得1 800吊铜钱。

第四,偷梁换柱,以次充好。仓吏们还常常采用领出好米、补以劣米的办法,大肆偷盗上等白米。有一年,通州仓要向京城运送1万石陈旧土米,高添凤出面承揽了此事。在领米时,高添凤串通仓吏,仅领取8 400石土米,其余1 600石则换为白米,蒙混出仓。高添凤先将好米出卖,得铜钱700吊,再拿出5吊铜钱收买土米交差。通过偷梁换柱,高添凤又得2 000吊赃款。

根据案犯供状,粗略地统计一番,高添凤 11 年共贪污 17 428～22 928 两白银。平均每年贪污 1 584～2 084 两白银。这仅是将其供认的数目平摊于 11 年所得,其平时随意勒索贪污的收入以及隐瞒未报的收入尚未加入,故高添凤实际贪污所得还在上述数据之上。其他仓吏贪污所得虽比高添凤为少,但每年也有几十两甚至千两以上的白银。

资料来源:https://baijiahao.baidu.com/s?id=1617175218600585915&wfr=spider&for=pc.

第二节　仓储业务模式创新

近年来,阿里、京东、苏宁等电商巨头纷纷重点建设全国性的仓储网络。2021 年,菜鸟仓配网络已经覆盖全国 300 个城市,京东也建成 25 座"亚洲一号"级别的大型智能化物流中心(图 2-3),仓库网络覆盖全国。

图 2-3　京东"亚洲一号"级别仓库

一、云仓的兴起

仓库的建设成本是物流行业投资的重头,投资大、见效慢,那么这些企业为什么要花费巨资构建全国性的仓储网络呢?一个重要的原因就是这些企业希望能够大幅提升电商客户的响应速度。要让全国各地的客户在线上下单 24h 内都能收到所购买的商品,如果是从供应商所在地发货,那么这一目标将是无法实现的。要实现这一目标,唯有在全国建立起庞大的仓储网络,通过大数据的预测分析提前将商品发货至各地的电商仓库,然后在客户下单后,通过最近的仓库发货。目前,菜鸟、京东、当当在国内的一二线城市附近已经建成大仓网络,下单 24h 送达已经成为现实。

大型企业有实力自建仓库网络,而一些中小物流企业为了也能资源共享,于是相互合作,形成联盟。这样做的好处是可以对接一些大的客户资源。原来一家企业只有少数几个仓库,它们能接到的业务也就有较多限制,基本就是一些仓库的租赁业务。如果这个大客户电商业务做得很好,原来在接到 C 端客户订单后,只能从这个仓库发货,有些距离远的收件时间就会比较长。而如果形成了云仓联盟,那么他们就可以帮助客户对接外地的仓库,从而为客户带来便利。相对来讲,云仓比菜鸟之类自建的网仓,在服务上略逊一筹,但是这就像是直营与加盟,各有各的优势。

二、仓储业务模式创新

仓储业务的模式创新主要体现在3个方面:仓储运作模式创新、仓储硬件设备更新、仓储服务内容创新。

扫码查看新型仓储图片。

1. 仓储运作模式创新

由于电商销售的区域很广,为了提升订单的响应速度,有必要形成规模庞大、覆盖范围广的仓库网络,菜鸟、京东、苏宁等企业利用庞大的仓库网络构建云仓(图2-4),即是这一模式的代表。对于资金实力不足以自建云仓的中小仓储企业,则采用抱团取暖的方式,拿出自己的仓库资源共建仓库网络,形成相对松散的云仓模式,以利于拓展自身的大客户业务。例如,杭州的酷仓宝公司依托开发的仓储管理软件,整合全国100余家中小仓储企业,共享仓储资源,使这些企业也能够签约一些在全国范围内都有仓储业务需求的大型客户。

图2-4 云仓管理

海外仓也是一种模式创新。它的作业流程(图2-5)一般是将货物先以批量运输方式送至海外保税仓,通过跨境电商平台接到海外订单后直接从保税仓就近发货,加快了订单的响应速度,大幅提升了海外客户的购物体验。与其类似的还有前置仓,企业不仅在生产工厂附近设置仓库,而且在居民区附近设置小型仓库,当客户通过电商平台下单后,可以从前置仓就近发货,从而保证货物的新鲜品质。前置仓的容量不大,但五脏俱全,适合于对冷链要求比较高的生鲜及冷冻食品。

扫码学习海外仓微课。

2. 仓储硬件设备创新

如图2-6所示,现代化的仓库除有立体仓库外,更有AGV(automated guided vehicle,自动导引运输车)、电子标签,还有AR(augmented reality,增强现实)眼镜,以及可自动计算订单商品占用空间的智能软件,这些设备的运用大幅提高了仓储作业的效率与准确率。在一些物流发达国家,有些物流企业打破仓库货车在一层装卸货的传统,建成多楼层的仓库,重型货车可以直达每一层仓库拉货。这虽然对仓库的承重要求更高,会增加仓库的建设成本,但是它也能提高仓库的容积率,提升仓库的空间利用效率。

旺集海外仓
不受旺季航路不畅影响，缩短到货时间，提高买家满意度

中国卖家备货

国内仓库
货物交给旺集国内仓库
全国货物统一发往旺集国内仓库

货物运往俄罗斯仓库
统一清关，统一发货

海外仓库
货物到达莫斯科仓库
由莫斯科仓库管理人员入库

卖家发出海外派送指令
卖家在收到客户订单后，
在系统发出下单指定

俄罗斯当地派送
根据派送指令，由当地大型快递公司负责派送

货物到达客户手上
货物送达客户手上，顺利完成交易

图 2-5　海外仓作业流程

(a) 立体仓库

(b) AGV

(c) 智能拣货机器人

(d) AR拣货

(e) 电子标签货架

(f) 现代化多层仓库

图 2-6　新型仓储设备

资料链接

智能仓储

商务部、国家发展改革委、原国土资源部、交通运输部、国家邮政局于2017年2月出台的《商贸物流发展"十三五"规划》提出：要加强商贸物流基础设施建设、提升仓储服务水平；

通过信息技术优化物流资源配置和仓储配送管理模式,为我国仓储业的智能化和物流业发展的现代化提供了建设方向。在我国电子商务规模不断扩大、人均购买量不断增加的需求下,仓储物流正逐渐向智能化方向转变。

智能仓储一般是由自动化立体仓库、立体货架、有轨巷道堆垛机、高速分拣系统、出入库输送系统、物流机器人系统、信息识别系统、自动控制系统、计算机监控系统、计算机管理系统及其他辅助设备组成,并且还要借助物联网技术,通过先进的控制、总线、通信等手段,实现对各类设备的自动出入库作业。

智能仓储是智能物流体系中的关键环节,也是构建智能工厂和实现智能生产之间的关键纽带。随着各工业企业发展趋于稳定,物流效率的提升将成为企业的另一重要利润来源。纵观全球仓储物流的发展历史,我国已经基本完成从人工化的物流运输向机械化运输的方式转变,并逐步实现自动化发展。未来,我国仓储物流将由机械化向自动化和智能化升级,也将带动下游产业链中的自动化立体库、自动输送设备和自动分拣设备向更智能的方向发展。

2020年,我国智能仓储市场规模接近1 000亿元。纵观其发展历程,即使在全球经济萧条的大背景下,产业链依然保持较高的发展速度。未来,在经济回暖向好的物流产业发展进程中,智能仓储设备投资将会迎来下一个高峰。

自动化立体仓库

自动化立体仓库主体由货架、巷道式堆垛起重机、入(出)库工作台和自动运进(出)及操作控制系统组成,是实现仓库高层合理化、存取自动化、操作简便化的必要物流仓储设备。自动化立体仓库是目前技术水平较高的仓储形式,可广泛应用于医药、食品饮料、冷链物流、电子商务、跨境电商、快消品及保健品等行业。

随着自动化的不断发展及逐渐成熟,自动化立体仓库越发受到关注并得到广泛应用。相较于传统仓库,自动化立体仓库具有以下特点及优势:第一,有效提高库房面积容积利用率,自动化立体仓库采用高位货架、立体存储,每排仓储货架间仅预埋较窄的堆垛机巷道,节约了空间、节省了成本。第二,自动化立体仓库中全自动输送系统与巷道堆垛机的应用,极大地降低了库房工作人员的工作量,同时降低了人工误差,提高了准确率及工作效率。第三,自动化立体仓库货位采用集中管理方式,方便进行库存进出作业及盘查库存数量。

截至2018年,中国自动化立体仓库保有量已超过400座,其中烟草、医药、零售是其主要的应用领域。从国际方面来看,美国拥有各种类型的自动化立体仓库2万多座,日本拥有3.8万多座,德国拥有1万多座,英国拥有4 000多座。与这些发达国家相比,我国自动化立体仓库保有量依然很少,未来具有极大的发展潜力。根据中国物流技术协会信息中心统计,近十年来自动化物流仓储系统市场规模保持在平均20%的增长速度。预计未来5年,我国自动化仓储市场规模增速将保持在18%~20%,在到2022年市场规模将超过1 100亿元,前景十分广阔。

自动分拣系统

自动分拣系统是智能物流装备中的核心部分。自动分拣系统一般由控制装置、分类装置、输送装置及分拣道口组成。自动分拣系统是物料搬运系统的一个重要分支,广泛应用于各个行业的生产物流系统或物流配送中心。自动分拣机是对物品进行自动分类、整理的关键设备之一。

随着物流业快速发展,特别是电商、快递等业务的骤增,以及人力成本不断上升,自动化输送分拣装备市场出现爆炸式增长。2017年我国自动化分拣设备投资规模约56亿元。假设未来快递总量以2017年快递总量同比增速(28%)增长,中转次数、分拣效率、单条线成本不变,预计至2022年我国物流行业自动化分拣系统市场规模将达到190亿元。

未来,自动分拣设备与数据采集设备及智能分拣机器人相结合,可实现包裹称重、读码后的快速分拣及信息记录交互等。分拣系统可大量减少分拣过程中的人工需求,提高分拣效率及自动化程度,并提高分拣准确率。随着大数据算法日趋优化、快递邮件信息标准逐步完善、智能控制系统不断集成,分拣系统将进一步推动物流业由劳动密集型产业向智能化产业转型。

码垛机器人

码垛机器人是机械与计算机程序有机结合的产物。码垛机器人主要由机械主体、控制系统、手臂机构、末端执行器、末端执行器调节机构及检测机构组成,常用于仓储、码头、工厂等场所。码垛机器人可按不同的物料包装、堆垛顺序、层数等要求进行参数设置,实现不同类型包装物料的码垛作业。码垛机器人结构简单、适用性强、占地面积小、能耗低、运作灵活高效、码垛整齐,在极大限度上节约了人力资源,降低了成本,提高了工作效率及准确率。基于良好的政策环境以及智能技术的不断进步,使用机器人降低人工成本已成为一种发展趋势,且随着未来货运量、快递量持续增加,市场对物流机器人的需求也将进一步提高,进而码垛机器人也将得到越来越广泛的应用。

资料来源:http://www.qianjia.com/html/2018-09/07-304595.html.

3. 仓储服务内容创新

现代仓储已经不再只是提供商品存储的功能,而是赋予了更多的提升物流服务的内容,成为影响物流质量的重要因素。传统的仓储服务收入主要来自租金,而现代仓储企业不断寻求满足客户需要的增值服务(图2-7)。以电商仓储企业为例,它们提供的增值服务的一个重要功能是可以提升电商卖家对订单的柔性化应对能力,例如有些商品在客户下了订单之后才需要去贴标签,需要去拆拼包装,并做裁剪处理,由于电商卖家精力有限,顾不过来,仓储企业则可以利用不同时间段闲置的劳动力来提供这些服务。特别是,厂家先将半成品存放在仓库,待客户相关要求信息明确后,再由仓储方对半成品提供加工服务,从而提高企业对需求端的柔性化应对水平,这是一种双赢的创新。

扫码学习仓储业务模式创新微课。

微课:仓储业务模式创新

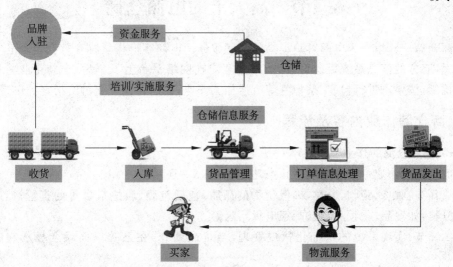

图2-7 仓储服务内容创新

资料链接

仓单质押增值服务

随着物流金融业务的兴起,有些看起来资产很多的企业,实则仓库里的物品占用了大量的资金,而它又希望能盘活手中的资产,去做更多的生意,这时仓单质押增值服务的需求出现了。但是银行放贷是需要抵押品的,而企业在仓库里的物资随时会被卖出去,它和普通的固定资产的性质并不一样。那么怎么办呢?这时,银行想出了一个好办法,它联合货主企业、仓储物流企业一起,大家来做仓单质押业务。仓单质押业务流程见图2-8。

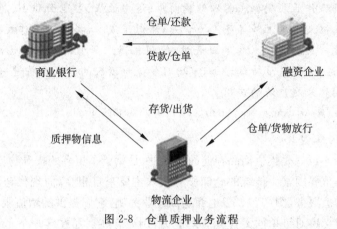

图2-8 仓单质押业务流程

仓储物流企业需要帮助银行去监管这批货物的流向,从而获取自己的服务收益。此外,如果物流企业自身就是一家资金实力雄厚的企业,那么它就可以直接向客户企业融资,从而赚取更多的物流服务收益。

资料来源:https://www.wanshifu.com/zhishi/9301185203.html.

第三节 高大上的电商仓储

电商仓储一般指专为电商客户提供的仓储服务。电商客户将货物存放在电商仓储企业的仓库里,双方的信息系统无缝对接,当终端客户在网络平台上下单后,仓储企业将根据订单进行拣货,按要求进行包装、贴标签等流通加工作业,而后将包裹交付给指定的快递企业。

一、电商仓储作业内容及流程

(一)电商仓储的作业环节

电商仓储的作业一般分为以下几个环节,如图2-9所示。

第一环节:收货、验收、分类,确保货物的品质,包括包装、质检报告等的查验;然后进行货品的分类,如食品、化妆品、服饰、家电货品区等。

第二环节:实现系统的精细化货位管理,当货品到仓,在系统里面就会显示它的存放位置。

第三环节:实现快速、高效、精准的货品出库配送,根据客户电商店铺实时动态的订单信

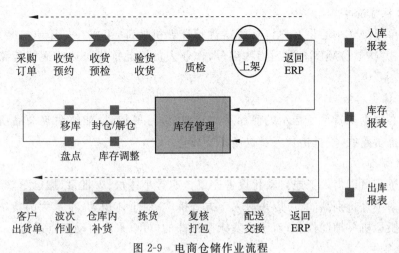

图 2-9 电商仓储作业流程

息,系统会做出拣货的精准指引。

扫码查看电商仓库作业图片。

电商仓库作业图片

(二)电商仓储的拣货流程

1. 发货计划

发货计划是根据顾客的订单编制而成。订单是指顾客根据其用货需要向配送中心发出的订货信息。电商仓库接到订货信息后,需要对订单的资料进行确认、存货查询和单据处理,根据顾客的送货要求制定发货日程,最后编制发货计划。

2. 确定拣货方式

拣货通常有订单拣取、批量拣取及复合拣取3种方式。订单拣取是按每份订单来拣货;批量拣取是多张订单累计成一批,汇总数量后形成拣货单,然后根据拣货单的指示一次拣取商品,再进行分类;复合拣取充分利用以上两种方式的特点,并综合运用于拣货作业中。

(1)订单拣取。订单拣取是针对每一份订单,分拣人员按照订单所列商品及数量,将商品从储存区域或分拣区域拣取出来,然后集中在一起的拣货方式。订单拣取作业方法简单,接到订单可立即拣货,作业前置时间短,作业人员责任明确。但当商品品项较多时,拣货行走路径加长,拣取效率较低。订单拣取适合订单大小差异较大、订单数量变化频繁、商品差异较大的情况。

(2)批量拣取。批量拣取是将多张订单集合成一批,按照商品品种类别加总后再进行拣货,然后依据不同客户或不同订单分类集中的拣货方式。批量拣取可以缩短拣取商品时的行走时间,增加单位时间的拣货量。同时,由于需要订单累积到一定数量时才做一次性的处理,因此,会有停滞时间产生。批量拣取适合订单变化较小,订单数量稳定的配送中心和外形较规则、固定的商品出货,如箱装、扁袋装的商品。其次需进行流通加工的商品也适合批量拣取,再批量进行加工,然后分类配送,有利于提高拣货及加工效率。

(3)复合拣取。为克服订单拣取和批量拣取方式的缺点,配送中心也可以采取将订单拣取和批量拣取组合起来的复合拣取方式。复合拣取即根据订单的品种、数量及出库频率,确定哪些订单适合订单拣取,哪些适合于批量拣取,分别采取不同的拣货方式。

3. 输出拣货清单

拣货清单是配送中心将客户订单资料进行计算机处理,生成并打印出拣货单。拣货单上标明储位,并按储位顺序来排列货物编号,作业人员据此拣货可以缩短拣货路径,提高拣货作业效率。

4. 确定拣货路线

配送中心根据拣货单所指示的商品编码、储位编号等信息,能够明确商品所处的位置,确定合理的拣货路线,安排拣货人员进行拣货作业。

5. 拣取商品

拣取的过程可以由人工或自动化设备完成。通常小体积、少批量、搬运重量在人力范围内且出货频率不是特别高的,可以采取人工方式拣取;对于体积大、重量大的货物,可以利用升降叉车等搬运机械辅助作业;对于出货频率很高的,可以采取自动拣货系统。

6. 分类集中

经过拣取的商品根据不同的客户或送货路线分类集中,有些需要进行流通加工的商品还需根据加工方法进行分类,加工完毕再按一定方式分类出货。多品种分货的工艺过程较复杂,难度也大,容易发生错误,必须在统筹安排形成规模效应的基础上,提高作业的精确性。在物品体积小、重量轻的情况下,可以采取人力分拣,也可以采取机械辅助作业,或利用自动分拣机自动将拣取出来的货物进行分类与集中。

二、电商仓储产生的原因分析

随着电子商务的高速发展,传统物流行业也经历了互联网带来的转变。相较于 B2C 企业自建的仓储物流,一些传统的物流公司其实具有更成熟的仓储物流管理的经验,它们需要补上的只是互联网这一课。

随着各大电商企业上市,以及逐渐增多的 B2B、B2C 电商企业,传统的物流仓储以及自建仓储已经无法承担自身企业的数量大、种类多的订单出货工作,就要依赖于第三方外包仓储,将发货工作分配出去,这样既能重点提高运营效率,同时随着接单量的提高,也可继续提高销量,确保发货的准确度和准时性。

(一) 传统自建仓储面临的问题

以目前电子商务的发展,传统物流仓储出现了很多的问题,主要概括为以下几个方面。

1. 资金

传统物流仓库占地广,仓库建设资金需求大,花费时间长,并不是所有的电商都能像京东、亚马逊那样,花费数年投入几亿元资金自建仓库。

2. 人才

管理人员缺失,要找到大批有经验的专业仓储管理人员是很难的,尤其是在这种形势紧迫的情形之下,仓储管理模式的建立更是艰难。

3. 技术

专业电商 WMS 系统不完善,凡是正规的仓储都拥有自己的 WMS 系统,能够随时更改订单信息,这一系统的形成必然花费几年的时间,经过摸索才能找到完全符合自身仓储需求的系统。

(二) 必须意识到的变化

传统物流仓储转型电商第三方仓储必须意识到的变化主要表现在3个方面。

1. 管理更加精细化

B2C仓储物流要处理的库存量单位（SKU）特别多，通常仓储要处理几千至几万个SKU，而对于传统的大客户，要处理的SKU仅是几十个到几百个。电商仓储商品种类很多，货物的分拣、传送以及打包、分单就更为复杂，这要求仓储物流管理更加精细化。

2. 时效性特别高

对传统B2B企业客户服务时，处理几百个SKU相对简单快捷，而B2C的货物更零散，客户要求的时间更急，一些货通常是头天入库，当天或者第二天就要发出，中转速度更快。B2B客户是一车一车的货或者零散的货物，而B2C客户则更多的是促销货，少批量、多品种。正因如此，大部分B2C电商企业很难同时抓运营、抓接单、抓发货，特别是像"双11"这种高峰期，这就必须依赖外包仓储物流。

3. 服务难度增加

面对的客户更多，要求更为复杂，对于B2B服务，传统仓储只需要面对几十到几百个客户，而B2C服务，面对更零散的几千甚至上万个客户，每个客户要求的服务不一样，这导致服务难度和经营成本的提高。

尽管从成本上来说，外包仓储物流会比自建高出1~2倍的成本，但是外包仓储物流的价格仅是表象的成本，客户省掉了许多隐形的成本，例如，不用升级IT系统，不用为销售额的骤增更换仓库。

(三) 北、上、广、深、杭电商逐渐形成的生态圈

目前的电商生态圈已经逐渐形成企业合作服务的"一条龙"服务，实现订单交易信息、物流信息和商家自身ERP系统的全面信息打通，同一家电商企业的三大模块——运营、客服、发货，也将被分开，可以同时由3家企业分别负责，这也是未来企业细分化、缩小化的一种现象。

而第三方电商仓储所负责的就是整个发货任务，从下单开始到最后买家收到货，以及后期的售后退换货管理，都是由其负责。

经过几年的努力探索，目前市面上比较成熟的第三方仓储已经拥有自己独立研发的WMS，以及系统化的管理流程，可以为多家大型电商企业提供专业的仓储物流服务。

(四) 第三方仓储系统化

(1) 订单数据同步。B2C平台买家下单后，订单信息直接通过OMS订单系统（接收客户订单信息系统）同步到第三方仓储作业区。

(2) 自动推送选单。工作人员接到发货指令，确定订单详情，快递要求，打印面单。

(3) 拣货定位取货。通过系统定位货物位置，核对订单，扫码取货。

(4) 包装称重发货。取货后按要求打包，放置在流水线上，进行数据录入后，送到指定快递提货点。

(5) 退货换货处理。所有退货、换货经电商合作商核实后，按要求退货换货，并随时更新订单信息。

电商仓储企业要想真正负担起日几万单的发货量，需要由一系列的自动化设备、系统的

管理来支撑。总体来说,未来第三方仓储行业的发展将更加现代化、自动化、国际化,企业之间分工合作,共同创造双赢模式,专业的事由专业的人来做。

三、电商仓储与传统仓储的区别

电商仓储与一般传统仓储有着较大的区别,主要体现在以下 5 个方面。

(1)客户。传统线下仓储面向的客户群体往往是已知门店或者经销商,通常客户数量较少且重复率高,有一定的下单规律;而电商仓储面向的都是未知终端客户,数量庞大,且规律很难掌握(几乎没有规律)。

(2)订单量。传统线下仓储日均订单量相对较少,刷新频次较低,但是平均订单批量较大;而电商仓储却恰恰相反,日均订单量普遍高于线下仓储好几倍,甚至几十倍,订单量每天刷新频率也很高(原因在于终端客户下单不规律),平均订单批量较小。

(3)订单准确率。电商仓储由于面向未知的终端消费者,订单的发货准确率要求大幅高于传统线下仓储,所以电商仓储对拣货作业和复核作业的要求更高。

(4)订单量波动。传统线下仓储的订单大多按计划配货,订单已知且有计划性;而电商仓储由于受到各种电商大促和线上活动的影响,如"618""双 11""双 12",订单增长的波动性很大,这也就要求在进行仓储规划时,充分考虑活动大促期间的各种资源的柔性(如场地、人员、设备、系统账户等)。

(5)配送模式。传统线下仓储主要是以物流配送为主(零担物流、干线物流)、快递为辅;而电商多以快递为主(三通一达),也有少数规模较大的电商平台自建物流配送体系。对于电商来说,通过使用第三方电商仓储,可以降低自身运营的管理成本和资产投入,降低自身运营的风险,比传统线下仓储显然更适合。

扫码查看传统仓库作业图片。

传统仓库
作业图片

四、电商企业仓配外包供应商的选择

(1)考察电商仓储标准化收费细则。目前,电商仓配外包收费模式有两类:一类是按操作量进行收费(入库按件收费、发货按单或件收费、存储按件收费、退货按件收费);另一类是按耗用资源收费、开发式合同收费(例如使用仓库面积、人员数量、设备折旧、耗材消耗等进行收费)。

(2)考察电商仓储流程管控及相应的管理文件。尽可能要求电商仓配外包企业提供相应的流程管理文件,以考核其规范性和能力。

(3)考察电商仓储实施流程能力。除运营方案外,执行能力也是非常重要的一环,一定要充分了解电商仓配外包企业的业务流程,尤其是在采购、销售、财务管控等方面的流程,针对电商卖家的特性给出具体的业务流程和设计。

(4)考察电商仓配外包企业的个性化运营方案。这需要电商仓配外包企业提供相应的运营方案,根据运营方案评估其专业能力及价值。一般情况下,电商仓配外包企业会根据电商卖家的需求,在整体业务层面,给出一个未来的运营方案,满足其在数量目标上的要求。

扫码学习高大上的电商仓储微课。

微课:高大上的
电商仓储

**资料链接**

电商仓储常用指标分析

仓储物流,就是利用自建或租赁库房、场地,储存、保管、装卸搬运、配送货物。传统的仓储定义是从物资储备的角度给出的。现代"仓储"不是传统意义上的"仓库""仓库管理",而是在经济全球化与供应链一体化背景下的仓储,是现代物流系统中的仓储。而电商仓储物流就是专门为电商设计,完全贴合电商的需求而开设的仓储物流。下面总结了一些电商仓储的经验。

1. 周转率与动销率区别

考核 KPI(关键绩效指标)和安全存量管理只是控制库存的两种手段,这两种方法因为其粗犷的批量进出模式对传统企业而言足够了,但对于以精细化的单个用户为目标的电商而言,还远远不够。真正的利器在于以日常数据为导向的周转率和动销率。例如某 SKU 利润是 100 元,一年周转 12 次,年利润是 1200 元;年周转 4 次,年利润是 400 元。所以周转率用于关注某 SKU 价值高低,具体关注的是"点"的管控。动销率是关注整个仓储品类销售动态,属于"面"的管控。动销品种数越多,表示品类管理和策划越成功,仓储利用价值越高。

2. 电商物流数据控制标准

(1) 妥投率在 90% 以上;

(2) 物流总成本在 12% 以内;

(3) 商品周转天数低于 45 天;

(4) 发货错误率十万分之二以内;

(5) 物流及时率达 85% 以上;

(6) 客户对物流层面的投诉率低于 2%;

(7) 商品动销率高于 85%、低于 98%;

(8) 物流整段商品破损率低于 3‰。

3. 电商物流破损率标准

不能承受 20kg 以上外力挤压和撞击的商品破损率需控制在 3‰ 以内;能承受的商品破损率需控制在万分之二以内。

4. 电商物流四大成本

(1) 仓储管理成本。包括卸货费、验货费用、条码费、入库检核上架费、储位费、批量退库费、盘点费等。

(2) 订单处理成本。包括分拣、配单、打包、指派、交接、退换货费用以及耗材费用。

(3) 配送成本。包括干线物流费和分区配送费。

(4) 系统使用费、固定资产和装修费的分摊。

5. 物流带来老客户的价值

(1) 发展一个新客户的成本是挽留一个老客户的 3~10 倍。

(2) 客户忠诚度下降 5%,企业利润下降 25%。

(3) 向新客户推销产品的成功率是 15%,向老客户推销产品的成功率是 50%。

(4)如果将每年的客户保持率增加5%,利润将增加25%~85%。

(5)60%的新客户来自老客户推荐。

(6)20%的客户带来80%的利润。

6. 电商物流考核 KPI 标准

(1)权重最大的是及时率。对内,从订单到达后台开始到包裹快递分流完成限时3h;对外,根据配送区域限时。

(2)货损货差是操作层面和管理层面最直观的KPI。

(3)物流成本与客单价的比重超过18%的商品,不适合网上零售。

(4)返款及时率、动销率、周转率是物流管理层水平体现。

资料来源:https://tech.qq.com/a/20120421/000137.htm。

本章思考

1. 古代仓库与现代仓库在功能上有何区别?
2. 仓储业务的创新一般从哪些方面切入?
3. 电商仓储有哪些特殊要求?应采取哪些措施满足这些要求?

第三章 配送

学习目标

知识目标：
1. 理解配送与运输的区别；
2. 了解我国配送市场的现状；
3. 理解各类典型配送模式的运作及适用情况；
4. 理解即时配送的运作情况以及影响其效率的因素。

能力目标：
1. 能分析配送作业与资源节约的关系；
2. 能分析末端配送对实现居民美好生活需求的价值。

素养目标：
1. 养成实事求是的学习态度；
2. 养成立即反馈的工作习惯。

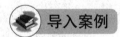

达达集团即时配送智能化优势凸显

2022年11月,中国领先的本地即时零售和配送平台达达集团(Nasdaq:DADA)发布了2022年第三季度业绩。达达集团依托数字技术创新与开放平台模式,一边链接着万千企业的供给,一边关系着消费者的生活所需,既带来了消费新体验,也让线下众多的实体企业获得了实实在在的销售增长。

季报显示,达达集团三季度总营收达人民币24亿元,同比增长41%;盈利能力持续改善,非美国公认会计准则下(Non-GAAP)净利润率比2021年同期增长15个百分点。第三季度,京东到家最近一年商品交易总额(LTM GMV)达人民币589亿元,同比增长58%,直接利润率在第二季度实现转正的基础上继续提升。达达快送单量和收入保持快速增长的同时,运营效率进一步提升。

即时配送智能化水平不断提升,保障大促高效履约

中国连锁经营协会《2022年中国即时零售发展报告》认为,零售商品有强烈的品牌或零售渠道品牌属性,即时零售比餐饮外卖更为复杂,对平台和商家服务能力的要求也更高。即时零售涉及的线下商家各式各样，SKU众多，订单分散。从订单到配送，商家需要关注的不仅是配送环节，还需要关注仓储和拣货环节。举例来说，商超订单涉及的门店拣货、生鲜保鲜防损、线上线下库存同步、售后退换货等环节在外卖订单中几乎没有涉及，而这些环节直接关系着消费者的购物体验。

工欲善其事，必先利其器。高效的配送体系是保障即时履约的"稳定阀"。达达快送作为本地即时配送平台，持续创新数字化技术，打造即时零售领域的配送"新基建"，为商家和消费者提供实在、高效的履约服务。

扫码查看沃尔玛门店内，达达优拣补货员将缺货商品补到货架上。

沃尔玛门店内，达达优拣补货员将缺货商品补到货架上

为了帮助实体零售解决订单高峰带来的配送压力，达达快送依托自身兼具效率和弹性的落地配、即时配两大配送网络，为实体零售履约削峰填谷。2022年"双十一"大促期间，达达快送完成中小商家配送单量同比增长67%，医药订单平均配送时间为26.8分钟。

为有效应对大促高峰，达达快送全面升级零售门店仓储，提升拣货到配送环节数字化能力，推出仓、拣、配全链路服务，保障全行业商家全渠道订单履约。达达优拣"双十一"大促单日拣货单量同比增长超115%。在商超合作方面，达达优拣对沃尔玛、家乐福全国门店实现100%覆盖，活动单日沃尔玛拣货订单量同比增长104%，家乐福拣货订单量较2022年"6·18"单日增长169%。

创新"黑科技"赋能即时零售，迭代消费服务体验

对达达快送而言，构建即时零售"新基建"的核心能力，在于自主研发的"智慧物流系统＋苍穹大数据"平台。依托该平台，达达快送可实现单量预估、仿真配送、AI自动定价、订单合并、路径规划以及订单全链路实时追踪等功能。同时，基于核心底层技术，达达快送还打造了人工智能、无人配送等"智慧黑科技"能力。在技术创新上，达达快送利用人工智能技术，处理庞大的数据量级，实现供需两侧动态匹配，帮助商家实现配送效率提升，也为用户和达达快送骑手带来了更好的配送体验。

扫码查看达达无人配送开放平台为零售商家提供夜间配送服务。

达达无人配送开放平台为零售商家提供夜间配送服务

2022年，达达快送与自动驾驶公司推行科技达成合作，发挥小巧灵活的人行道物流机器人优势，打造由商超门店直达小区住户家门口的无人配送服务体验。根据双方合作规划，科技"独角兽"人行道物流机器人将接入达达无人配送开放平台，双方携手在江苏苏州率先提供全物流链条机器人即时配送服务。用户在家足不出户，就可以直接收到"小车"由商超送来的商品。

同时，达达无人配送开放平台在业内率先打造"大车＋小车"无人配送混合运力模式，使无人配送"大车"装载量大、续航强的优势，与人行道物流机器人"小车"小巧灵活的特点有机结合，更好地匹配不同配送需求，更灵活、更精准、离用户更近。

资料来源：https://baijiahao.baidu.com/s?id=1749796280438803427&wfr=spider&for=pc。

头脑风暴

如何理解"在将来，万物皆可配"？

第一节　现代配送市场分析

一、配送的概念

配送是指在经济合理区域范围内，根据用户要求，对物品进行拣选、加工、包装、分割、组配等作业，并按时送达指定地点的物流活动。

配送活动其实古已有之，在古代的酒楼，就有送菜的活动。一开始的配送只是商贩们的一项附加服务，是响应一些有钱顾客的需求提供的服务，并不是它们的主业。为什么需要配送呢？因为客户有这个需要。没有配送的时候，客户需要自己到卖家这里提货，虽然量不大，也得大老远跑一趟。从成本上看，这是不经济的，卖家的规模也就难以做得很大。为了赚取更多的利润，卖家四处开设连锁店，将总部的货配到各门店或是直接配到客户门口，给客户带来了很大便利，大家都很欢迎这种模式，配送活动于是就推广开来了。

看起来，配送和运输都是用车送货，让货物发生一定距离上的物理位移，两者还是有区别的：一是距离长短；二是货量大小；三是频次多少。配送业务的发展是随着连锁这种企业经营模式的推广而壮大起来。连锁产生后，有了很多家的门店，这些门店就需要多频次、小批量的送货，这时就产生了配送中心。这其实还是 to B 端的配送。随着电商的兴起，C 端的消费者有了更加个性化、少量化的配送需求，于是针对消费者个人的末端配送随之兴起。

互联网的发展，带动线上经济以每年超过 30% 的增速快速发展；手机等智能硬件的普及，移动互联网技术的高度渗透，不断解锁围绕城市各类生活场景的"互联网+"新商业模式，通过搭载在智能硬件上的应用程序，实现交易的线上化与闭环。现如今，配送活动已经渗透到社会生活的方方面面。

二、配送市场图谱分析

当前的配送覆盖范围很广，已经涉及零售、服装、B2C、快消 B2B、家居家电、生鲜冷链、即时业务的配送等诸多方面。那么，这些领域的配送又有什么区别呢？

扫码查看基于细分行业的配送市场图谱。

1. 快消零售配送

零售是向最终消费者个人或者社会集团出售生活消费品及相关服务，以供其最终消费之用的全部活动。这类配送的需求场景主要包括个体零售店、商超卖场、便利店、新业态、B2B/B2C 的电商等。不同场景下，快消零售配送的区别见表 3-1。

基于细分行业的配送市场图谱

表 3-1　快消零售配送分析

需求场景	个体零售店	商超卖场	便利店	新业态	B2B/B2C 电商
特征	数量庞大（500~700 万），个体经营为主，信息化能力弱	一般有较完善的供应链流程，议价能力强，分布以一二线城市为主	以满足 1km 用户的即时需求为主，主要在一二线城市	数字化门店+消费体验的线上线下一体化新零售形态	渠道较集中，直接对接终端

续表

需求场景	个体零售店	商超卖场	便利店	新业态	B2B/B2C 电商
货物结构	包装食品、快消为主	综合品类	食品（生鲜、包装）为主	生鲜食品占比相对更大	基于平台特性的选品
订单特征	需求零散、不确定	计划性较强，需求稳定 周期性配送（日配等）			不确定
配送要求	及时送达	厢式车为主，食品要求冷链配送 基于门店收货时间窗配送			及时送达
交接要求	SKU及数量准确	根据预约排队交接 清点搬运	SKU及数量准确	SKU及数量准确	外包装完整
主要配送服务商	经销商社会运力	企业自营物流 第三方物流、落地配、互联网配送平台			平台自营物流 第三方物流快递、即时配送

国家统计局数据显示，2021年全国网上零售额达13.1万亿元，同比增长14.1%。其中，实物商品网上零售额达10.8万亿元，首次突破10万亿元，同比增长12.0%，占社会消费品零售总额的比重为24.5%，对社会消费品零售总额增长的贡献率为23.6%。快消零售的配送方式主要有供应商直送、经销商配送和集中配送，它们相互间的区别如图3-1所示。

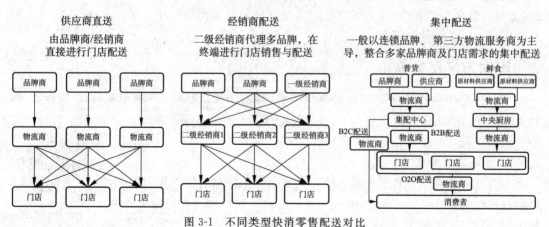

图3-1 不同类型快消零售配送对比

2. 服装配送

根据国家统计局数据，2021年全国社会消费品零售总额44.08万亿元，其中服装鞋帽品类销售额为1.38万亿元，同比增长12.7%，服装市场规模庞大并且近年来持续增长。服装产业有超过1万个服装品牌，小众品牌、设计师品牌高速增长。这类配送的需求场景有门店发货、门店调拨、门店退货、特卖、电商O2O等。服装配送服务商主要是第三方物流公司，但随着品牌商对渠道把控的力度加强，门店对电商订单的履约数据量逐步增加，即时配送逐渐成为服装配送订单交付对象之一。服装配送的作业模式见图3-2，不同场景下，服装配送作业区别见表3-2。

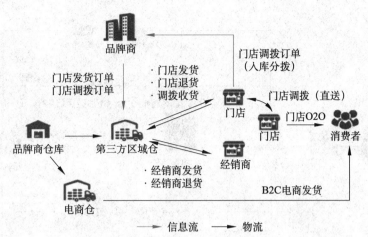

图 3-2 服装配送的作业模式

表 3-2 服装配送分析

需求场景	门店发货	门店调拨	门店退货	特卖	电商 O2O
订单特征	商品部主导的计划性大批量配送为主	门店自行安排的非计划性按件调拨	滞销库存退至经销商/厂家,一定计划性,货量不确定	短周期批量配送、回收(一般一周以内)	非计划性,基于用户需求进行发货
订单规模	整箱为主	按件为主	整箱为主	整箱	零散发货,按件为主
配送要求	考虑门店所在商场收货时间	及时送达	考虑门店所在商场收货时间	考虑门店所在商场收货时间	及时送达
交接要求	按箱交接	入库分拨:按件交接;直送:按包装	按箱交接	按箱交接	按包装交接
主要配送服务商	3PL	3PL 快递 即时配送	3PL	3PL	快递 即时配送

3. 大件家具家电配送

2021年,中国家居建材类零售额达3 634亿元,家用电器行业实现营业收入1.74万亿元。近年来,三四线城市及农村市场对大件家具家电的需求量持续攀高,其增长率高于一、二线城市;随着互联网经济的发展,大件家具家电线上销售占比也持续攀升。大件家具家电配送的终端需要上门服务,不同类型商品及品牌服务要求不一。它的配送需求主要来自地方仓库、分拨中心至终端消费者的送装。大件家具家电配送的作业模式见图3-3,不同场景下,大件家具家电的作业区别见表3-3。

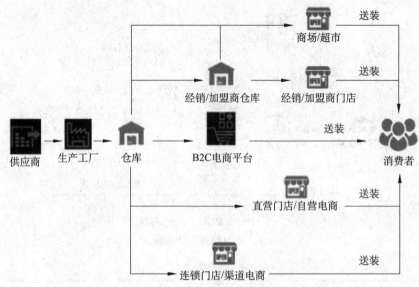

图 3-3 大件家具家电配送的作业模式

表 3-3 大件家具家电配送分析

需求场景	品牌直营门店/自营电商	连锁门店/渠道电商	B2C 电商平台	经销/加盟商门店	商场/超市
消费者服务要求	高	高	较高	中低	中低
订单特征	个人订单,随机性强 企业订单,有一定的计划性 部分家电商品有一定的季节性				
订单规模	个人订单,以零散需求为主 企业订单,单次需求量大				
配送要求	按约送达、快准送达 装配一体、售后无忧、闪取闪退				
主要配送服务商	品牌商自营配送+外包	渠道商自营配送+外包	电商平台自营配送+外包	社会运力	社会运力

4. 生鲜冷链配送

生鲜是居民日常消费的必需品之一,我国食品需求量巨大,每年消费量在 10 亿吨左右,60%需要冷链配送,且伴随着消费升级,生鲜电商(包括跨境)等持续增长。需求场景包括商超便利配送、餐饮门店配送、B2B 电商配送、B2C 电商配送、新零售业态配送。生鲜电商市场将进一步爆发,新消费如鲜花、蛋糕类,B2C 电商快速增长,带来了配送的新需求;生鲜的原产地直供逐步增加,优化生鲜供应链;生鲜溯源将伴随供应链各环节的信息化而完善。生鲜冷链配送服务的作业模式见图 3-4,不同场景下,生鲜冷链配送作业区别见表 3-4。

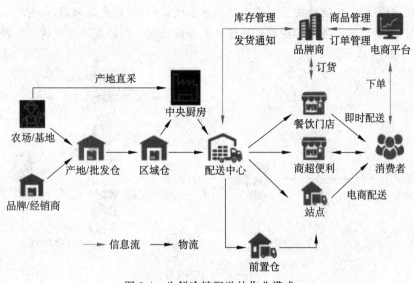

图 3-4 生鲜冷链配送的作业模式

表 3-4 生鲜冷链配送分析

需求场景	商超便利配送	餐饮门店配送	B2B 电商配送	B2C 电商配送	新零售业态配送
代表	商超等	西贝、吉祥馄饨等	美菜网等	易果生鲜、喵生鲜、京东生鲜等	盒马生鲜、鲜花电商等
订单特征	一定的计划性 需求相对稳定、日配为主 单批次 SKU 多		半成品配送,备货周期短,SKU 多	非计划性 单 SKU 数量少	非计划性 单 SKU 数量少 时效要求较高
温层要求	基于品类的多温层要求			从单一温层向跨温层过渡	
配送要求	周转箱提升效率 温控记录 基于确定收货时间			在途可视 按时送货	
配送方式	冷藏车为主			蓄冷包装为主	
交接要求	按 SKU/件数交接 质检、测温			按包装交接	
主要配送服务商	第三方冷链配送企业(为主) 企业自建物流			企业自建物流 快递等第三方	即时配送

5. 医药配送

根据中商情报网资料,2021 年中国医药行业市场规模超过 1.7 万亿元,药品批发企业约为 1.3 万家、终端医药零售店约为 44 万家。医药配送的需求场景包括公立医院、基层医院、个人诊所、零售药店、B2C 电商等。医改及医药流通渠道一体化,将使市场竞争更加充分,行业集中度提升;医药供应链的信息化管理逐步提升;医药电商发展迅速,药品零售方式多元化。对应地,医药配送的运输与业务结合更加紧密,配送伴随流通渠道的变革及多元化发展而变化;

信息化、自动化程度提升,支持配送运作效率与成本优化;开放程度越来越高,对社会资源的整合将更优化。医药配送服务的作业模式见图3-5,不同场景下医药配送作业区别见表3-5。

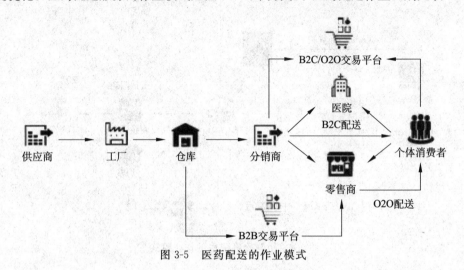

图3-5　医药配送的作业模式

表3-5　医药配送分析

需求场景	公立医院	基层医院、个人诊所等	零售药店	B2C电商
占比	57.7%	22.8%	19.1%	0.4%
特征	场所固定,较强势,服务要求高	分布广泛	分布广泛	分布广泛
订单特征	计划性弱,时效要求高	计划性弱,时效要求高	需求较稳定、规律	随机性强
订单规模	整箱为主(药品)	零箱为主	拆零为主	零散需求
配送要求	密闭厢式冷藏车或冷藏箱,全程温控、防冻防摔药品运输资质			
交接要求	基于医院需求,一般有驻场;根据医院收货时间窗作业;单据完整	要求相对较低,根据医院收货时间交接	要求较低,以货量完整即可	按外包装交接
主要配送服务商	流通企业自营配送为主	区域第三方配送服务商	流通企业自营配送+外包	有药品运输资质的快递服务商

6. 即时配送

即时配送最早基于餐饮外卖O2O开始发展,并逐步从外卖场景开始延伸到生活圈的多类消费场景,随着零售的数字化发展,即时配送逐渐覆盖到更广泛的B2C服务场景,以期望为消费者带来更及时快捷的消费体验。需求场景包括外卖O2O、代买代送、B2C最后100m、C2C急件等。目前外卖平台自建物流和第三方运力平台占即时配送服务市场的绝大部分,另外辅以主要面向C端客户发件需求的独立运力平台。随着市场的持续升温,顺丰、圆通等传统快递企业纷纷布局即时配送市场。即时配送的作业模式见图 3-6,不同场景下,即时配送作业区别见表 3-6。

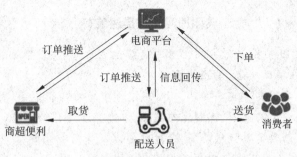

图 3-6　即时配送服务的作业模式

表 3-6　即时配送分析

需求场景	外卖 O2O	代买代送	B2C 最后 100m	C2C 急件
特征	分布广泛,由千万商户覆盖全城	相对集中,服务半径 3～5km	配送集中度相对较高	订单密度低,无规律
订单特征	计划性弱,时效要求高	计划性弱,时效要求高	订单量随快递季节性需求波动	随机性强、配送距离远、单价高
订单密度	较高、可并单	较高、可并单	较高、可并单	较低、不确定
配送要求	考虑位置、配送员、订单等因素的订单分派 食品类商品有密封、低级别的保温及卫生要求 食品类配送需持健康证上岗			
交接要求	按件交接	按件交接	门到门配送或集中配送至快递柜、快递驿站	身份核实 门到门配送
主要配送服务商	外卖平台自建运力第三方独立运力平台	新零售 B2C 平台自建运力 第三方独立运力平台	第三方独立运力平台	独立运力平台

扫码学习即时配送微课。

配送服务会根据不同类商品的特点采取不同的服务方式,有些需要冷链,有些需要安装。一个优秀的物流供应商,应该能从客户新的需求中发现商机,积极创新,提供不断优化的配送服务。

扫码了解我国配送模式近年发展历程。

扫码学习现代配送市场分析微课。

微课:即时配送　　　我国配送模式近年　　　微课:现代配送
　　　　　　　　　　发展历程　　　　　　市场分析

 **资料链接**

美团即时配送提速前行

2022年中国国际服务贸易交易会(简称"服贸会")上,连续三年参展的美团亮出更多科技新成果、新玩法。在餐饮赛道,美团推出数字化餐厅、智慧餐车、数字化经营分析产品等,让智能延伸到餐饮与配送各个环节。在日益崛起的即时零售赛道中,美团推出了智能配送站、无人配送车、智能安全头盔等,实现零售与科技的有效结合。此外,服贸会期间,美团企业用餐作为首钢园区的指定餐饮供应商,通过配餐以及美团智慧餐车等形式提供餐饮服务。在业内看来,科技创新已成为美团高质量发展的新动力。

助推北京餐饮数字化转型

此次由数字化餐厅、无人机、美团零售大屏等组成的美团展台,亮相服贸会综合展年度主题专区,展示多项餐饮数字化的落地成果。其中,美团展示的多款数字化经营分析产品,如能够帮助商家"一键决策"的商圈选址功能等,可以帮助商家提高店铺的运营效率和决策水平。美团研发的"智慧门店"系统,也为传统老字号提升数字化水平提供了探索的方向。北京川菜老字号峨嵋酒家与美团餐饮系统开展"智慧门店"改造建设后,除扫码点餐等功能外,还可利用会员营销、门店库存管理等功能进行更好的经营。

数字化餐厅离不开智能硬件设备。美团在北京已面向包括通州区月亮河休闲小站商业街区、海淀区海淀悦界主题街区在内的多个特色餐饮街区商户,免费提供云打印机、出餐宝等智能硬件设备,并向商家提供"外卖管家服务"。目前,超过100个餐饮商家获得相关智能硬件设备。数据显示,已激活出餐宝的商户出餐上报率提升20%以上。同时,美团外卖面向全部新注册餐饮外卖商家推出"新店成长计划",为商户提供数字化运营建议。

据了解,北京餐饮行业在数字化转型中效果明显。美团平台数据显示,2022年1—6月,北京餐饮线上外卖交易额同比增长18%,外卖占餐饮比重同比提高9.2%,平台带动的餐饮数字化转型显著体现"增量效应"。

科技支撑即时配送创新服务

近两年,"万物到家"的即时需求出现井喷,在即时零售等新业态推动下,即时物流保持高速发展态势。此次服贸会"供应链及商务服务专题展"中,美团配送展示的"智能配送站"可以实现机器人的智能化调度、柜体与机器人自动化接驳、物品的无缝传递以及机器人室内高精定位、避障、梯控等自动化配送功能,提供末端的智能化配送服务方案。智能安全头盔通过物联网传感器检测技术、智能语音交互技术等,辅助骑手工作并可实现主动的安全防护。截至2022年7月,美团已累计投放超过8万顶智能安全头盔。

同时,即时零售需求的增加以及市场呈现出的消费多元化趋势,让城市低空末端物流发展驶入快车道。以美团参展的无人机为代表,通过飞行器、导航控制、AI算法、航线管理、通讯系统五大自研技术能力,适应社区、商场、写字楼等多种场景,让无人机与骑手形成人机协同的配送。

据美团2022年二季度财报显示,即时配送订单数增长至41亿笔。依托本地实体的即时零售,也为线下实体经济尤其是中小微商户拓展了新的增长空间,2022年1—7月,美团平台上的便利店和超市的交易量同比增长了54%,其中,夫妻小店增幅达110%。

美团既是一家科技零售企业,也是一家零售科技企业,既为社会提供零售服务,也为社会贡献零售科技,尤其是科技的突破和应用,能够带动零售行业以更高效率满足更多的用户新需求。据了解,截至2022年5月,美团已申请和正在申请的专利接近600件。同时,美团与国内外30余所知名高校及科研机构展开百余项课题合作,探索前沿技术解决业务需求,促进前沿科技成果转化落地。

资料来源:https://baijiahao.baidu.com/s?id=1742839125338774389&wfr=spider&for=pc.

第二节 典型配送模式分析

城市配送的发展,受互联网技术以及新零售的影响,趋于平台化、高频化、碎片化,B2B配送与B2C、C2C配送的配合与协同逐渐增强,共同推动对于消费者订单的快速响应。当今的配送行业内容已经非常丰富,不仅包括配送服务商,还包括仓储服务商、车辆服务商、设施设备服务商、金融服务商及相关软件服务商等。

扫码了解典型配送模式图谱。

下面梳理一下当前比较典型的几种配送模式,总体上可以将配送分为B2B、B2C、C2C三大类。

扫码了解三类配送模式的配送参与者图谱。

典型配送模式图谱

三类配送模式的配送
参与者图谱

一、B2B 配送模式

B2B配送模式自2013年开始兴起,旨在依托电商平台,去掉中间多级经销环节,通过集采+直供,为全国的零售门店供货,实现成本与效率的双重优化。在商业模式上,包括自营(商品买断式)、平台式(交易撮合)。B2B平台是电商模式在B2B领域的尝试,而零售终端门店的决策与信息化程度远比C端消费者复杂,因此,线下对于终端的拓展、改造等是B2B平台重要的工作之一,配送服务也在这个过程中被融入其中。代表企业有掌合天下。B2B配送典型场景及模式分析见图3-7。

根据当前业内运行的现状,B2B配送模式又可分为以下4种。

第一种,仓配一体模式。物流企业利用自有资源承接客户企业的仓储业务和配送业务,将之整合成一体进行处理。它基于城市内的配送中心资源,调度运力资源,为企业客户提供定制化仓配综合服务解决方案。代表企业有唯捷城配。

仓配一体模式的
典型场景及模式分析

扫码了解仓配一体模式的典型场景及模式分析。

第二种,共同配送模式。它是在仓配一体的基础上的方案能力升级,为最大化资源(车

图 3-7　B2B 配送典型场景及模式分析

辆等)利用率、优化上下游成本与效率,基于共同配送平台,整合多个客户企业的配送需求,优化中间环节,进行终端门店等渠道的共同配送。共同配送,需要企业有较强的多客户信息处理及转化能力,业务复杂度增加,对信息系统的要求更高。代表企业有益嘉物流。

扫码了解共同配送模式的典型场景及模式分析。

共同配送从理论上讲是有利于形成规模经济的。例如,农村的快递,长时间以来只配送到村里的一个固定的站点,而不是配送到每家每户。原因就是农村的快递单量比较少,同时配送地点又较为分散。而对应的快递公司又有好几家,这样单个的快递网点的快递员去送从成本上看是不划算的。假如采用共同配送的方式,则可以将几家快递公司的快件都聚在一起,那么规模效应会好一些,单票快件的配送成本会下降。从理论上看,共同配送比单独配送要好,但实际上很少有农村的末端配送采用共同配送。这是什么原因呢? 主要是因为每一家快递公司虽然承认共同配送成本更低,但是由哪一家来集成这些快件业务呢? 没有一家愿意吃亏的,所以也就无法汇集起来。而且,在寡头垄断的时候,恐怕每一个寡头的想法是怎么样把自己的竞争对手拖垮,更好地确立自己的优势。于是,实际农村末端的快递业务运作是这样的:一种是每家快递公司各自独立做业务,通过降价和提高服务质量去拓展业务,在达到一定的规模以前,采用和某些便利店合作的方式收派件,虽然对农民收快件而言并不方便,但也能维持下去;另一种是有些收派件数量少的网点干脆就将某些村庄的业务委托给其他网点去做,例如有些民营的快递网点会将不多的快件委托给邮政网点去投递。共同配送的落地实施,需要平衡好各方的利益关系。

第三种,平台型配送模式。基于信息平台组织资源,匹配、对接企业的配送需求。作为 n 对 n 的中间平台,标准化服务产品与流程是实现高效匹配的基础,同时,针对企业的特定需求,叠加个性化增值服务,形成综合解决方案。它的优势在于利用信息工具,实现对资源最大化的组织与调度能力。代表企业有易货嘀。

扫码了解平台型配送模式的典型场景及模式分析。

第四种,供应链平台配送模式。综合了商贸与物流服务,包括商贸向物流的延伸、物流向商贸的拓展,在为甲方企业提供物流服务的同时,代理甲方平台,进行产品销售＋物流的综合服务。供应链平台要求企业在某一区域有一定深度的分销能力(分销网络或平台),以及配送分销能力的物流服务网络。代表企业有怡亚通。

扫码了解供应链平台配送模式的典型场景及模式分析。

平台型配送模式的典型场景及模式分析

供应链平台配送模式的典型场景及模式分析

二、B2C 配送模式

B2C 配送就是到家配送,包括门店到家、电商仓库到家、大型宅配到家等场景,作为直接接触终端用户的关键环节,用户的需求数据、体验及反馈数据,对于商家的供应链优化均有重要的作用和意义。同时,C 端消费者的分布较为随机,B2C 配送对于终端网络的广度要能满足要求。B2C 配送典型场景及模式分析如图 3-8 所示。

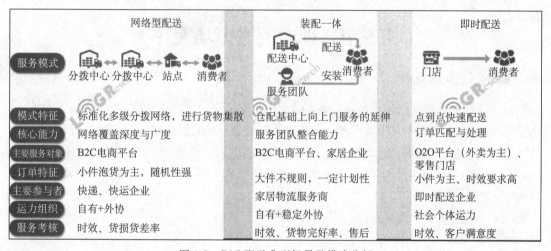

图 3-8　B2C 配送典型场景及模式分析

三、C2C 配送模式

C2C 配送的场景相对简单,基于货物分为大件和小件,基于时效分为普通件与急件。在即时配送、同城货运平台发展之前,快递、个体货运司机、搬家公司是 C2C 配送的主力,而随着同城即时配送、货运平台的发展,对于个体运力,增加了订单来源渠道;对于 C 端消费者,可获得更加便捷高效、可视化的服务体验。在发展趋势上,to C 平台业务向 to B 的延伸,以及与企业的合作越来越多。C2C 货运平台,逐渐重运营,向 to B 转型,以实现可预期的稳定增长。C2C 配送典型场景及模式分析如图 3-9 所示。

此外,还有一些配送模式,例如,以顺丰为代表的网络型配送、以居家通为代表的装配一体型配送、以蜂鸟配送为代表的即时配送、以货拉拉为代表的同城货运平台配送。

扫码学习典型配送模式分析微课。

微课:典型配送模式分析

图 3-9　C2C 配送典型场景及模式分析

即问即答

有些配送公司不仅提供配送服务，还提供一些增值服务，如空调安装、马桶安装等，你对这样的业务模式有何看法？

第三节　即时配送市场变迁

一、即时配送的概念

外卖是同城即时配送最大的订单来源，同时，也是最早的即配业务。2009 年，饿了么上线，随后美团、百度外卖等平台相继出现。订单量的暴增使得外卖配送得到更多关注，快速发展成为重要的物流细分市场——即时配送。经过多年的发展，2018 年即时配送市场规模已达 981 亿元，成为除快递市场外，另一个高速发展的物流细分市场，2021 年市场规模达 1 832 亿元，如图 3-10 所示。

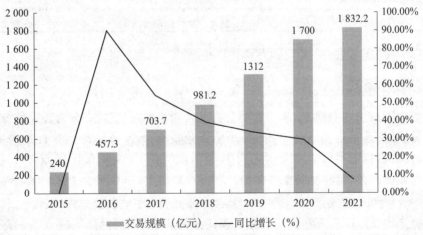

图 3-10　2015—2021 年中国即时物流交易规模统计

即时配送，一般是完全按照用户临时提出的时间、数量方面的要求，随即进行配送的方式。除外卖之外，市场上的即时配送企业大致可以分为同城跑腿、电商平台即配、快递同城即配三类。同城跑腿是专门针对点对点直送、跑腿的即时配送市场，这类订单购买的是纯运力,与外卖的搭配采购不同。这类企业包含点我达、闪送、UU跑腿、人人快送等。电商平台即配主要受新零售影响,本质上是线下向线上转移,并提供平台直送业务。多指3km内的B2C业务,如盒马、麦乐送、家乐福直送等,长距离的如京东的达达、京东到家、天猫的一小时达、苏宁秒达等。快递同城即配则是快递企业对同城即时配送业务的探索,如顺丰同城急送业务、圆通计时达、韵达云递配等。目前市场上即时配送平台有很多,如UU跑腿、快送、人人跑腿、微乐锋跑腿等,即时配送平台的选择主要从费用以及配送速度、安全保障这3方面考虑。

二、即时配送的特点

即时配送在整个物流系统中有着非常重要的地位,它完成了国际物流、国内物流的"最后一公里"的配送业务,是物流社会化、专业化的必然要求。如果说国际物流、跨区域物流是一个城市的主要供水管道或者社区大型自来水管的话,那么同城物流就是接入每个家庭的小自来水管,即时配送将跨国跨区域的宏观物流与直接面对零售商和消费者的微观物流有机地、系统地对接了起来。因此与普通的物流配送相比,即时配送具有自己的特点。

(1) 即时配送是一种特殊的微观物流,与单个企业的微观物流不同,它与国际物流或者跨区域物流等宏观物流、社会物流之间的关系,可以被看作是众多企业的微观物流到城市之间的宏观物流中间的一个节点的关系。但是与平常提到的物流相比,即时配送多了一个城市属性的约束,需要在物流涉及的诸多方面加上地域的限制和城市的属性。

(2) 即时配送与企业内部的微观物流有着千丝万缕的联系。一方面,由于即时配送与微观物流客观上存在着密切的集散关系,企业输出的微观物流必须通过即时配送才能汇集成输出城市的宏观物流;而外部的宏观物流也只有通过即时配送这个节点的再分配,才能到达各个企业。可以说,企业是即时配送存在的条件,即时配送是连接企业与外部的纽带,是企业通向外界的通道,是促进企业发展和城市区域经济快速发展的有效手段,它们是相辅相成、紧密联系的。

(3) 由于即时配送受到了城市区域的限制,从而决定了这个系统不可能涉及长距离、大范围的物流配送业务,而只能以城市道路系统和近郊短途运输为主。即时配送以线下定制化、线上标准化的服务为客户提供配送服务。

三、即时配送的源起分析

即时配送的企业多是由传统的快递企业转型或是电商平台衍生出来的,其来源主要有以下3个渠道。

1. 传统快递转型做同城

这种类型的企业有百世邻里、顺丰嘿客店和申通思必达等。由于快递本身模式比较复杂,拓展同城业务肯定是在原有架构上搭建,而且还是在不赚钱的末端配送环节,其本身就很矛盾。顺丰是直营模式,总部一声令下,嘿客店推行得很快,但高调布局后的热闹劲一过,突然发现定位非常尴尬,不像实体店、快递,也不像O2O。时间一长,一方面是仍旧找不到清晰可行的商业模式;另一方面又得承受巨大的人力、物力和资金投入,最终的结果就是被彻底打入"冷宫",鲜有人提及。百世邻里模式相对清晰,就是做快递末端的生活类服务,如与"e袋洗"合作开展O2O,送完快件顺便帮客户把脏衣服带出来洗,总体运营比较顺利。但目前也只是在特定区域(山东省,直营模式)边做边试。申通2015年在杭州推出过"思必达"的即时配送服务,承诺同城4h送达,但由于其建立在申通原有快递网点和业务员的基础上,而这些网点虽然表面收归直营但实际上仍然有加盟的底子,导致整个服务流程缺乏控制,时效和服务都无法保证,最终在推行了一段时间后"流产"。

至于在已有基础上转型为众包模式的想法,就目前来看还存在不少困难:①自身体制不兼容、不具备这样的组织能力;②安全监管压力大;③边际收益太低;④缺乏系统之间的互通和支撑。

2. 传统同城物流转型

这种类型往往量小、业务类型单一集中(一般主营金融产品即时配送或者文件配送),没有分拣等中间流程,直接由业务员接单(电话的方式,信息化水平不高)并派送,模式很简单,但是效率很低,且面临低价同质化竞争,生存不易。当然也有转型升级的,和快递相比,"船小好调头",在杭州就有芝麻开门、爱彼西(ABC同城配),或者新的入局者,如达达、风先生等第三方物流,尝试和电商(天猫、当当、一号店等)、O2O生活服务类平台(美团、饿了么、本来生活等)或者电视购物(好易购)等平台合作,确保货源充足,跟传统快递抢业务,做快递做不了的活,"真刀真枪"拼时效、拼服务。

从长远来看,在社会分工协作越来越充分的情况下,让专业的人干专业的事是一种最有效的资源整合和资源利用方式。

3. 平台自建配送

这种类型有饿了么、京东等第三方平台。在这个用户为王、流量为王、数据为王的时代,最缺的是什么? 就是入口,把住入口,就意味着海量的用户、流量和数据,而这意味着盈利。那入口和即时配送又有什么关系呢?就拿外卖市场来看,饿了么在做、美团在做、阿里在做、百度在做,那么多人做,入口就分散了,用户面对那么多入口时选哪个呢?这就又回到根本了,就是用户体验,就是拼服务。假设饿了么仍旧让餐厅自己送餐,对餐厅来说这项服务可能并不那么重要,反正送得快送得慢,送得好送得差,用户已经下订单了,餐厅不怕赚不到钱。但这样一来二去,就造成很差的用户体验了,下次用户再上平台点餐,就不会选饿了么,而去选美团或者百度外卖了。因为美团和百度有专门的派送队伍在帮商家派送,专业的人做专业的事,你的午餐比在饿了么订餐的时候快了半个小时,差距就出来了。所以这些平台自建派送大军,自己做同城派送就是为了做好服务,抢用户、抢入口。

 资料链接

美国即时配送平台GESOO智能算法应对"最后一公里"难题

1. 即时配送领域面临的挑战

最近几年,以外卖为依托,即时配送业务在全球范围内掀起了一波快速发展的浪潮。美国专注于即时配送服务的创业公司有ATUTOX、GESOO等。国内外卖公司配送时,大多使用两轮交通工具,在运送物品种类受限的同时,也容易产生各种安全问题。而美国多数城市都使用汽车配送,安全性相对较高,但是也产生了很多问题。以洛杉矶为例,所遇到的第一个问题是配送密度低、地域广泛,导致配送的时间长;其次,使用汽车进行配送类的最大问题

就是堵车,在城市中心区域,不仅堵车而且停车位相对较少,且停车费和罚单相对较高;因为美国对驾照的要求很高,能够从事"最后一公里"配送的可用劳动力非常稀少。

于是,美国科技企业纷纷加大科技研发方面的投入,希望用新技术降低"最后一公里"的物流成本,并进一步加快运送速度,提高服务质量。在技术创新的潮流中,主要有两种方式解决以上问题。

一种是用无人机、无人车等新硬件代替人力进行高速运输。如谷歌、亚马逊、优步(UBER)、特斯拉都在城市物流领域花费重金进行研发,希望获得自动驾驶配送的先发优势。如硅谷科技企业AUTOX已经开始进行无人驾驶配送商业化,并且和国内的美团进行了战略合作。但是这种模式的困难在于技术尚未成熟,与法律和实际环境融合难度较大,劳动力成本高昂并且稀缺,美国市场在"最后一公里"配送上特别需要无人驾驶配送这类服务。

另一种是运用"算法+大数据分析+人工智能"的模式,实施分布式系统的架构升级,对配送过程进行优化,降低配送成本,提高配送速度。即时物流业务对故障和高延迟的容忍度极低,在业务复杂度提升的同时,也要求系统具备分布式、可扩展、可容灾的能力。围绕成本、效率、体验核心三要素,即时物流体系大量结合AI技术,从定价、预计到达时间(ETA)、调度、运力规划、运力干预、补贴、核算、语音交互、基于位置服务(LBS)挖掘、业务运维、指标监控等方面,达到促规模、保体验、降成本的效果。

在配送系统优化过程中,美国和中国都面临着以下几个问题。

(1) 用户的需求存在着极大的波动

以外卖为例,午饭和晚饭时间的订单数会远远高于其他时间。在低峰期,如果有较多的骑手会导致运力浪费;相反,在高峰期,较少的骑手又会导致订单的堆积。

(2) 法律以及配送人员本身的行为会影响对运力的分配

例如,配送人员会因为接收订单数过多、配送时间较长、每单运费较低而选择离职去其他平台。因此,需要为他们保证每日适度的接收订单数和每单不低于10美元的收入。同时,如何合理地分配订单,减少司机的绕路情况,多送订单给予奖励,使得他们更愿意接收订单,这一点也很重要。

(3) 系统的响应时间必须足够短

因为配送服务的性质越来越多地向即时服务过渡,所以系统的响应时间必须足够短。往往要求系统在几分钟内,就要给出合理的调度方法,充分利用每一个配送人员,并对新信息及时给出回应。这意味着算法在合理的基础之上要更简捷。这样做会进一步加大计算分析的难度。

(4) 参与建设商家的IT系统变得异常重要

配送除和平台直接关联的司机有关外,还与合作商家有关,合作商家对IT系统的熟练使用程度会大幅缩减调度的响应时间。同时,商家IT系统是建立在对商家业务形态非常熟悉的基础上的,这样才会与配送环节高度匹配。

2. GESOO的解决办法

在美国,即时配送平台GESOO根据线上到线下(O2O)即时物流的市场情况,将配送人员根据雇佣方式、服务时长、经验多少、客观条件、交通路线、语言熟练程度、城市分布、商家分布区域、商家产品标准化流程等做了分类。通过整数规划模型,对分单过程和配送过程分别建模,建立算法数据和计算平台,同时考虑了用户和司机的行为,并针对模型建立对世界深度感知,对O2O即时配送平台运营进行了机器学习优化。

GESOO即时配送的解决方案是采用一套"分布式存储＋AI中心调度"协作的同城物流模式,实现"UBER＋达达"的结合,起到"降本提速"的作用。GESOO采用了和中国国内美团类似的分布式架构:①LBS系统,提供正确位置(用户、商户、司机)以及两点之间正确的驾驶导航;②多传感器,提供室内定位、精细化场景刻画、司机运动状态识别;③时间预估,对所有配送环节时间进行准确预估;④调度系统,多人多点实时调度系统,完成派单决策;⑤定价系统,实时动态定价系统,完成定价决策;⑥规划系统,配送网络规划系统,完成规划决策。GESOO通过这种模式将配送时间从2h缩短到1h,和国内的速度持平,在美国即时配送领域排在前列。

GESOO即时配送省去了仓储分拣环节,通过GESOO AI智慧大脑,对1000多位司机进行实时的智能调度和管控,以即时响应各类配送场景和订单需求,将门店发货的配送时长控制在30min之内。通过全自动调度降低整体运营成本,将配送信息与车辆信息、路况信息实时动态匹配,从系统整体层面做优化,同城服务半径可达50英里(约80km),2h可送达,在运输距离较远的情况下,依然能保证高时效。分钟级配送不断刷新最短送达时长的背后,是技术创新和模式创新驱动的物流产业升级。

3. 总结

即时物流的兴起印证了人们消费观念的转变,以商业促进消费的模式变为以消费体验促进商业的模式。对于即时配送平台来说,如何获取源源不断的订单量和流量是关键,订单情况决定平台发展前景。同时,技术赋能时代,即时物流离不开大数据人工智能、"GPS＋GIS(地理信息系统)"定位、移动互联网、智能手机等技术的支撑,例如,人工智能能够预测运力需求,提高配送效率、智能调配订单、降低资源浪费;大数据能够积累配送单量、路线、时间等数据;"GPS＋GIS"定位协助配送员完成路线规划,实时监督配送员;移动互联网为实时信息传递提供通路;智能手机将线下配送员纳入共享信息环境。

资料来源:https://baijiahao.baidu.com/s?id=16209036880937794648&wfr=spider&for=pc。

四、我国即时配送存在的问题

近年来,随着物流业的全面发展,即时配送业务取得了很大的成就。但是即时配送由于受经营管理、城市配送条件、小批量、多频次等的影响,在系统工程管理、物流资源整合以及标准化、特别是信息化建设等方面仍然存在不少问题。

(1) 信息化程度低下,成为影响即时配送企业发展的瓶颈。当今市场日益增长的个性化需求对即时配送物流企业提出了新的要求:准时交货、响应敏捷、信息及时、服务满意。很多即时配送企业虽然有自己的计算机网络,但很多方面仍未能做到内部的信息共享,更谈不上为用户提供随时随地全过程的跟踪查询等外部的信息处理共享,对于现代物流调度、库存、订单管理等应用系统更有待于开发和完善,离现代物流信息化要求仍有较大的差距,成为影响即时配送企业发展的瓶颈。

(2) 城市配送设施建设取得初步发展,相关先进技术得到初步应用,但仍需进一步加强。我国物流基础设施建设这些年取得了长足进步,发展了不少以现代物流为核心的物流园区、物流中心。经过多年发展,我国已经初步形成了以中心城市为依托的城乡一体的即时配送物流网络。但我国现代意义上的即时配送总体发展水平仍然比较低,经营分散,物流布局不合理,技术含量不高,信息化程度低、运作水平与物流效率不尽如人意。虽然我国信息技术、通信技术及标准化技术在城市配送业务中已经逐步使用,但物流技术尤其是信息技术总体依然落后。

(3) 即时配送经营理念已经开始发生变化,但供应链上下游以及行业内部协同合作竞争的理念要加强。目前,已经有些即时配送企业开始在配送业务中越来越注重服务质量的提升,经营理念发生了一些变化,开始接受和利用物流外包等运作形式,它们将自身有限的资源集中在自己擅长的核心业务上、强化自身的核心能力。但总体上还缺乏协同竞争的理念,即时配送企业之间、上下游企业与客户之间缺乏合作。例如,出现"牛鞭效应",即 Forrester(1961 年)发现供应链下游微小的市场波动会造成上游制造商制造计划的极大不确定性;这是因为上下游物流企业和客户没有充分共享信息资源。由于没有完善的大型的同城物流配送信息化平台,难以共享渠道或者市场信息资源,难以结成相互依赖的伙伴关系,导致了极大的市场风险。

(4) 即时配送企业物流成本居高不下,运力资源严重浪费。目前,在即时配送领域,我国物流配送的效率和效益都不高。几十年来,我国企业实行的是第一方、第二方运输。就一个大城市来说成千上万的大小企业,其原材料的运进和产成品的运出,除有自用专线,使用铁路整车运输的方式外,其他完全是使用各自为政、各个企业使用自备的载货汽车。绝大部分情况下,载货汽车的运用都是单程重车运行,空载浪费情况非常严重,久之,城市的交通情况日益恶化。

2020 年 9 月 8 日,一篇《外卖骑手,困在系统里》的文章刷爆朋友圈。文中一个名叫"朱大鹤"的外卖骑手发现,在过去 3 年多的时间里,自己被要求在越来越短的时间内完成同样距离的配送。2016 年,美团 3km 送餐的最长时限是 60min,2018 年,这个数字缩短为 38min。2019 年,中国全行业外卖订单单均配送时长比 3 年前减少了 10min。时间的缩短是因为平台的智能算法逐渐"优化"。优化过程是这样的:骑手们的收入和考核指标紧密相连,而考核指标中的准点率、超时投诉率等,都和送餐时间相关。为了有更好地考核成绩,骑手们不惜以逆行、超速、闯红灯等违规行为来与时间赛跑,制造出效率更高的指标数据,这些数据又会形成新的平均指标,反过来变成骑手们新的考核指标。换句话说,骑手们跑得越快,平均送达速度提高得就越快,随之就会被要求以更快的速度送达,骑手们则无奈地疲于奔命,就此形成了一个往复循环、螺旋上升、越逼越紧的反馈机制。这种"高效"和"优化"的背后是平台基于大数据的系统和算法。骑手们创造了大数据,算法分析大数据、再反过来"控制"骑手。数字时代,人成了一个数据符号,被围困在了系统里。

五、我国即时配送问题的改进建议

针对当前我国即时配送问题领域存在的问题,借鉴其他物流领域的经验,可以从以下 3 个渠道进行改进。

(1) 加大即时配送企业的信息化程度,推进信息技术的应用,建设企业的信息化系统。现代物流区别于传统物流的最大特点就是网络化、信息化,它的要求就是建立多种高新技术支撑的现代物流信息化系统来支撑整个即时配送企业的运行。物流信息系统是发挥网络作用和实现集约化管理的必要工具,凭借它可实现有效的仓储管理、运输调度管理、客户信息管理、货物跟踪查询等,保证即时配送企业在服务中能全面及时地了解物流服务需求,达到对物流过程的合理有效控制。

(2) 创新即时配送企业的赢利模式，加大第三方物流模式的比例，改善企业的业务流程。目前我国即时配送企业物流资源浪费的现象比较普遍，可采取的措施包括整合城市中的物流资源，改组传统的储运企业，改善配送中心的网点布局，形成现代化城市配送网络，完善城市配送中心的功能，将集货、分货、仓储、运输、包装、咨询等服务功能结合起来，塑造多层次、多类型的物流配送格局，创新企业的盈利模式，形成新的利润来源。根据企业的实际情况，考虑市场需要和生产流通的发展趋势合理确定配送中心的建设规模和服务水平，为客户提供差异化的配送服务。根据市场需求，不断细分市场，拓展业务范围，发展增值物流服务，提供包括物流策略和流程解决方案、搭建信息平台等服务，用专业化服务满足个性化需求。结合现有资源建立起多功能化、信息化、优质服务的配送中心，这样既能改善业务流程，又能满足不同层次的客户需求。

(3) 构建新合作模式，在信息化系统的支持下对配送的广度与深度进行延伸。城市配送活动中要形成较强的竞争力，必须在上下游企业之间建立新的合作模式，通过合作来实现双赢，构筑起牢固的供应链关系。通过协同合作，实现配送业务的快速响应，在配送量与配送质量等方面建立起可靠的保障。通过那些既拥有大量物流设施、健全网络，又具有强大全程物流设计能力的混合型公司，将信息技术和实施能力融为一体，提供"一站到位"的整体物流解决方案，全面延伸城市配送业务。通过提供全方位服务的方式，与广大客户加强业务联系，增强相互依赖性，发展战略伙伴关系，在配送的广度与深度上进行延伸。

微课：即时相应同城配送

扫码学习即时响应同城配送微课。

 资料链接

即时配送新势力"橙配"货运专车平台正式上线

2018年5月21日下午，一个全新模式的互联网货运平台"橙配"专车App，在金华正式上线。便捷、规范、安全、环保、共享，"橙配"平台将有效改善物流配送行业存在的不足，解决痛点问题。

货运新模式：专人专车，精准运达

"橙配"货运专车平台由杭州晨瑞汽车服务有限公司全力打造，平台借鉴出行领域的吉利集团"曹操专车"模式，统一使用奇瑞汽车旗下的开瑞新能源汽车，并统一聘用培训司机，统一服务标准、计费规则。

"目前的互联网货运平台，大多采取个人加盟模式，导致车辆和服务质量无法精准把控，而传统的散户司机和物流公司又存在服务、收费、时效等不统一的问题，良莠不齐，选择困难。"晨瑞汽车总经理陆一青介绍，全新模式的"橙配"将对零、乱、散的市场进行标准化、规范化，通过专人专车、专业服务实现精准运达，提供新能级的运力服务。

此前，"橙配"已在杭州、金华和义乌两地投放充分运力的服务车辆进行试运营，并得到苏宁易购、义乌国际商贸城等广大商户和个人用户的点赞。目前，用户可以在各大手机应用市场搜索"橙配"App下载安装使用，也可以在微信小程序中搜索"晨瑞汽车商户版"，直接进入平台发货。

平台新特色：低碳环保，共享车厢

"橙配"上线后，将重点关注即时配送领域，共享车厢空间，同时面向企业、商户和个人提供服务。

与目前参与即时配送的摩托车、电动自行车、三轮车等相比，"橙配"新能源汽车更加安全美观，并且避免了风吹日晒雨淋给特殊物品带来的影响；而相较于传统使用汽柴油的配送车辆，"橙配"新能源汽车在运行成本、低碳环保等方面更具优势。

"橙配"平台上线的同时，浙江和福建50家开瑞新能源汽车销售门店正式亮相。这些门店在提供传统4S店服务的基础上，还是"橙配"平台在各地的运营方，前往购买开瑞新能源汽车的用户，可以切换角色成为平台签约聘用司机，提高车辆使用率，增加收入。

"橙配的发展目标是成为国内供应链管理头部品牌。"晨瑞汽车总经理陆一青介绍，橙配平台业务将迅速在全国各地铺开，同时植入销售、租赁开瑞新能源汽车业务，并提供跨区域物流配送、城市中心共享仓储、供应链金融服务等升级服务，打造一个具有新能源、新运营、新金融、新互联、新服务五大优势的供应链生态圈。

资料来源：https://baijiahao.baidu.com/s?id=1601056725576735551&wfr=spider&for=pc.

本章思考

1. 新零售对配送提出了哪些新要求？
2. 即时配送的优势有哪些？
3. 即时配送对信息系统有怎样的要求？
4. 菜鸟驿站于2021年推出送件、回收、购物等一系列服务，成为"最后一公里"与消费者联系非常紧密的一个节点，谈谈对这种模式前景的看法。

第四章

快　　递

学习目标

知识目标：
1. 了解国内民营快递的起家历史；
2. 理解民营快递公司发展壮大的影响因素；
3. 理解快递业务与电商业务的相关关系。

能力目标：
1. 能结合国内形势分析快递业的发展趋势；
2. 能分析我国农村快递发展的可行路径。

素养目标：
1. 养成不怕吃苦、踏实肯干的工作态度；
2. 养成从细节着眼，敢于创新的工作作风。

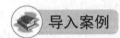 导入案例

顺丰机场获国务院中央军委批复，投资370亿落地湖北鄂州

2018年2月23日，国务院、中央军委发布批复文件，正式同意新建湖北鄂州民用机场（即顺丰机场）。这意味着，筹备已久的顺丰机场完成了正式审批，顺丰将成为国内第一个拥有自己机场的快递公司。

机场选址在湖北省鄂州市鄂城区燕矶镇杜湾村附近，性质为客运支线、货运枢纽机场，总投资372.6亿元。据顺丰2017年年底发布的公告，顺丰机场项目法人为深圳顺丰泰森控股（集团）有限公司、湖北交通投资集团有限公司、深圳市农银空港投资有限公司3家组成的合资公司，而其50亿注册资金中，3家所持比例分别为46%、49%和5%。

按照规划，本期工程飞行区跑道滑行道系统按满足2030年旅客吞吐量150万人次、货邮吞吐量330万吨的目标设计，航站楼、转运中心等设施按满足2025年旅客吞吐量100万人次、货邮吞吐量245万吨的目标设计。

据此，该机场的货运量将仅次于北、上、广、深四大机场，跻身全国前五位。

此前，国家民航局已于2016年4月正式同意顺丰机场选址湖北鄂州燕矶；湖北省则是在2018年2月的《政府工作报告》中提出，将在鄂州打造国际航空物流枢纽，并设立200亿

元航空产业发展基金,用于引进临空产业。

未来,深圳顺丰泰森控股(集团)有限公司受让深圳农银国际投资有限公司股份,成为顺丰机场项目最大的控股股东,开创大型机场由民营资本控制的模式。

顺丰在航空物流领域布局已久。2009年,顺丰航空成立;2014年,顺丰成为国内首家自建航运的快递公司。据财新报道,截至2017年年底,顺丰航空拥有41架全货机,租赁15架全货机,是国内拥有最多货机的物流公司。顺丰拥有航线52条,覆盖37个内地主要城市及中国香港、中国台北。

但与世界顶级物流企业的航空布局相比,中国物流企业仍有不小差距。其中,美国联邦快递公司的机队拥有643架飞机,美国UPS(联邦包裹服务)也拥有236架飞机。而位于美国田纳西州的孟菲斯国际机场,则是世界上最大的货运机场,是联邦快递的总部所在地,也是美国多家航空公司、快递公司的重要转运中心和枢纽机场。

资料来源:https://www.guancha.cn/economy/2018-02-25-447986.shtml。

头脑风暴

与美国的快递企业相比,中国快递企业处于什么水平?

第一节　快递行业帝国传奇

根据品牌网公布的中国2020—2021年十大快递品牌榜,顺丰、中国邮政EMS、中通、韵达、圆通、申通、京东、百世、联邦快递、天天依次分列前十位,如图4-1所示。

图4-1　国内快递业前十大品牌

一、民营快递的萌芽

除了成立较早的中国邮政,人们所熟知的快递企业主要是顺丰和"三通一达",它们的创建时间均为20世纪90年代。通过各类媒体报道,我们经常看到快递企业的利润很低,不少快递加盟网点的生意难以为继。大家有没有想过,这么低的利润,当初这些企业是怎么做起来的呢?因为一个行业在初创期只有暴利才能吸引众多企业参与。

其实,无论顺丰,还是通达系,一开始做快递业务的时候利润率都是很高的。王楠所著的《顺丰而行》一书中介绍,1971年出生于上海的王卫高中毕业后,就进入在中国香港做生意的叔叔的工厂,成为一名普通学徒。20世纪90年代,王卫在广东顺德做印染生意时,总要把样品寄送给中国香港的客户,期间耗时较长。当时,中国香港不少生意伙伴厂子设在广东,于是产生了邮寄需求。

1993年3月26日,22岁的王卫从父亲处借了10万元启动资金,与朋友合伙成立了顺丰公司。顺丰早期业务流程是收到寄件人消息,于前一天上门取件,次日由业务员携带到香港,自香港收到物件后再行带回。经过一段时间的发展,王卫决定以低于市场价30%的价格收件,以"低价收件,高速发件"的策略压制竞争对手。他让员工把之前的散件集中打包成统一的快件,然后再进行发送。当时从中国香港带件的利润是很高的,每带一票件,就可获得近百元的利润。

与顺丰类似,通达系企业创立伊始也有类似的故事。通达系企业创始人都来自杭州桐庐的钟山乡。申通创立于1993年,韵达创立于1999年,圆通创立于2000年,中通创立于2002年。1993年,中国经济焕发出新的活力,浙江民营公司突破150万户,外贸公司很多。杭州的外贸出口要到上海办出关手续,想不误出关,就必须在次日将报关单递交上海海关。而当时的EMS从杭州寄到上海要隔日达。申通的创始人聂腾飞17岁初中毕业到杭州一家印染厂打工。四年后,21岁的他发现了商机,就是帮人从杭州往上海送报关单。杭州往返上海的火车票是30元,送一单收100元,可以赚70元,而当时他的月薪是400元。他带着一帮人紧紧地抓住了这个机会。

后来,在申通快递的基础上,聂腾云、喻渭蛟、赖梅松、詹际盛等人陆续创办了韵达、圆通、中通、天天等快递企业。不过,这些如今的快递巨头当初可不是一帆风顺的。

扫码了解浙江"桐庐帮"民营快递关系图。

二、民营快递与《邮政法》

浙江"桐庐帮"
民营快递关系图

1986年通过的《中华人民共和国邮政法》(简称《邮政法》)第八条规定:"信件和其他具有信件性质的物品的寄递业务由邮政企业专营,但是国务院另有规定的除外。"20世纪90年代,出身草根的民营快递企业逐渐兴起,开始与国家的邮政网点业务竞争。由于信件类的快递包裹重量轻、易携带,相对于其他包裹利润要高出一大截,这就吸引了一批快递企业进入这一领域。民营快递企业的这一做法与《邮政法》相违背,各地邮政管理部门采取了一定的打击措施。这种状况持续了很长一段时间。

三、民营快递的规范壮大

随着国内电商产业的快速发展,快递公司业务突飞猛进,在管理上出现了不少问题。它们的业务步入正轨,主要是做了4件事。

(1)公司收权。顺丰是直接收归直营,通达系则是加强了对各加盟商的管理,使其必须聚集在公司平台下而不能任意做大。

(2)打通任督二脉——建分拨中心。最早重视转运中心的是韵达。2003年,韵达发生一起内讧,差点被颠覆。总部和加盟商之间的利益难以平衡。韵达意识到,要想掌控加盟商和承包商,就得就近管理。另外,它还有利于资金回笼。以前加盟商是"先上车,后补票"。件发完后再补交面单钱,有的加盟商拖着不给。有了转运中心(图4-2),发件地的加盟商要先交钱,"先买票,后上车",拖欠问题迎刃而解。

(a) (b)

图 4-2 快递分拨中心场景

（3）总公司调整收费方式。原来是收件方收钱,但不负担对方的派费。这有利于提高揽件的积极性,但是由于各地经济发展的不平衡,落后地区的收件少,经营困难。于是,考虑到收派兼顾,派件也要由收件方适当付费。

（4）完善安全管理。快递公司 20% 的货损是由内盗造成的。有加盟商自己经营不善,就扣下公司的件,向公司要钱。国家加强管理后,各公司改进设备,形成制度。新《邮政法》出台后,民营快递公司合法化,通过与当地公安部门合作,解决了这个问题。

2016 年开始,顺丰、圆通、申通、韵达、中通、德邦等快递快运企业纷纷在国内外证券市场上市,中国的快递行业翻开了新的发展篇章。

扫码了解"三通一达"上市盛况。

"三通一达"上市盛况

即问即答

目前的快递服务有哪些做得还不够到位？可以从哪些方面改进？

四、快递的直营与加盟

连锁经营有两种方式:一种是直营;另一种是加盟。加盟制与直营制的核心区别在于网络组织的开放程度不同,直营制自上而下统一负责,而加盟制体现了众包、开放的特点。直营制快递,整个网络从总部到末端全部自行建设,包括人员、车辆、飞机、场站、设施、分拨中心全部自有,是封闭的。加盟制快递,采用了深度外包的模式,一单快递从收件到派件,经过的收件端加盟商、总部干线、派件端加盟商三个部分之间没有任何股权关系,而是通过线下的物流网络、后台系统组织起来。加盟制快递实际上就是一个开放的、庞大的社会化"线下网络"。

直营制的顺丰当初之所以放弃了中低端市场,核心的原因在于自身。直营制的实质是以高成本为代价来保证服务和时效,而中低端电商件市场的需求却是低价,供需无法匹配,以其直营制的资源储备去冲击中低端市场不具有可行性。

快递行业一大特点在于销售环节是通过密布在全国各地的网点来完成的,网点是整张网络的触角。随着通达系逐步完成对中转环节的直营化,区分加盟制和直营制的关键则转向末端网点。直营制的网点,股权属于子公司,总部能够直接掌控。而加盟制的网点,股权属于加盟商,总部主要通过合同约定对加盟商进行商业约束。

直营制适应中高端市场,保证服务与时效的最优选择。

直营制能够保证服务和时效,原因在于直营制下的总部和网点为强关系,总部对网点的管理属于企业内部管理,其意志能够在网点和快递员身上得到贯彻执行,从而使全网各个节点都能提供无差异的高标准操作。由于全网利益一致,总部和网点一本账,因此总部可以一盘棋统筹考虑,即便部分区域的网点或者线路亏损压力较大,全网仍然可以无障碍地将一套服务标准贯彻到底。

加盟制下的网点不具备这些属性,因此如果产品的定位是服务与时效优先,那么直营制就是最优选择。以菜鸟为例,菜鸟自成立以来一直是平台化的思维,以轻资产模式运营,不碰重资产。但天猫在与京东的竞争中,始终受制于通达系物流能力的限制,无法提供与京东相匹敌的时效和服务。在多年挣扎之后,菜鸟最终选择整合原有"落地配"资源进行直营制运作,并在近期推出直营快递品牌"丹鸟"。

直营制的弊端在于成本高,不但本身管理成本高,又通过主动增加成本的方式来保证高水平的服务和时效,带来了更大的成本压力,目前来看只适用于中高端市场。

加盟制之下,总部和网点属于企业与企业之间、基于合同框架约定的外部合作,为弱关系。总部与加盟商要按照合同约定对每一票快递进行结算,各自的账务相互独立。

末端的服务和时效需要依赖快递员来完成,但是总部却不能直接管理末端的快递员,只能通过激励、处罚等间接手段来引导加盟商老板进行标准化的管理。然而通达百世每家的末端网点都已经有近2万个,这些网点分别由不同的老板在管理,这些网点之间的管理水平和管理标准必然是参差不齐的,这就导致通达系在现有模式下全网实现无差异的高标准服务和时效存在极大障碍。

同时,总部和加盟商是不同的利益主体,其利益是不完全一致的。加盟商作为一个独立的企业,首要目标是追求自身利益最大化,其次才是全网。在不能有效增加收入的情况下,更优质的服务和时效意味着要付出更高的成本,这与加盟商的利益完全相悖。顺丰可以通过全网的垄断价格,对多出的成本进行覆盖,但通达系的加盟商不具备这种能力。相反,为了获得更高水平的利润,加盟商有充足的动力采用各种手段将服务和时效维持在基础水平以节约成本,这与中低端市场的需求完美契合。近年来通达百世的时效能力虽然不断增强,但这是通过业务量的增长、在成本不明显增加的基础上实现的,与直营制企业主动增加成本以提升时效的做法有明显区别。

 **资料链接**

顺丰为什么直营

1. 不服管的"诸侯"触动了王卫的"痛点"

王卫是一个非常懂得收放的人,1999年在公司步入正轨后,他基本淡出了公司的日常运营管理。短短6年时间,王卫将顺丰从一个几个人的小档口,升级为网点遍布全国各地的大公司,为加盟模式打下了基础。当时,顺丰就像一块海绵,疯狂吸收快递市场无处不在的养分。在市场的需求之下,顺丰加快脚步建立网点。每建一个点,就注册一个新公司,分公司归当地加盟商所有。

在加盟模式的推动下，顺丰的扩张速度可谓疯狂。只不过，随着加盟商的不断壮大，这些雄踞各地的"诸侯"逐渐开始不听指挥。在利益的驱使下，顺丰的加盟商擅自在货运中夹带私货，有的加盟商更是自己开始延揽业务，当上了"土霸王"。

问题远远不止这些，有些加盟商开始瞒报收入，时常发生偷税漏税的情况，这直接触动了王卫敏感的神经。他在创办企业之初，一个重要理念就是绝对不能让企业走上"歪门邪道"，要做就做一家规范的快递公司。不仅如此，王卫一直引以为豪的服务至上的原则也被加盟商大打折扣，例如，"货物丢失""暴力分拣""毒快递""货件延时严重""强制用户先签收后验货""客户个人信息泄密""加盟商携款跑路"等屡屡出现。

实际上，加盟模式在快递企业发展及迅速扩张过程中意义重大。为什么后期会出现这么多问题？原因是加盟模式本身就存在一定的弊端。首先，每个加盟网点与总部之间的联系是松散的，这就使总部的管理制度很难贯彻到底，控制力弱是加盟快递企业最大的缺陷。其次，在利益的驱使下，加盟网点在执行总部的服务流程和规范时往往会大打折扣，直接导致服务水平下降，出现延误、破损、丢失等问题，而这也是导致客户满意度降低的直接原因。"对加盟商来说，就是给企业加盟费，用企业的品牌而已，送一单赚一单的钱，不在乎实行总部服务质量和标准。"再者，随着利益的改变，建立在利益基础上的加盟关系很容易出现裂痕，甚至瓦解。当加盟网点经营状况非常好时，与公司的关系就会微妙起来，双方之间的从属关系就会出现矛盾、受到挑战。此外，加盟网点为了多揽件，有时会主动拉低价格，完全不顾总部的价格策略。

1999年，一天，王卫接到了一位客户的投诉电话，此时他意识到了问题的严重性，想必之前市场上出现的种种不满也都是真实存在的。王卫认为自己必须回归管理，有必要通过建立更为精细的操作规范和制度规避各种问题。在新的规范和制度实施一段时间后，王卫发现问题并没有解决，情况甚至更糟，关于顺丰快递的负面消息时不时见诸报端。这让王卫不得不开始重新思考，并决心找出问题的根源。

王卫发现导致种种问题出现的根源不是制度和规范不完善，而是加盟网点为了提高快递分拣速度，尤其是在靠近中心的中转场，负责分拣的员工根本不会执行操作规范。在多次强调和纠正无效之后，王卫开始思考顺丰的管理模式，他认为顺丰必须进行一场彻底的改革。只不过，当时的局面更加复杂，且不说来自这些加盟商的阻力，单就改革的方向、方式也是不确定的，当时快递行业普遍实行加盟模式，例如，1998年，申通开始推行加盟制，这一方式以低成本优势迅速风靡全国，应者云集。直到今天，"三通一达"仍在坚持加盟模式。因此，改革的难度可想而知，正如王卫所说："当顺丰提出差异化经营后，承包网点改直营便遇到了很多的麻烦。当时一个承包网点就是一个小王国，根治这些问题，压力非常大。"

改成什么？如何改？这些问题依然摆在王卫面前。当时，王卫基本有三条路可走：第一，在原有模式上修修补补，继续维持加盟制，在管理措施上进行改进，如强化经济惩罚、末位淘汰等，让那些"行为不轨"的加盟商受到惩戒和约束，从而使其不敢轻易造次。第二，实行加盟和直营双轨制。在一些大城市或核心市场设立直营店，直营店下再设加盟网点。这可以保证关键的、核心的业务权利不下放，牢牢掌握在总部手中，原来那种总部鞭长莫及的局限性就可以克服，近距离管理和约束加盟网点，最大限度地贯彻总部政策。第三，全面直营化，这也是王卫决心要走的路。这条路走起来难度不是一般大，就目前而言，中国民营快递企业敢走这条路的也是屈指可数,而获得成功的也就王卫的顺丰而已。

2. 王卫的收权行动——果断、坚决以及彻底

王卫之所以要下这个决心,是因为他的确看到了加盟模式下的乱象,再不做出改变,企业生存下去的根本就要被动摇。更重要的是,他找到了全面直营化的理由,当时国际几大快递巨头全部采用直营模式。实际上,直营模式正是联邦快递创立的一种独有的商业运作模式,经过几十年的完善和升级,更加符合现代快递业的发展需求。可以说,联邦快递的成功,就是直营模式的成功。

20世纪90年代初,以联邦快递为代表的国际快递巨头们,已经摒弃了较量成本和规模的初级竞争模式,进入比拼速度和可靠性时期,当时中国的快递行业才在小范围内开始萌芽。起步晚加上缺乏有效的借鉴和学习,使中国早期的快递企业呈现了一种"山寨"形态。

王卫从建立顺丰之初,就想要建立一个好的平台,他想让顺丰达到甚至超越联邦快递。这一切的前提就是顺丰必须走直营化道路,只有在直营模式下,企业的经营理念、战略决策才能被更好地贯彻和执行,直营化便于标准化管理,易于提高整体服务质量,方便总部整合快递网络,统一配货和运输等。可以说,直营模式是快递企业走向成熟的不二选择,就如徐勇所说:"加盟模式并不能适应快递业一体化、集约化、标准化、机械化、集中化的发展趋势,直营模式是必然趋势。"

既然如此,为什么其他快递公司仍旧不选择直营模式?难道它们看不到加盟制的缺陷和直营模式的好处?当然不是,这是一个企业传统和战略选择的问题。当今主要几家快递企业"三通一达"也早已看到了问题的所在,但是它们经过两相权衡后,更看重市场份额的影响力,这也是民营企业的普遍选择。

由此更可以看出,王卫在1999年做出"削藩收权"的决定的确非常有远见和魄力。因为在未来的某一天,当其他公司发现,虽然占到了市场份额,但生存更加艰难时,也不得不面临"去加盟"问题。然而,那时转向需要的不再是魄力,而是沉重的代价。从2013年起,圆通、申通等快递公司也试图开始从加盟制向直营制转变。这样做的直接原因就是图谋上市,而快递公司要想上市,一个硬性的条件就是直营率必须达到85%以上。不得已,圆通、申通等公司在全国转运中心城市和十几个省会城市实现了直营。

除了果断,在全面直营化过程中,王卫还必须有坚定的决心,即使出现再大的阻力和困难,也要将改革坚持到底。要想办法说服各地加盟商,让他们从自己说了算的所有权人变为听从管理的职业经理人。为了尽量减少加盟商的抵触情绪,王卫采取了相对缓和的措施,最大限度地给予他们补偿,一方面要求各加盟商将股份卖给他;另一方面为接受统一改造的加盟商提供优厚的福利待遇。

王卫的改革由广东及珠三角一路向全国推进,在广东及珠三角的直营化还算顺利,到了珠三角以外的地区时,加盟商们的抵触更加激烈。从某种程度上来说,与历史上各个朝代的削藩运动颇为相似,地区加盟商们为了抵制直营化,联合起来反抗王卫的"收编",希望以此让王卫"知难而退"。不过,王卫没有被吓住,继续坚决地执行直营化策略。

有传言,王卫在推行直营化过程中甚至受到过人身威胁,有些加盟商为了经济利益不惜采取一些非法途径进行抵抗。即便如此,王卫也没有退却,最终还是攻克了这些最难解决的问题,一些观望的加盟商最终放弃了抵抗。

顺丰从1998年开始执行加盟政策,不到一年的时间,王卫就决定叫停加盟政策,要求全部收回网点,坚持直营发展。虽然叫停加盟将直接影响顺丰接下来的扩张,但是王卫仍旧坚决、彻底地进行直营化改造。

加盟与直营各有优劣。前者成本低、扩张快,但是口碑不佳,更适合占领低端市场;后者管理严格、培训好、服务优质,但是成本高,更适合占领中高端市场。正是模式的不同选择,决定了两者走上完全不同的道路。到2008年,顺丰全面完成了直营化。通过直营化改造,大幅提高了服务质量,在高端快递领域几乎所向披靡、独树一帜。

资料来源:摘自王楠专著《顺丰而行》.

物流行业是重资产行业,但加盟制企业却另辟蹊径地走出了一条轻资产之路。与机场这样的垄断行业相比,快递行业显然不是一流的行业,但通达百世却通过加盟制高效地借助了社会资源,打造出堪称一流的商业模式:2016年年底申通快递固定资产仅6.9亿元,当年却实现净利润12.6亿元,以如此轻量级的投资就打造出了一张全国性网络并实现如此高水平的回报,这无疑是一种商业模式上的奇迹。通达系上市之时是其ROA(资产收益率)的顶点,随着行业进入精细化管理时代,加盟制企业将逐步从轻变重,但仍然远远轻于直营制企业。

我国物流行业空间巨大,细分赛道众多,单个企业能力始终是有限的,完全依赖直营制,不仅难以满足市场的多维度需求,也会使自身扩张的效率过低。如果说直营制是顺丰、京东主动选择的结果,那么加盟制就是通达系的一种被动创造,并在历史的机缘巧合之下成为现阶段最适应中国国情的商业模式。通过直营制做中高端市场,走的是一条有国外经验可循的路,而通达系的加盟制(通达系的加盟制与FedEx和DHL的加盟模式有区别),则是土生土长的"中国模式",是中国企业以发展中市场的实践对全球快递行业做出的重要贡献。通达系在走的路,全球范围内都没有先例可供借鉴,它们只能在摸爬滚打中积累经验,相互学习。

扫码学习快递行业帝国传奇微课。

微课:快递行业帝国传奇

中国古代的"快递"

1. 夏商周:驲传制度,史上最早的快递

中国是世界上最早建立传递信息组织的国家之一。早在夏商时期,就已经有了"快递",限于交通,大都是靠人力"捎带",那时候的民间,有些人靠此为生。殷墟挖掘出的甲骨文证实,在3 000多年前的商朝,中国已有近似于快递的驲(rì)传制度。当时乘车传递的叫"驲"或"传",乘马传递的叫"递"或"驿",而此时的"快递"是丝毫没有私密性可言的,也没有任何的监管措施。

到了西周时期,政府发现"快递"能够提高办事效率,于是设立了相关官职,据《周礼·秋官》记载,当时周王朝的官职中,便设置了主管邮驿、物流的官员"行夫",对其职责要求是"虽道有难,而不时必达"。据《周礼·地官·遗人》载:"凡国野之道,十里有庐,庐有饮食,三十里有宿,宿有路室,路室有委。"可见为了保障这些邮传人员,政府都会在邮传途中建立一些"委""馆"或"市"的休息场所。

相比早期的驲传制度，此时的"快递业"因为有了朝廷的参与，变得更为规范，分为"徒遽"与"传遽"，一是靠步行，二是靠邮车，主要用于政令、军情的传递，民间并没有广泛使用。

2. 春秋：快递效率提升，驿站诞生

到了春秋，随着对"快递"的需求提高，快递业飞速发展，大力提速，便有了马传，通过快马代替了脚力，近距离靠单骑，长距离靠接力，驿站便由此诞生，但在当时称呼并未统一，称"遽"，或称"邮"，或称"置"，实际上就是最早的驿站，每隔20里设立一站，供"快递员"休息和换马。

"驿站"的设立极大地加快了文书和军令的传递，但其安全性和保密性并没有得到保障。

3. 秦汉：快慢件的区分，快递业的规范和统一

到了秦朝，全国得到统一，快递行业有了更明确的规定，出现了快慢件之分。普通物品没有表明送达时间的，就一般配送。标注马上飞递的，以每天300里的速度传递。标注十万火急的，那就要飞速传达，到了驿站，"快递员"甚至顾不上休息，便立刻换马启程，速度可达到日行500里。当时，"快递员"的服装也得到了一定的统一。

秦朝以水德自命，色彩上"尚黑"、数字上"尚六"。当时的车同轨一律为"舆六尺"，用于快递业务的马匹则是"乘六马"；上等投递员的着装都是黑色。

到了汉代，黑色不受欢迎，投递员穿红色工作服。《后汉书·舆服志》记，东汉驿卒有特殊标记，"驿马三十里一置，卒皆赤帻绛韝云"，即头裹绛红头巾、膀戴绛红套袖。另外，身上还背着"赤白囊"，即一种红白相间的专用邮包。此外，对于"快递"的安全，也有了进一步的提高。

以秦朝为例，当时有严格的交接和登记制度。《行书律》中规定："行传书、受书，必书其起及到日月夙暮，以辄相报也。书有亡者，亟告官。"同时对投递员的素质也提出了硬性要求，"隶臣妾老弱及不可诚仁者勿令"，即老弱和不诚信的人，不能担任投递员。防止泄密最重要的手段是密封。秦时文书都是写在竹简上，所以传递之前都会将邮件捆扎妥当。在结绳处使用封泥，并盖上相关印玺，以防私拆；写在绢素上，则要装入书袋中。

到了汉代，封装工具和手段更加丰富，外封套有函、箧、囊等，根据物件的形状、大小，分别装入不同的包装袋中。其中，"函"为一种小木盒，用来装简牍，上有木板盖，刻线三道，凿一小方孔，用绳子扎好后，方孔处要用封泥封好。《饮马长城窟行》中，"客从远方来，遗我双鲤鱼。呼儿烹鲤鱼，中有尺素书"。也对当时的信件封装手段有详细的描述。

4. 隋唐：快递业兴盛，可运输生鲜

魏晋时期，魏国人陈群撰写了中国历史上第一部邮政法规——邮驿令。自此后，"快递业"高速发展，日益规范。

到了隋朝，随着大运河的开通，快递业发展呈兴盛之势，相比陆路运输，顺水而为的水路运输更显优势，避开了翻山越岭，缩短了送达距离，速度更快。

唐朝时期，国际交流频繁，各国使节和官员公差往来大为增加，朝廷干脆改驿站为馆驿，以突出其迎来送往的"馆舍"功能，相当于如今的招待所。而在盛唐时，全国有馆驿1 643个，水驿200多个，从事驿站工作的人员有2万多人，其中80%以上为被征召轮番服役的农民。可见当时"快递业"的繁荣，岑参有一首诗，记录了当时情形：一驿过一驿，驿骑如流星。平明发咸阳，暮及陇山头。岑参将驿骑比作流星，速度到底有多快呢？安史之乱时，十一月初九安禄山在范阳（今北京一带）起兵，远在长安的唐玄宗6天后收到消息，大致推算下来，日行距离已经超过了500里，在当时可谓神速。

此外,由于"快递"效率达到了前所未有的高度,唐朝也开始流行用快递运送水产、水果。"一骑红尘妃子笑,无人知是荔枝来",从杜牧诗中也可窥见一二。

当时平原郡(今山东境内)进贡的螃蟹,也是使用"快递"运输的。据《酉阳杂俎》记载,这种螃蟹是在河间一带捕捉的,很贵重,在当时一只价值一百钱。为了保证是活的,每年进贡时都用毡子密封起来,捆在驿马上速递到京城。

由此看来,唐朝"快递业"虽发展迅速,但"官方快递"却也大都只为皇室及达官显贵服务,很少为民间所使用。可民间也有需求,于是,镖局应运而生。在众多影视作品中都很常见,主要运输大件货物,以镖局担保,并由专业的镖师护送,随着镖局业务发展,也出现了信镖、银镖、物镖、票镖、粮镖和人身镖等。可见,相对于"官方快递",镖局的业务范围更广,且更看重"货物"的安全,这类似于如今的"运输保险制度"。

5. 宋元:快递效率进一步提升,管理进一步规范

到了宋朝,政府为传递文书建立了递铺,虽然跟"快递"有一字之差,但这个递铺更像现在的邮局,是递送官方文书与物资,捎带递送官员家信的组织。同驿所相比,递铺有三个长处:一是距离短、机构多;二是昼夜不停、接力传送;三是深入内地,具有规模庞大、四通八达的通信网。

当时,"快递"的基本组织原则有两条:计程责限和依限传送。就是在规定时间内快速完成递送。按照时限可分为三种,即步递、马递和急脚递。顾名思义,就是走着送、骑马送、赶快跑着送,具体选择哪一种,就得依据客户的要求了。

据袁枚《随园四记》记载,最快的急脚递"日行六百里,以为至速也",著名抗金将领岳飞就是被皇帝下了十二道金字牌急脚递,把他从前线作战中招回临安。

在宋朝,需要寄送信件和物品,要到递铺按响铜铃,铺兵听到铜铃就开始办理收寄或者交接手续。《宋会要》在谈到传送铺兵时说:"不以昼夜鸣铃走递,前铺闻铃,预备人出铺就道交收,不得时刻住滞。"沿途驿站秣马以待,一听到铃声就立刻飞身上马,驰往下一站。同时,凡是交急脚递或马递传送的文书,要当着官员面实封装入筒内,叫作"实封入递",相当于现在的收寄验视制度。铺兵待遇很高,风险也很大,送件路上的危险就不说了,要是发生延误、丢失、损毁等,轻则脸上刺字流放,重则砍头掉脑袋。要是有偷看泄露信息者,更是株连九族。要求很多也很严,这种法规很大程度上是延续了唐朝所制定的相关律法。

宋朝制定的《金玉新书》是两宋递铺法规总集,收集在《永乐大典》中,也是迄今为止我国古代较为完整的一部通信法规。

而这种高效率的"快递"制度一直延续至元朝,元朝四通八达的驿路,惊呆了威尼斯旅行家马可·波罗。他如此描述道:"所有通至各省之要道上,每隔二十五英里,或三十英里,必有一驿……"并大发感慨:"这真是十分奇异的一种制度,因而在行动上也很有效率,几乎不能用言语来形容!"

6. 明清:最早的"国际快递"以及最早的邮局

到了明朝,"快递业"的发展就更厉害,那时运输有严格期限要求,像甘肃秦州卫到北京3 320里,限110天内到达,简直是良心快递。而最早的"冷运"也在此时,明代于慎行诗道:"六月鲥鱼带雪寒,三千里路到长安。"鲥鱼是产于长江下游的一种名贵的鱼,经3 000里路运到长安后,尚能"带雪寒",原来用的是"冰船",有人将其称为世界上最早的"冷藏船"。

而随着国际贸易交流,明代的海外快递,还引进了今天常见的南瓜、玉米、番茄、烟草等作物。

据《上海通志》记载,明朝永乐年间,出现民信局,又称信局,上海县有协兴昌等信局,这应是当今邮局的前身。

到了清朝,更加完善了驿递体系,将驿、站、塘、台、所、铺统称邮驿,快递速度可以达到一天600里,全国驿站2 000个,快递员70 000人,较之前,成倍增加,咸丰年间,冯桂芬效仿西方,建立了邮政局,1913年,北洋政府宣布,全国驿站撤销。

后来,现代快递业兴起于第二次世界大战后的西方。

近年来,中国快递行业发展迅速,其监管日益完善,如今,中国的快递市场规模早已处于全球领先位置,为无数人提供服务和便利。

资料来源:https://www.360doc.com/content/20/0903/16/54818083-933795580.shtml。

微课:古代快递

扫码学习古代快递微课。

第二节 快递电商比翼齐飞

这些年,我国的快递产业与电商产业都取得了高速增长。而电商业务又与快递业务紧密相连,人们常常会问,是快递促进了电商,还是电商促进了快递?这就像是先有鸡,还是先有蛋?确实很难说得清楚。

一、电商产业与快递产业的关联性

一般认为,电子商务产业的发展重点包括商品和服务的网络交易、电子商务服务业、网络创业创新、传统企业的电子商务应用等。那么电商产业与快递产业的关联性到底如何呢?

一般而言,电子商务的业务增长提升对快递业务的需求,同时快递服务质量的保证又反过来促进电商业务的增长。以下通过几组数据来分析。我国的网络零售额2009年是0.11万亿元,2020年是10.63万亿元;我国的快递业务量2009年是18.6亿件,2020年是833.6亿件。10多年时间,我国的网络零售业务增长了近100倍,快递业务增长了约44倍,均远超同期GDP的增速。据统计,快递企业的业务量中,电商包裹件的占比将近80%。我国历年的网络零售额及快递业务量对比见图4-3。

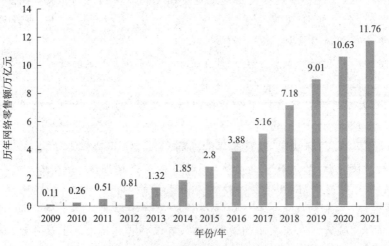

图4-3 电商与快递业务增长对比

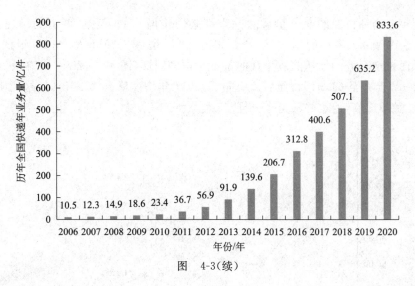

图 4-3（续）

国家邮政局监测数据显示，2020 年 11 月 1—11 日，全国邮政、快递企业共处理快件 39.65 亿件，其中 11 月 11 日当天处理快件 6.75 亿件，同比增长 26.16％，再创历史新高。"双 11"期间(11 月 11—16 日)，业务量达 29.7 亿件，比 2019 年同期增长 28％左右，日均快递业务量达 4.9 亿件，约是日常业务量的 2 倍。历年"双 11"期间快件处理量与电商交易额增长情况见图 4-4。

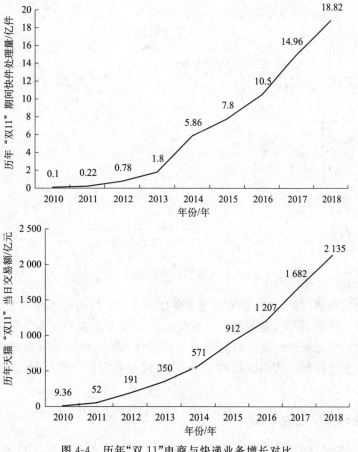

图 4-4　历年"双 11"电商与快递业务增长对比

近10年电商和快递的业务量虽然一直都是同步增长的,但是,两者的增速并不同步。我国网络零售额 2009 年的增速为 136.36%,此后增速一直下滑,2016 年的增速降到 32.99%。而快递业务的增速曲线呈现的是不一样的图形(图 4-5),2009 年增速为 24.83%,2013 年进一步上升至 61.51%,而后掉头向下,2017 年增速降到 28.07%。这说明电商和快递的关联性虽然较高,但也并不是十分同步。

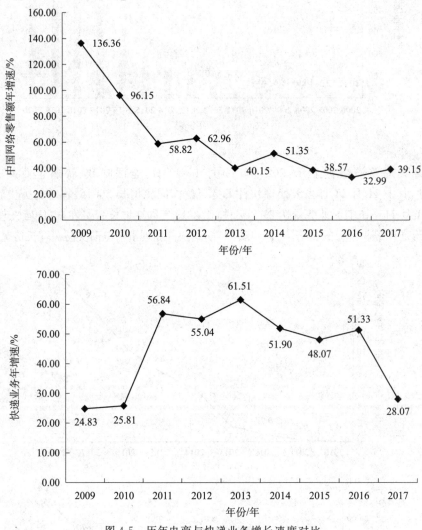

图 4-5 历年电商与快递业务增长速度对比

当然,电商发展越好的地区,它的快递业务也越发达。国内电子商务发展最好的地区是北京、上海、浙江、广东、深圳,而这些地区的快递企业以及相应的业务发展也很好。快递企业的业务量大增,随之而来的就是容易形成规模经济,成本降低,从而有能力给客户提供更低的价格,形成良性循环。例如浙江的义乌,其电商业务位居全国前列,快递成本也比其他城市低一大截。

二、电商与快递的相互促进

随着电商客户的体验要求不断提升,电商卖家对快递服务的要求也越来越多,越来越高。这其实也倒逼着快递企业的服务快速提升,从早期只有简单的送货功能,逐步发展到有了众多的服务功能。例如,客户需要了解快件即时的物流信息,快递企业开发了快件物流信息网络查询服务;客户有不满意的地方需要投诉,于是专门成立了客服部门来处理;消费者有越来越多的大件商品在电商平台上购买,于是在小包裹快件业务之外细分出了快运业务;客户白天不在家收货不方便,于是产生了智能快递柜、菜鸟驿站等新型终端送件方式;客户有贵重物品需要快递但又怕丢失,于是产生了保价快递。

电子商务走到今天,越来越倾向于线上与线下融合,演变成为新零售。新零售是指企业以互联网为依托,通过运用大数据、人工智能等先进技术手段,对商品的生产、流通与销售过程进行升级改造,进而重塑业态结构与生态圈,并对线上服务、线下体验以及现代物流进行深度融合的零售新模式。2016年11月11日,国务院办公厅印发《关于推动实体零售创新转型的意见》,明确了推动我国实体零售创新转型的指导思想和基本原则。当然,新零售的发展仍然离不开快递的强力支持。

三、快递岗位的调整

国内快递发展近30年了,不知不觉中,人们发现有些快递岗位已经消失了。

在快递分拨中心,以前有一个技术含量比较高的"写大笔"的岗位,这个岗位要求员工根据快递面单上到件地的具体地址用油性笔在包裹上写上一个数字,这个数字代表的就是到件城市某一个收件区域。当传送带将写了数字的包裹向前传递时,相应格口的员工就会将快件拨下来,然后装上相对应的货车。现在,这个岗位没有了。原因就是快递分拨中心采用了全自动的分拨技术,企业的路由规划部给全国网点下各区域设置对应的"三段码",也就是说,到件地的区块划分在收件时系统就已经设置好了,给了包裹一个专用的身份信息,而后在各分拨中心的分拣线上机器能自动进行识别,并井井有条地分类拣选。这是数字化技术在快递公司的应用。

由于使用了全自动的分拣设备,各分拨中心的业务处理能力大幅提升,一个大的分拨中心一天的快件处理量接近1 000万单,而员工数则降为原来的一半。例如,在到件流水线端口上,原来整齐站列的员工不知何时也消失了。以前,快件从货车上卸下后,到件端口的员工需要把包裹位置调整一下,使面单朝上,这样高拍仪可以扫到面单上二维码的信息。现在,这个调整包裹的工作也不需要了,因为端口上都安装了高清的六面高拍仪,也就是说,无论这个包裹怎么放,面单总是能被扫到。

还有一些客服岗位,现在也可以由语音机器人来替代了。技术更新了,一些简单操作的岗位不需要了,不过一些技术含量比较高的岗位需求量却在增加,例如,数据分析岗位、系统控制岗位、机器操作岗位等。这就要求提升员工的技术操作能力,要有终身学习的能力。

资料链接

韵达的"一超多强"战略

2019年,韵达集团在年报中提出,韵达以"韵达+"理念为引领,以信息管理、科技创新和绿色发展为驱动,实施"守正开放、多元协同、一超多强"的发展战略(图4-6)。"多强"是指韵达供应链、韵达国际、末端服务以及商业等周边产业链和新业务,将持续用快递流量嫁接周边市场、周边需求、周边产品,努力构建"以快递为核心,融合周边产业、新业务、新业态协同发展"的多层次综合物流生态圈。

图 4-6 韵达公司战略发展

由此可见,在韵达的"一超多强"战略中,"一超"是指快递业务,"多强"是指快运、供应链、国际、末端等新业务、新业态。

在被定位"一超"的快递方面,韵达快递业务量近 3 年可谓"一路狂奔",从 2015 年的 21.31 亿票暴涨到 2018 年的 69.85 亿票,增长了 3 倍多。仅 2018 年就同比增长 48%,增速高出行业平均增速 22%,市场份额达 13.77%,稳居国内第二的位置。

对于快递业务在 2019 年的发展策略,韵达在其年报中表示将持续推进"客户分群、产品分层"经营策略,发展高品质、高附加值、低价格敏感性产品,进一步丰富产品体系,包括商务快递、电商快递等多种快递产品,到付件、代收货款、贵重物品、签单返回、橙诺达、当天件、次日达、准时达等快递细分类型。

韵达的"多强"布局更加值得关注,其快运服务 2018 年收入为 5.38 亿元,累计归属于上市公司股东的净利润为-0.67 亿元。公司财务总监谢万涛表示,快运业务处于阶段性亏损主要是快运处于起网初创阶段,为完善网络化建设,着眼于未来的布局,进行了一定规模的资本性投入。

国际业务是韵达"多强"业务中表现最为抢眼的业务之一。公司董事会秘书符勤透露,2018 年韵达国际已开通全球 25 个国家和地区,全年进口业务量同比增长 71%,出口业务量同比增长 667%。韵达也将持续加大在国际上的品牌建设步伐,从海外国家拓展布局向垂直深度优化进行转变,将国际业务中各个节点逐步进行优化。

业内专家表示,韵达"一超多强"的战略实际上是打造综合物流服务商,这是快递企业做强做大快递主业之后的必然选择。对于韵达而言,在布局新业务的过程中,不可盲目突进,更要善于利用资本,可采取投资、收购、兼并等途径进行布局。

资料来源:摘自上市公司韵达控股股份有限公司 2018 年年报.

四、电商与快递的最后一公里服务

"最后一公里"配送是指客户通过电子商务途径购物后,购买的物品被配送到配送点后,从一个分拣中心,通过一定的运输工具,将货物送到客户手中,实现门到门的服务。配送的

"最后一公里"并不是真正的一公里,是指从物流分拣中心到客户手中这一段距离,通过运输工具,将货物送至客户手中的过程。由于属于短距离,俗话称为一公里配送。这一短距离配送,是整个物流环节的末端环节,也是唯一一个直接和客户面对面接触的环节,意义重大。

"最后一公里"配送服务是电商面对客户的唯一方式。负责"最后一公里"配送服务的第三方物流无法完成电商或产品的品牌传播和货物售后服务等工作。由于客户个性化的需求,例如以旧换新的上门服务,都是依靠"最后一公里"来实现的。客户满意度很大程度上取决于这个环节的质量和效率。

"最后一公里"配送服务可实现增值效益。服务中积累的数据,蕴含着客户端的丰富资源,能够积累出基于数据采购、信息管理等极有价值的东西,对于前端市场预测,提供有力的支撑。"最后一公里"配送,使得整个物流由被动转向主动分析客户信息,挖掘出隐藏价值,对客户提出个性化服务。由于直接的客户接触,企业的形象、价值文化等都能够通过"最后一公里"配送服务进行传播,达到增值效益。

作为整个电子商务行业的"最后一公里",我国电子商务行业的发展很大程度上成为过去数年内快递业发展的重要刺激因素。以申通为例,快递公司负责寻找货源和城际之间的运输服务,而各地区的派送则是加盟到申通体系中的快递公司。城际间的配送批量大、频次低,便于成本的控制,而地区内的配送由于顾客对及时性的要求不断提高,只能小批量、高频次地配送,使地区内配送成本居高不下。另外,网上购物客户群体对物流费用的敏感度较高,使成本不易向下游转嫁。时至今日,淘宝、当当等电子商务平台已经成为快递公司最大的客户。快递业因成本压力而选择快递费用上涨,势必影响电子商务的快速发展。

五、快递最后一公里配送存在的问题

1. 配送车辆进城难、进小区难

现如今,在我国大部分经济中心城市都会对货车的进城进行严格的限制,无论是从时间还是道路上都有一定的限制。在很多进城路口都会看到"货车禁行"这样的标志牌,货车进入城市必须持有通行证,而且只能在规定的时间段内进入城区,这样不但造成了夜间货车扎堆进城道路拥堵,而且还大幅降低了快递车辆的配送效率。

另外,快递在配送过程中,很多小区为了安全,不允许快递人员进入小区,快递人员只能在小区门口挨个给客户打电话,或者将包裹放在物业管理处,然而后者造成的物品遗失带来的物业管理人员和快递公司的纠纷也不在少数,因此,导致物业管理人员拒绝接收快递和包裹。这样一来,使快递在最后一站的配送效率大幅降低,包裹不能及时安全地送达客户的手中。

2. 客户分散,车辆安排难

在中国各大城市人口分布虽然密集,但快递的选择多种多样,这样就造成了客户的分散性,也就使快递公司在安排配送车辆时比较费劲。众所周知,现在我国收发快递用的车辆大部分还是小型三轮车,这种独立式的车辆在线路的选择上都伴随着随机性,而在配送过程中运用的也是小批量分散式的配送方式。这不但不利于物流公司对车辆的统一管理,而且在时间与运输上造成了极大的浪费。在欧美国家和一些发达国家与城市已经在法律上解决了车辆传递的问题。要想解决这一问题,还需要各个部门一同商讨修改现行法律、法规和制度,这也是大家期待亟须解决的一个难题。

3. 快递派送与客户存在严重的时间冲突

快递行业若要提供优质的服务,最基本的就是要满足"门到门"服务,可是在实际配送过程中,为了能及时将所有的快件派发出去,快递员的投递时间是十分紧迫的,在快递配送最后一个环节往往很难实现"门到门"的服务,更别说"点到点"的服务了。快递员上班的时间与客户上班的时间有80%~90%是重叠的,这无疑加重了快递派送与客户之间在时间上的冲突。现如今,大学生已经成为电子商务的追捧者,在各大高校中,学生白天基本都在上课,快递往往不能及时派送至学生手中,因此就造成了二次配送在人力与时间上的浪费。对于大部分上班族来说,白天上班家里无人可以收取快递,快递员也不愿意等下班之后再次派送,快递配送的效率也明显降低。快件自发出到收取这一过程中经历的时间就明显延长。

4. 存在道德风险与安全风险

近年来,我国电子商务得到高速发展,但是物流信息系统建设方面存在的漏洞风险也是不容小觑的。信息的不透明使客户很难追踪快递的整个配送过程,快件从发出一刻起到收取过程中转手的人太多,而在订单信息查询中,只是粗略地显示订单发出时间和到达收取人城市的时间,并未透露每个环节是由谁完成,这样就滋生了一系列的道德风险。一旦发生快递遗失或缺失事件,客户无从查起。

快递从业人员的素质参差不齐,高素质的专业人才严重缺乏。对于加盟者的门槛也不高,且不重视对其加盟商和旗下员工的培训,于是很多员工完成招聘后都是直接上岗录用的,专业技能不过关,服务态度恶劣,人员流动性较大,快递在配送中的安全隐患也是层出不穷。

5. 快递高峰期,工作强度大

我国快递行业起步较晚,物流体系不够完善。一旦遇上高峰期,爆仓现象就十分严重。每年"双11"这个天猫购物狂欢节的特殊日子,总能掀起一场看不见硝烟的电商大战,由"双11"所带来的销售业绩也是十分惊人的。"双11"给上游电商企业带来了巨大的利益,然而下游快递企业的工作量却是翻了几番,压力巨大。仓储环节发生的严重爆仓现象暂且不说,派送人员的工作量就比平时大了几倍,物品的破损、缺失程度也大幅增加。整个供应链人员就算24h不间断地工作,也无法满足每一件物品能够及时、安全地送至顾客手中,有的人从下单到收到物品竟长达半月之久,这样的快递服务不但会引起消费者对快递行业的不满,甚至不愿尝试网上购物,严重影响电子商务的发展。每年的"双11"活动都反映了我国快递行业不够成熟,抗压能力弱,快递行业如何改变自身去满足市场需求是值得整个行业深思的问题。

6. 农村最后一公里快递资源缺乏

在我国,人口分布不均匀,农村人口居多。随着计算机的普及,越来越多的农村网络用户青睐于网上购物,农村市场的消费潜力巨大,发展前景广阔。然而我国城市快递发展与农村快递的发展存在严重的不平衡,近年来我国快递行业发展迅速,但是快递配送主要集中在城市区域内。在一二级城市中,物流配送网点基本上达到饱和状态,城市区域内的快递配送服务辐射的区域最远也就到周边的县级城市,而大部分乡镇及农村地区却不在快递配送范围内,乡镇及农村地区的快递行业还处于十分落后的状态。农村市场对于快递行业来说,无疑是一块巨大的蛋糕,如何享用这块美味的蛋糕,却是眼下需要解决的问题。

六、解决快递最后一公里配送的对策

1. 政府部门应该取消对货运车辆的限制

在美国,不但没有对货运汽车进入城区有太多的限制,反而从20世纪80年代开始就陆续出台了一系列法律、法规放宽对运输市场的管制,减少联邦法案对运输市场的约束,为美国的运输行业提供了良好的环境。

日本物流经历了半个多世纪的发展,无论从哪方面看,日本的物流政策和法规都是较为成熟的,日本政府投资侧重于物流基础设施的建设和完善,建设区域性高规格公路,方便货运车辆的运输,并逐步形成了基本法、综合法和专项法的物流立法模式,这些法规也是日本物流发达的原因之一。通过比较可以发现,在物流发达国家或城市并没有严令禁止货运汽车进入城市,因此国家应该通过相关法律法规制定相关政策,取消车辆限制、停靠、装卸作业等方面的问题,为快递配送车辆开通绿色通道,以保证快递能快速及时地进入城市地区。

2. 实行共同配送

共同配送是物流行业中新兴的一种配送模式,在欧洲,实行共同配送的比例高达90%;在美国,共同配送的比例已经达到70%;在日本,共同配送的比例也超过50%。可见在国外,共同配送已经成为主流配送模式。而在我国,物流行业起步较晚,共同配送的应用还处于探索阶段,推行共同配送任重道远。我们可以通过学习吸收国外的经验与教训,发展共同配送模式。快递行业最后一公里问题也可以通过共同配送来解决,即在同一区域内建立一个共同的配送网点,各个快递企业将快件送至共同配送网点,快递的集中、分拣、临时储存就在共同配送网点进行,之后由共同配送网点将快递送至客户手中或快件自提点。共同配送的实行也就要求几个快递企业联合起来在公平、公正的条件下共同出资成立一个新的公司,专门实现快件最后一公里的统一配送。

实行共同配送能有效降低城市快递配送车辆总量,减少城市因装卸货物而造成的交通拥挤,改善交通运输状况,明显缓解城区交通压力;通过这种集中化处理,有效提高车辆的装载能力,避免人力资源的浪费,提高快递配送效率,实现绿色物流。

3. 建立"社区物流"

现在城市中都是以小区为单独的小整体,快递企业也可以小区为整体发展社区物流模式。小区的物业可以作为快递的暂存点。快递公司将快递送至小区物业,由小区物业暂时存储保管快递直至送至客户手中。小区物业可从中拿取物流公司的管理费,整个过程中,小区物业几乎不需要太多的资金投入,就能从中获取部分利益,而对于客户来说,这不仅消除了自己与快递派送员在时间上的冲突,也可以更加自由地安排收取快递的时间。就快递公司而言,实施社区物流就相当于多家快递公司将各自分散的客户整合成为一个整体,这样一来就大幅降低了快递公司的配送成本,提高快递公司的配送效率。

建立社区物流还可以由私人与快递公司签订合同,在小区内以便利店方式收发快递。经营商可以在小区内经营销售一些日常生活必需品,同时协助快递公司收取快递,客户可以根据快递信息并自由安排时间收取快递。通过这种方式实施社区物流,不但提高了快递从发出到客户收取这一过程的配送效率,而且可以提供更多的就业机会,这一举措也更加严格地要求物流的各个环节必须做到信息公开透明,快递经手的每一个人员都必须诚信负责。

4. 加快建设"快递下乡"

2014年，国家邮政局首次提出"快递下乡"工程，这一构想反映出农村地区居民对快递服务的需求，快递行业对农村市场这一块"肥肉"的重视，同时也为快递行业开辟了一片新的市场。农村覆盖面积广阔，对产品的需求较大，而在广大农村地区，品牌店、连锁店却十分稀有，大部分农村居民只能从商品有限的集市上购买一些劣质的生活用品。随着农村地区居民收入的不断提高，农村的购买力也持续增强，农村市场上销售的产品已经无法满足农村居民的需求了，如今网络普及，越来越多的农民更愿意通过互联网购买自己所需物品，这也表明农村消费者对网购的依赖比城市更大。因此农村市场将会吸引越来越多的快递企业。

由于农村居民居住较为分散，快递员在派送过程中，如果是挨家挨户地派送，将导致快件派送效率低下，因此快递企业可以借助一些公共服务平台，如农村综合服务站、农家书屋、村委会等为基础，通过授权，向农村居民提供较为完善的快递服务，并且这些公共服务平台将面向所有快递企业开放，村民可以通过村里的信息平台及时收取快递，这样既解决了农村地区快递派送成本居高不下的问题，也大幅提高了快递的派送效率，同时还为这些公共服务平台开辟了新的收入来源。农村地区快递服务的不断完善，也将加快电子商务的发展，不断拉动国内消费需求。

扫码学习快递电商比翼齐飞微课。

微课：快递电商比翼齐飞

本章思考

1. 电商产业发展对促进快递业起到什么作用？
2. 电商客户对快递服务提出了哪些新要求？
3. 快递企业应如何适应农村电商的发展？

第五章

流通加工

📘 学习目标

知识目标：
1. 了解流通加工的各种方式；
2. 理解流通加工对企业客户的价值；
3. 掌握流通加工的创新路径。

能力目标：
1. 能分析流通加工对提高产品附加值的意义；
2. 能借鉴他人的经验提出新的流通加工方式。

素养目标：
1. 树立精益求精的钻研精神；
2. 养成注重细节的工作习惯。

专业"抓鸡队"，每天抓鸡万余只

抓鸡也有专业队？这事听起来有点蹊跷，但在佛山市高明区更合镇平塘村，确实存在这样一支由35人组成的"抓鸡队"。他们的职业就是替各个鸡场抓鸡装笼，最多时每天抓鸡三万余只。据这支"抓鸡队"的领头人黄恩波估算，队伍成立10年来，经他们手的鸡有上亿只之多。

替人帮忙变赚钱

更合镇以养鸡为主业，目前有大大小小的鸡场600余个，小的鸡场养鸡量三五千只，大的能达到两万余只。鸡长大成熟了就得运出去卖，但是这抓鸡装笼就成了一个大问题，手法轻了、重了都不行，鸡受伤的情况时有发生。以一只笼装350只鸡算，死伤十余只实属正常。长此以往，损失不小。

2000年前，黄恩波也从事养鸡业，对如何抓鸡颇有心得。之后的日子里，亲戚朋友如果需要抓鸡了，都会叫上黄恩波来帮忙。逐渐地，黄恩波觉得替人抓鸡也可以赚钱。于是在2000年，他组织10个村民成立了一支专业"抓鸡队"。

抓鸡队虽然成立了，但要被村民们接受却不是一件容易的事。很多朋友觉得，我找你黄恩波抓鸡，那是相信你，你现在却用这个来赚我们钱。一时间，非议声四起。但黄恩波并未放弃,通过向多方解释,村民逐渐理解了他。

但抓鸡队刚成立就遇到了无人找上门的尴尬。"没有办法,我们十多个人只好分头到各养殖场推销,采取先抓鸡后收钱的办法。"黄恩波说,经过不懈的努力,终于有一家鸡场愿意让他们去试试。

第一次抓鸡让黄恩波至今难忘。那天他们 10 个人用了两个多小时抓完一万多只鸡,只有一只鸡死亡,死亡率之低让鸡场老板叫绝,并当即给了他们 500 元作为报酬。

抓鸡也要分时段

这抓鸡也是门学问?确实不假!黄恩波告诉记者,一天中 4:00—8:00,18:00—23:00 两个时段最合适抓鸡。

为什么要分时段?黄恩波解释,像土鸡、黑凤鸡,白天跑得特别快,很难抓到,到了晚上才容易下手。而像大公鸡、麻鸡、竹丝鸡,白天、晚上跑得差不多快,所以白天更容易抓。

10 月 26 日下午,记者在更合镇的一家养鸡场内见到了黄恩波和他的队员们一起抓鸡的场面。只听黄恩波一声令下,抓鸡队的十几名队员缓步走进鸡棚,在微弱的灯光下有序地把鸡分开,蹲下身伸手一把抓住鸡的爪子,倒拎起来装笼,随后过磅装车,尽管鸡棚内的鸡到处飞奔,却丝毫不影响抓鸡的速度,整个过程也不显得忙乱。

十年抓鸡上亿只

从刚成立时的 10 个人,到 2005 年的 20 个人,再到现在的 35 个人,近 10 年的时间里,黄恩波的专业抓鸡队正一步步壮大,而每天经他们手的鸡少则 1 万只,多则 3 万只。

黄恩波告诉记者,现在每天每名队员大约要抓两笼鸡,按每笼 350 只鸡算,就是 700 只。"我由于抓鸡比较熟练,每天大概能比他们多抓一到两笼,多的时候一天能抓 1 500 只。"

对于抓鸡能获得多少报酬,黄恩波透露,有的地方是 20 元一笼,有的地方是 8 分一只,如果鸡场远,每只鸡的收费也会相应增加,最多能达到 1 角一只。据黄恩波说,现在他老婆和丈母娘都在从事这个行当,好的时候一天下来一家人能抓 3 000 余只鸡。"那你的收入在村里是不是算高的?""算是吧。"黄恩波笑着说。据黄恩波粗算,10 年间经他之手的鸡有 400 余万只,而整个抓鸡队抓鸡的数量也在 1 亿只以上。

因技术出众,如今,不仅本地的养鸡户会找黄恩波的抓鸡队,就连高要、新兴等周围市县的养鸡户也找上门来,请他们上门抓鸡。

资料来源:https://news.sina.com.cn/o/2009—11—04/150616553296s.shtml。

头脑风暴

流通加工环节往往技术含量不高,但却能为企业创造相当不错的效益。谈谈你的看法。

第一节 流通加工包罗万象

在物流活动中,流通加工是一个看似不起眼的环节,但是,这个环节在整个商品流通中却起着提升服务价值的重要作用,正在引起越来越多业内人士的重视。所谓流通加工,是指物品在生产地到使用地的过程中,根据需要施加包装、切割、计量、分拣、刷标志、拴标签、组装等简单作业的总称,如图 5-1 所示。

图 5-1 商品的流通加工

一、流通加工的分类

流通加工的作业内容其实非常丰富,大致可以分为 6 类。

1. 在库物品的初始加工

有的物品过长、过大,为了方便仓储、运输和装卸,满足客户需要,要对物品进行解体、切割。如图 5-2 所示,将原木锯裁成各种锯材,同时将碎木、碎屑集中加工成各种规格板材,甚至还可以进行打眼、凿孔等初级加工。

图 5-2 商品的初始流通加工

2. 在库物品的终极加工

有许多生产企业在生产出成品后,将成品存放在物流企业的仓库里,成品的终极加工整理工作则委托物流企业在出库前完成。如图 5-3 所示,某物流企业为服装厂承运出口服装,为满足客户需求,服装厂的终极加工熨烫整理就由物流企业来做,这能较好地减轻服装厂的生产压力。

图 5-3 在库物品的终极流通加工

3. 配送物品的标签印制

配送物品的标签印制指的是根据顾客需求,印制条码文字标签并贴附在物品外部。贴标签是一项业务量非常大的流水式作业。如图 5-4 所示,有些外贸公司在做转口贸易时,在保税区仓库内利用国内外市场间的地区差、时间差、价格差、汇率差等,实现货物国际转运流通加工,如贴唛头、贴标签、再包装、打膜等,最终再运输到目的国,以赚取转口贸易差额。

图 5-4　商品的标签加工

4. 发货物品的集包

发货物品的集包指根据客户需求,将数件物品集成小包装或赠品包装,主要是方便顾客对不同商品的一次性收货。如图 5-5 所示,它常用在买一送一促销包装、根据顾客需求进行商品组合包装等方面。

图 5-5　商品的集包加工

5. 改变包装

改变包装不仅包括包装材料的改变、包装形式和图案设计的变化、包装技术的改进,还包括大包装改小包装、适合运输的包装改成适合销售的包装等。经过包装加工,使原来不方便流通的商品能迅速方便地流向市场。如图 5-6 所示,果农改变水果的包装创造了更多利润,将散装的水果经过科学合理的分拣包装远销海内外。例如,由于中东地区天气炎热,水果容易变质。水果商将包装水果的包装盒由 10 斤装改成 3 斤。

图 5-6　商品的包装加工

6. 商品的分类和分拣

商品分类是根据一定的目的，为满足某种需求，选择适当的分类标志或特征，将所有商品划分成大类、中类、小类，甚至规格、品级、花色等不同类别的过程。分拣是指根据特定的需要，将正在保管的商品取出的作业。如图 5-7 所示，农贸市场里将虾、螃蟹、苹果等商品进行分类，好的等级可以卖出高价，从而获取更多的利润。

图 5-7 商品的分拣加工

即问即答

流通加工对企业客户而言有什么价值？

二、流通加工的作用

流通加工通过改变或完善流通对象的形态来实现"桥梁和纽带"的作用，它是流通中的一种特殊形式，对商品后续环节的流通与销售起着有效的促进作用。

1. 衔接生产和需求

通过流通加工可以使产品的品种、规格和质量适应顾客需求，解决生产和需求分离的现象。例如，工厂生产的玻璃是大块的，教室窗户的玻璃是小块的，为了节约、降低运输成本，方便安装，就要对工厂生产出来的玻璃进行流通加工，根据窗户的大小进行分割，并做好编号，然后运输到教室，对号安装。

2. 提高原材料利用率

利用流通加工环节进行集中下料，将生产厂直运来的简单规格产品，按使用部门的要求进行下料。如图 5-8 所示，将钢板进行剪板、切裁，钢筋或圆钢裁制成毛坯；把木材加工成各种长度及大小的板材、方材等，这样的操作使原材料得到充分的利用。

图 5-8 原材料的充分利用

3. 提高加工设备利用率

由于建立集中加工点，可以采用效率高、技术先进、加工量大的专门机具和设备。这样做的好处：一是提高了加工质量；二是提高了设备利用率；三是提高了加工效率。

扫码学习流通加工包罗万象微课。

微课：流通加工包罗万象

临安笋业大王汪素莲

浙江省临安市共有30万亩（1亩＝666.67m²）。毛竹林，其中13万亩竹林的竹笋都与汪素莲有关（图5-9），靠着这些竹笋，她挣到了上亿元的资产。

20世纪90年代，20多岁的汪素莲，还是临安市一个普通的农村姑娘，在开办塑料厂、小饭馆相继失败后，那时在临安农村，会开车的男人都很少，汪素莲却借钱学会了开大货车。由于当地有人租用汪素莲的货车往外运输竹笋，看到竹笋能挣钱，汪素莲自己也开始搞起竹笋收购，并且把竹笋粗加工之后卖给出口企业，10年时间积累了将近100万元。那时，有几十家农户为汪素莲供货，这些农户拥有的竹林面积不过几百亩。后来，一次欠款事件，引起了汪素莲转行的想法。1999年4月，她为一家外资企业送去一批价值30万元的竹笋原料，对方一直拖欠着不肯付给她货款。汪素莲费尽周折，一个多月以后，才拿回了自己的竹笋，虽然没有造成损失，但正是这次事件，汪素莲看到了自己作为竹笋原料供应商，受制于人的无奈。

汪素莲决定从竹笋原料生意转行去做竹笋产品的深加工，她觉得只有直接和终端客户做生意，才会避免这种被动的情况发生。当时的临安，已经有三四家大型竹笋加工厂，1999年5月，正是竹笋收购的季节。由于临安竹笋大都出口日本，大竹笋在日本不受欢迎，于是竹笋加工企业纷纷抢购小竹笋。当时，大竹笋是0.15元、小竹笋至少是0.4元一斤。由于没有厂家收购，大竹笋一再降价，还是卖不掉。村民们认为，大竹笋没人要，只能自己晒笋干，自己吃，没钱赚。后来，很多人在挖出大竹笋之后干脆扔在山上，汪素莲建起工厂以后，却做出了一个出人意料的决定。

别人把大竹笋像垃圾一样扔掉，汪素莲却想拿它赚钱，收购大竹笋，她首先可以省掉一大笔现金。当时，中小规格的竹笋几乎都要现金收购，而大规格的竹笋可以不需要全部付钱。要了别人都不要的大竹笋以后，如何销售呢？汪素莲早就做好了市场调查，她问过外贸公司的朋友，知道了日本人不要大竹笋的原因：1990年以前曾有企业经营大竹笋，当时国内竹笋出口都是把整个竹笋完整包装，大竹笋到了日本，还要进行分切加工，才能进入超市销售。当时，日本的工人做一个小时要1 200～1 400日元，相当于人民币100多元，还都是一些五十几岁的老太太在做。虽然大竹笋经分切以后更方便消费者食用，但是，因为日本劳动力成本过高，分切以后的大竹笋价格甚至高于小竹笋，购买的人越来越少，于是很多竹笋加工企业渐渐放弃了经营大竹笋。汪素莲这时候想到，自己能不能把大竹笋在国内加工好了再卖到日本呢？那时候日本的工资比我们要高出10倍，还有大量下岗工人、农民在找工作。

汪素莲建起工厂之后,请人设计了竹笋加工设备,从周围农村招收了工人,开始把收购来的大竹笋进行加工。产品加工出来了,怎么卖出去呢?汪素莲请来临安市竹笋协会和外贸公司的朋友一起商量,最后他们决定拿着产品到日本去开展销会。除加工成本之外,汪素莲几乎把所有资金都投入到展销会上,每年去日本参加展销会的费用就要几十万元。由于汪素莲每年都拿着自己的产品到日本参加展销会,知道的人越来越多,有日本客商开始尝试订货。

一开始的时候,外商也是小批量买,到后来,外商认为这个加工质量还可以,就大批量购买了。以后,从汪素莲这里购买竹笋的日本客商越来越多,她的产品渐渐在日本站住了脚,随着市场的打开,经过分切加工的大竹笋,在出口价格上也和小竹笋不分上下了。到2004年,销售额由刚开始的每年几十万元增加到上千万元,汪素莲靠着大竹笋的分切加工产品,挣得了 500 万元。

这时虽然已经有几千户竹林种植户为她提供竹笋原料,但由于汪素莲收购的竹笋量越来越大,她在临安很难购买到足够的竹笋原料了,只好到离临安 700km 的福建省建瓯市去收购,这样一来,虽然竹笋价格没有差别,但是在收购旺季的时候,每天都要花费几万元的运输费用,大幅增加了成本。汪素莲一直在琢磨,有没有办法在本地增大竹笋的产量呢?

原来,临安的人清明以前的笋都是不挖的。他们说,清明节以前不挖笋,是为了让这些竹笋长成竹子。农户说:"把一棵笋挖了,就少一棵竹子,这个笋要变竹子吗,一棵笋可能 1 元、2 元钱,这个竹子十几元钱、二十几元钱。"

是不是真的挖掉一棵竹笋就少了一棵竹子呢?汪素莲找到浙江林学院的教授王安国专门请教了一番。因为竹林的收益来自两个方面:一个是很高的竹材,这是地上部分,但是它还有一个地下部分,叫作竹鞭,竹鞭里面都有笋芽,就是离开土比较浅的笋,离开土越浅,它出得越早,这个早期的笋挖了之后,底下的竹鞭又有笋出来了。王教授告诉汪素莲,如果早期的笋不挖掉,那么剩下的笋芽因为没有足够的营养会烂掉;如果把早期的笋挖掉,那么更多的笋芽会长出来。如果挖得好,一亩毛竹山一两年就可以挣 1 万元,但如果仅是砍毛竹,只有不到 500 元,收入就会相差几十倍。

于是,汪素莲找到专门生产竹子的三口镇炼川村,动员村民在清明节以前挖笋,可是看不到收益,没有人愿意改变习惯提前挖笋,最后汪素莲找到当地村干部商量,汪素莲给示范户的条件是让他们在清明节以前挖出竹笋,如果对竹林造成损失,那么由汪素莲全部赔偿。于是村主任找到骆正良,他家有 20 亩竹林,听了汪素莲给出的条件,愿意尝试一下,于是,2005 年春天,骆正良在清明节以前开始挖笋。

2005 年清明节以前,骆正良每亩竹林挖出了 1 000kg 竹笋,卖给汪素莲,收入 800 多元,竹子的数量不但没有减少,村民们还在他家的竹林里有了另外一个发现——竹子的长势比原来还好,为什么呢?因为挖的是差的笋、小的笋,这种笋挖掉了,弯的、小的竹都没有了。

提前挖笋不但可以多挣钱,而且还有助于竹子的生长,这个消息传开之后,2006 年春季,临安市很多竹笋种植户都在清明节以前挖笋,专门为汪素莲提供原料,她再也不用到外地购买竹笋,每年省掉上百万元的运输费用。

扫码查看临安笋业老大汪素莲彩图。

资料来源:http://www.htyzao.cn/dzhq/73429.html。

临安笋业老大汪素莲

第二节　流通加工模式创新

一、印度神奇的"达巴瓦拉"

在孟买城铁"教堂门"终点站外，常常聚集着一群身着素衣、头戴白帽的工人，每个人的脚边，都放着一块两米多长、半米见宽的木板架，板架边缘箍着一圈"铁栅栏"。当一列城铁悠悠驶进站台，还没完全停稳，另一群素衣白帽的工人就跳出车厢，扛着、顶着排满板架的金属饭盒，相向而行。两股工人很快汇成一堆，快速分辨着每个饭盒上密码般的彩色字样；两三分钟内，所有饭盒就换了手，被架上推车和自行车，或顶在头顶，四散而去，融入熙熙攘攘的车流和人群中，带着热气的咖喱香，飘散在城市空气中。他们是"达巴瓦拉"，意思是"送饭盒的人"。无数居家妻子亲手烹饪的盒饭，每天由"达巴瓦拉"们亲手传递到为生活打拼的丈夫手中，是孟买这个2 000多万人口的繁忙城市一道日常风景，也是一个传承百年的仪式。

扫码了解达巴瓦拉工作场景。

达巴瓦拉
工作场景

如今，孟买有5 000～6 000人从事这一行业，每天递送的饭盒数量超过20万份。印度基础设施建设落后，现代物流网络远不如中国和欧美国家发达。无论是海外的UPS、DHL还是中国的"四通一丰一达"，都借助先进电子技术实现了货品的全程跟踪扫码，但关于快递丢件和延误的顾客投诉仍屡见不鲜。大部分"达巴瓦拉"都是受教育程度较低的底层市民。统计显示，这一行业从业者的平均受教育程度仅为小学5年级，给快递员配备联网智能手机、实施电子化跟踪监控那样的操作更无从谈起。然而，这支看似毫无"技术含量"的送餐队伍，却创造了一个"素质奇迹"：在孟买，最多每两个月才会出现一次关于午餐错配的投诉。这意味着，在"达巴瓦拉"体系中，配送错误率小于千万分之一。创造奇迹的秘诀在于，每个饭盒都附有一个金属材质的标签，寥寥几笔不同颜色的字母符号，就把始发车站、抵达车站和精确至楼层的收货地点标识得一清二楚。从这个例子可以看出，细节上的创新与做到极致往往能决定一种物流作业方式的成败。

二、流通加工模式的创新

流通加工模式的创新主要可以从3个角度切入，分别是方便运输、优质优价和方便销售，如图5-9所示。

1. 从方便运输的角度切入

这其中最主要的就是改善包装，包装的主要目的是在流通过程中保护产品、方便储运、促进销售。例如，国内的快件流转过程中，由于涉及大量的人工作业，难免会有野蛮作业，从而会对快件造成损坏。解决这一问题的方式，国内企业主要是从快件的包装上着手，发明了成本低廉的气泡垫，放在包装盒里，效果非常好(图5-10)。

其实在古代，聪明的中国古人就已经想出了绝妙的易碎物品包装方法。当时有大量的瓷器要出口到西方国家，海运时浪大颠簸，瓷器容易损坏，为了破解这一难题，当时的人们在每层瓷器中间撒上一些豆子，再浇上水，一段时间后，这些豆子都成了豆芽，它们把瓷器紧紧

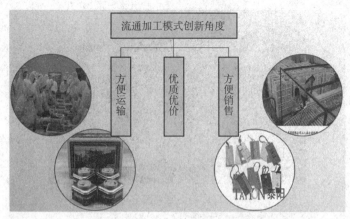

图 5-9 流通加工模式创新角度

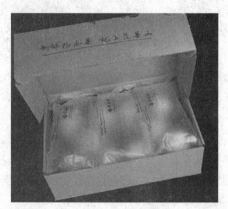

图 5-10 方便运输的包装

地包裹住,很好地起到了防损的作用。包装上的改进方式还有容积上的变化、保温效果、便于装卸搬运等方式。

扫码了解古代的流通包装工具。

2. 从优质优价的角度切入

党的十九大报告指出,我国社会主要矛盾已经转化为人民日益增长的美好生活需要和不平衡不充分的发展之间的矛盾。当前,人们的消费开始升级,对商品的要求从有到好,为了高品质的商品可以支付高得多的价格,这给分拣作业提供了用武之地。分拣就是对处于流通环节的商品通过拣选进行分类,以便针对不同的客户群进行销售。看起来它只是对商品做了简单的分类,并没有改变商品本身的价值,但是,它却能大幅提升商品总体商业价值。

例如,小龙虾的分级,不同大小的小龙虾价格差距很大,在上市之前,会安排专门的拣选工进行分拣(图5-11),分成二两五的、二两的、一两五的几个等级,很好地体现了优质优价,收入大涨。还有,超市里的水果在销售之前,会安排理货员先将水果进行拣选,将个头大、品相好的放在优质品区销售,挑剩下的另外销售。这样,优质水果能卖出进价几倍的价格,大大提升水果的销售收入。

古代的流通
包装工具

图 5-11 小龙虾的分拣

自动快速分拣小龙虾机器，小龙虾产业的助推器

小龙虾产业即将面临的是大规模养殖，一年时间产值同比增长 83.15%，据报告预测，我国小龙虾的需求总量约为 190 万吨，其中餐饮需求 140 万吨、加工需求 50 万吨，需求缺口近 100 万吨。此外，国际市场需求缺口约为 30 万吨。小龙虾 2019 年的市场规模已达 4 000 亿，市场容量非常庞大。小龙虾的单价是按照个头大小来制定的，为了卖出好价钱，小龙虾都要按单只重量分拣后才出售。而国内每年几百万吨的小龙虾，这么大的产量，如何实现快速的分拣已成为部分小龙虾养殖户、批发商面临的首要问题。

小龙虾自动分拣机应运而生，每分钟可分拣 300 只，每小时近 2 万只，这效率可顶替 10 个熟练分拣工。目前，自动重量分拣机在小龙虾市场应用十分广泛，扩大了小龙虾的市场价值容量。

资料来源：https://www.sohu.com/a/333690333-100050092。

即问即答

分拣并没有改变商品本来的价值，为什么却能帮助企业取得更高的收益？

3. 从方便销售的角度切入

流通加工的创新可以从方便销售着眼，可以将大包装改成小包装、没包装的改成有包装的，有些还需要做剪切加工。这方面比较典型的例子是茶叶包装，以前茶叶多是散称，拿牛皮纸一包了事。但是这样茶叶既不便于运输和保存，也不美观，价格也不高。于是，人们想出用真空小包装的方式，解决了这个问题。现在，有些茶叶还分成 5g、10g 放在一个小罐里包装销售（图 5-12），由于给人感觉高端，价格卖得很高。

流通加工的创新对企业很有价值，我们要不断根据客户需求的改变主动去创新流通加工作业方式。

扫码学习流通加工模式创新微课。

微课：流通加工
模式创新

图 5-12　商品的小包装

辉煌130年，全靠文盲送餐，800万份才送错1份的印度外卖

在印度孟买街头，你总能见到这样一群人：他们穿着白色印度克塔衫，骑着自行车，推着板车或者头顶大木板，运送着一大堆饭盒，穿梭在印度拥挤的街头。

原来，他们是印度的一群"外卖小哥"，名字叫作达巴瓦拉（Dabbawala），达巴（Dabba）是饭盒的意思、瓦拉（wala）是快递者的意思。

只是送饭盒，究竟有啥了不起？

和我们平时看惯的×了么和×团的外卖小哥不同，这些小哥第一，不为餐厅服务，送的是各家家人做的饭菜；第二，从厨房到餐桌，再从餐桌返回厨房，送餐总距离近百里路；第三，每月只需缴纳相当于15～30元的送餐费，即可享受包月送餐服务。

每天早上，家庭主妇为孩子、丈夫准备好爱心午餐，然后达巴瓦拉就把它们从郊区送到市中心，送到客户手中。你一定很好奇，为什么印度人不叫外卖？这是因为印度人的习惯，他们不喜欢吃外卖，觉得外卖很不健康，而且印度外卖又很贵，雇用达巴瓦拉既省钱又环保。而且，印度人也很爱面子，特别是在外工作的男人，如果吃的不是妻子做的饭，会被觉得很没用，妻子都不肯给你做饭，会被人指指点点。

大致来说，每日达巴瓦拉的送餐流程如下。

9:55，家庭主妇们就要准备好午餐，并把它放进午餐盒里。

10:00，达巴瓦拉 A 准时赶到，取走餐盒，然后前往下一个顾客家。达巴瓦拉 A 要负责30～35 名顾客，取餐顺序和路程经过精心规划，很少有摩托车，基本是靠自行车或两条腿。

10:30，达巴瓦拉 A 赶到距离最近的一个火车站，交给达巴瓦拉 B，他们按照目的地把餐盒进行分拣、归类，并趁着火车非高峰期，由达巴瓦拉 C 把餐盒带上火车。

10:40—11:30，餐盒在火车上大概漂流1h，从郊区送到市中心。

11:35，达巴瓦拉 C 把餐盒交给达巴瓦拉 D，D 再按照街区，将餐盒分类、打标号，然后交给达巴瓦拉 E。

12:00，达巴瓦拉 E 接过餐盒，就会以风一样的速度，穿梭于极度拥挤的孟买街头。

12:30，餐盒就会准确无误地送到客人手中，客人们拿到饭的时候，还是热乎乎的。

13:30，客户们吃完饭了，把餐盒放回原处，达巴瓦拉就会按照来时的办法，再把餐盒送回去。

一份爱心便当要经过5个达巴瓦拉的传递才能送到客户手里，但却出奇的精准，配合也十分默契,这是因为达巴瓦拉并不是只有几个人,而是一个拥有5 000成员的成熟组织。

出错率只有800万分之一?

当然,如果光是送饭盒,达巴瓦拉和普通的外卖小哥没什么不同,令达巴瓦拉名声大噪的,是送饭盒这件事极低的科技含量和惊人的准确率。

(1) 出错率只有800万分之一,秒杀联邦快递

达巴瓦拉每天要送出20万份午餐,一年只有400份午餐迟到或送错,出错率是惊人的800万分之一,也就是说,他们的准时正确到达率超过99.999 99%。因为达巴瓦拉极低的差错率,他们的快递系统还被哈佛商学院授予6西格玛效率评级,这是快递系统较高的评级标准,一般企业只能达到3~4西格玛。如果一个企业能达到6西格玛,就说明它能接近完美地达成顾客要求。在这一点上,达巴瓦拉甚至远远超过了联邦快递等使用现代技术和工具的快递公司。

(2) 员工读书不多,却靠自己的体系保持准确

这些达巴瓦拉文化水平并不高,很多甚至不识字,只有15%的人上过中学。每天孟买的达巴瓦拉要准时送达20万份午餐,在整个送餐过程中,他们使用的交通工具基本就是火车、自行车、板车和两条腿……更让人惊奇的是,在整个送餐过程中,客人们不需要在餐盒上写下任何地址,只要每月订上他们的服务,口头告诉他们地址即可。

为了不出错,达巴瓦拉有自己的一套特殊标记,只有颜色、数字、字母和符号,代表孟买的不同区域,外人看似天书,但达巴瓦拉却能轻松读懂。每个达巴瓦拉一天要工作12h,送40份午餐,但工资并不高。一位客户一个月只需缴纳150~300卢比,折合人民币15~30元,而达巴瓦拉一个月的工资只有4 700卢比左右,折合人民币400~500元。

(3) 无论发生什么,必须准时到达

达巴瓦拉的口号是:"无论发生什么,必须准时到达。"为了保持准确率,每15~20名达巴瓦拉中,就会有1名处于机动状态,以便同伴出状况时及时补位。曾经有一名达巴瓦拉在送餐过程中,遭遇车祸去世,他的同伴立即补了上来,最终只迟到10min。而且,从1890年这个行业出现开始,无论天气如何,达巴瓦拉都坚持周一到周六风雨无阻地送餐。2005年,印度发生大洪灾,坚强的达巴瓦拉依然在过膝的河里骑着自行车艰难配送。2008年,印度发生恐怖袭击,大部分餐厅、商场都关门了,但达巴瓦拉仅用1h就恢复了运转。

匠人精神:小人物也有大力量

他们看起来毫不起眼,但曾被英国王子接待过两次,被意大利总统盛情招待。身家50亿美元、维珍集团创始人理查德·布兰森,到印度考察时,还特意花费一天时间,亲自参与到这群人当中,和他们一起工作。甚至,哈佛商学院专门开设了课题来研究他们,BBC也拍了纪录片来介绍他们。

最早的达巴瓦拉出现在19世纪,那时中国还是清朝光绪年间,当时是因为定居印度的英国人吃不惯印度菜,所以就有专门为他们配送午餐的行业。两个印度人看到商机,在1890年召集了100个当地人,成立了一家专门配送午餐的公司,这就是最早的达巴瓦拉。

130年过去了,印度遭遇了饥荒、战争、各种自然灾害,但达巴瓦拉却一直存在着,还发展到今天5 000人的规模。

哈佛大学研究过他们内在的商业模式,发现有以下几点。

(1) 递送流程简单、高效、直接

午餐从客户家里到办公室要经过 5 名达巴瓦拉的转手,他们分工精细,所有业务一环扣一环,每个人只做自己应做的事情,效率、准确率都能得到保证。为了保证效率,甚至对客户也有要求,如果客户连续几次不能在规定的时间内准备好饭盒,达巴瓦拉有权一个星期不收该客户的饭盒。

(2) 组织结构扁平、高效

达巴瓦拉的组织结构十分扁平,5 000 个人的组织只有三个层级:执行委员会、小组负责人和负责具体递送工作的达巴瓦拉。每个成员加入协会,必须缴纳一定的资本金,这样所有达巴瓦拉都是股东,享有分红的权利。所以在这里,大家不是雇佣和被雇佣的关系,而是平等的合伙人关系,领导层由达巴瓦拉一人一票选出。然而,再精简、科学的组织架构和业务流程,还是要靠人来执行,所以他们能成功,最重要的一点还是一种源自心底的匠人精神。

做达巴瓦拉并不轻松,每天工作 12h,骑近 18km 自行车,除去各项费用,一个月到手可能只有 400 元,但成立至今,他们从没发生过一次罢工。事实上,大多数达巴瓦拉都来自印度一个叫作 Warkari 的部落,这个部落的人都有乐天的传统和虔诚的信仰。

因为信仰,他们内心十分平和,在他们眼里,递送餐盒是为了解决顾客基本的午餐需要,已经不是一份工作,更是一项伟大的事业。

最近几年,在印度先后出现了 400 多个送餐 App,但大家用来用去,最后还是用回达巴瓦拉,就因为它又快又便宜。越来越多的企业也在和达巴瓦拉合作,肯德基请他们送餐、微软请他们递送软件产品、印度电信公司 Airtel 雇佣他们递送电信设备和预付费卡。

资料来源:https://baijiahao.baidu.com/s?id=1628501993313490439&wfr=spider&for=pc.

本章思考

1. 物流企业如何通过流通加工实现服务增值?
2. 流通加工与生产加工有何区别?
3. 试以日常生活为例,探讨如何实现流通加工的创新。
4. 以流通加工为例,谈谈如何提高物流作业的准确率。

第六章

采 购

学习目标

知识目标：
1. 了解古代政府采购的方式；
2. 理解供应商管理的重要性；
3. 了解各种拍卖的方式及优缺点；
4. 理解并掌握采购业务模式创新的路径。

能力目标：
1. 能结合案例，分析几种主要采购方式的优缺点；
2. 能结合互联网新技术，提出采购方法创新的路径。

素养目标：
1. 形成依法做事的工作理念；
2. 形成合作双赢的思维习惯。

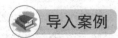导入案例

清朝内务府是干什么的？为何那么有钱却又那么腐败

内务府是清代特有的专门为皇室服务的机构，人员要比最忙的户部多10倍，达3 000多人，可谓清朝最庞大的机关。它管的皇家事务无所不包，日膳、服饰、库贮、礼仪、工程、农庄、畜牧、警卫扈从、山泽采捕等，还有盐政、分收榷关、收受贡品。下设"七司三院"，最重要的是广储司，专储皇室的金银珠宝、皮草、瓷器、绸缎、衣服、茶叶等特供品。总之，凡是跟皇室沾边的事，全都由他们操办。而且只对皇帝一人负责，谁也无权干涉。

清朝的税收主要分两块：一块是户部主管的国库；另一块是皇帝个人的内库。内库的钱一般由户部按年预算从国库拨发。由内务府全权管理，户部无权过问。起初，皇帝内库和国库分开独立管理是防止和杜绝皇室的铺张浪费，每年拨多少就是多少，花多花少都有数。

后来内务府的钱越来越不够花，原因是服务的职能在不断地拓展，从吃喝拉撒、宫廷采购、皇家当铺到土木工程、婚丧嫁娶等。钱不够用怎么办？内务府就开始参与盐税关税、卖官鬻爵，只要是挣钱的，都插上一手，而且合情合法。因为清廷明文规定，内务府拥有这些权利。这就使内务府成了全京城无所不管、无所不办的部门。

这样长此以往,贪污腐败滋生,而且愈演愈烈。据史书描述,内务府的一个内府堂郎中,一年就能贪污 200 多万两,干上几年,就不下上千万两。

道光极为简朴。当时京城时兴穿戴"出风"的皮袄,就是皮里以缎面,缎衬比皮里长出一段,露在外面,叫作"出风",以显华贵。内务府给道光也做了一件,道光认为缎子比狐皮贵重,不应长于狐皮,"出风"只是装饰,无实际用处,于是命人把四周添上皮子,以保缎面不受磨损。内务府领旨后,想趁机捞油,说需 200 两银子才能改。没想到道光嫌太贵,便下令不用改了,内务府想捞钱就泡了汤。

道光穿的裤子两个膝头都打着补丁,俗称"打掌"。道光认为这样很好,便引起近臣们仿效。一次,大学士曹振镛跪奏时,露出膝头上的补丁,被道光看见。奏报完事后,道光就问:"你的裤子也打掌了?"曹振镛回答:"换新的太贵,打个掌挺好。"道光追问道:"打个掌花多少钱?"曹振镛哪知道多少钱,便胡编说:"约需三两。"道光说:"真便宜,内务府打一次,要五两银子。"在场文武官员暗笑,五两银子不知能做几条新的,但谁也不敢说实话。

同治大婚要买一对普通皮箱。市面价几十两,内务府报销为每对 9 000 多两。清朝时京城流行这样一句话,叫作"树小房新画不古,必定是个内务府。"意思就是树是小的,房子是新的,画是新的,一定是刚在内务府发财的暴发户。

这样的事例很多,足见内务府铺张浪费、贪污腐败、虚报冒领、制造假账几倍、几十倍是一种常态。内务府一面以皇帝的名义向户部要钱,一面插手最挣钱的行业,肆无忌惮地捞钱,中饱私囊。

资料来源:https://www.sohu.com/a/244292954-100059881.

> **头脑风暴**

采购过程容易滋生腐败,如何扼制这一现象的发生?

第一节　采购的权力制衡

一、采购的概念

采购是物流活动的源头,它是指单位在一定的条件下从供应市场获取产品或服务作为自己的资源,为满足自身需要或保证生产、经营活动正常开展的一项经营活动。完成了采购,才会有商品的运输、仓储、配送等一系列活动。

采购,简单来说就是买东西。也许有人会说,买东西这个太简单了,我每天都会在线上或者线下买东西。如果有钱,买东西确实是很简单的,看见喜欢的下单就行。但是,企业很多时候并不是这样,它们只有有限的资金,这个时候要考虑的就是如何在商品质量一致的前提下获得尽可能低的采购价格,或者在采购价格一致的前提下获得尽可能高质量的商品?性价比成了一个很重要的指标,这时采购就没那么简单,而是有技术含量的一项专业工作了。

二、采购的作用

采购的基本作用,就是将资源从资源市场的供应者手中转移到用户手中。在这个过程中,基于信息流和资金流的支持,一是要实现将资源的所有权从供应者手中转移到用户手中;二是要实现将资源的物质实体从供应商手中转移到用户手中。前者是一个商流过程,主要通过商品交易、等价交换来实现商品所有权的转移。后者是一个物流过程,主要通过运输、储存、包装、装卸、流通加工等手段来实现商品空间位置和时间位置的完整结合,缺一不可。只有这两个方面都完全实现了,采购过程才算完成。因此,采购过程实际上是商流过程与物流过程的统一。

在整个采购活动过程中,一方面,通过采购获取了资源,保证了企业正常生产的顺利进行,这是采购的效益;另一方面,在采购过程中,也会发生各种费用,这就是采购成本。我们要追求采购经济效益的最大化,就是不断降低采购成本,以最少的成本去获取最大的效益。而要做到这一点,关键就是要努力追求科学采购。科学采购是实现企业经济利益最大化的基本利润源泉。

三、政府采购

政府采购是社会集团购买的主要内容,是世界上大多数国家加强公共支出管理的一种手段,也是政府的一种强有力的宏观调控措施。政府采购的实质是将财政支出管理与市场竞争机制有机结合起来,是利用商业管理方法来管理政府公共支出的一种基本手段。

1. 国外的政府公共采购

很多人认为外包、合同管理与PPP模式(政府和社会资本合作)都是现代概念,然而,古代统治者是如何获得货物、工程与服务的?在没有公共采购系统的前提下,他们又是如何建造吉萨金字塔或帕特农神庙的?事实上,与政府做生意可追溯到几千年前,古埃及早在公元前2500年左右就对供应材料与工人建造金字塔时的注意事项进行了有序管理,他们甚至设置了书记员职位,将金字塔建造中所需的材料及工程进度逐一备案。

在中世纪,随着教会大兴土木,军队也不断发起战争,政府采购进入了一个新的发展时期。欧洲工业化城市的兴起,导致政府更多依赖于私人供应商提供的货物、工程与服务,然而,这一切一直延续到18世纪末,美国立法创建了专门管理采购事务的机构。随着两次世界大战爆发后对国防采购的大量需求,现代采购进入一个更复杂的层面,但采购却仅扮演办事员的角色,即通过获得货物与服务的供应保持经济的正常运转。

20世纪70年代,许多政府都发现了政府公共采购的低效浪费,与之相对应的则是私营部门采购的高效与管理完善。随着全球化与技术变革所带来的挑战,大量来自私营部门的先进管理技巧与方式在20世纪80年代被注入公共部门,公共采购也逐渐成为各国政府重要的经济行为。

公共采购通常会占据一国GDP的1/5,在许多高收入经济体中,政府购买货物与服务的开销甚至会占据公共支出的1/3。由于公共采购市场规模庞大,其也常被用于改善公共部门绩效、促进国家竞争力与国家经济的提升。如今,公共采购所带来的优势早已不局限于实现物有所值或其他的货币政策目标,而是会额外达成各种政策目标,包括推进可持续发展及绿色采购等。

但同样是由于涉及的资金规模巨大且利益复杂,公共采购逐渐成为各国腐败的敏感区,也为一些人满足个人私欲而挪用公款提供了许多机会。公共采购中的腐败问题不仅会增加政府与公民社会的成本,当腐败之手伸向招标过程并对其进行操纵之时,公共采购中的竞争将难以令采购变得物有所值。通常,基础设施与公共服务质量的降低,将会直接威胁经济发展的根本,也因为腐败在无形中会增加管理层支付货物与服务的价格,从而会大量损失纳税人的钱财。政府可以运用一系列措施与公共合同中的腐败进行抗争。

行之有效的公共采购法将有助于提升采购透明度,失败的立法设计则会注重于平衡各方利益,从而在大局上损害单一市场的经济发展。毕竟,公共采购是一个在公共系统中运行的商业流程。

2. 中国古代的政府采购

现代意义上的政府采购起源于西方发达国家,是现代市场经济发展的产物,对我国来说,该制度仍处于成长、摸索、发展阶段。但如果按照广义的政府采购定义,我国西周时期就有了政府采购的原始形态,并在以后的历史进程中不断地发展演变。

在我国漫长的古代社会中,政府实物性财政支出主要通过纳贡和赋税来满足,但并不是所有的实物都可以通过贡税来取得,有一部分支出所需的物资通过政府在市场上直接采购来满足。这可以说是政府采购的原始形态。

在西周时期的300年间,我国的工商业发展已达到一定的规模,政府为了稳定经济,在市场上收购一些多余的物资,既可以用于财政支出,又可以用于调节物价。《周礼·地官·廛人》记载:"凡珍异之有滞者,敛而入于膳府。"意思是:管理市场的官员大量低价收购积压的珍禽异兽,集中到膳府。这是古代王朝行使政府职能,采购积压滞销"物品"的开始,这样既解决了商品积压的问题,又降低了膳食成本。

另据《周礼·地官·泉府》记载:"泉府掌以市之征布。敛市之不售,货之滞于民用者,以其贾买之,物楬而书之,以待不时而买者。"主要意思是:管理市场税收的泉府把市场上滞销的货物买下,以等待有买主时再卖出去。这也是通过政府采购而促进流通的办法。

春秋战国时代,政府购买行为日益影响社会的方方面面。《太平御览》记载:"秦始皇四年七月,立太平仓,丰则籴,欠则粜,以利民也。"而真正的政府大量采购"均输制度"始于汉代。

《汉书》记载:"诸官各自市相争,物以故腾跃,而天下赋输或不偿其僦费,乃请置大农部丞数十人,分部主郡国,各往往置均输盐铁官,令远方各以其物以异时商贾所转贩者为赋,而相灌输"。

在传统纳贡制度中,各部门在各地争购物资,导致物价昂贵;而各郡国向中央输送贡物,因长途运输,有的运费超过原价。均输是官府把各地贡物运到卖价高的地方出卖,钱交给中央或购买所需物资。

后汉时,均输平准的对象已由粮食扩大到所有货物,采购的时间、对象相当复杂。《盐铁论》记载:"开委府于京师,以笼货物。贱即买,贵则卖。是以县官不失实,商贾无所贸利,故曰平准。"还设立"常平仓"进行实物周转。

在宋代实行市易制度,"选官于京师置市易务。商旅物货滞于民而不售者,官为收买……赐内藏库钱一百万缗为市易本钱"。以后历朝历代都有此类制度。

扫码了解我国古代政府的采购方式及弊端。

资料链接:我国古代政府的采购方式及弊端

四、采购外包的优势

常见的采购形式分为战略采购、日常采购、采购外包3种形式。采购外包就是企业在聚力自身核心竞争力的同时,将全部或部分的采购业务活动外包给专业采购服务供应商,专业采购供应商可以通过自身更具专业的分析和市场信息捕捉能力,来辅助企业管理人员进行总体成本控制。降低采购环节在企业运作中的成本支出。

采购外包由于涉及中小企业的利益,大部分中小企业不愿意将采购业务外包给其他的第三方采购机构。这给采购外包业务的发展增大了不少的难度。采购外包有利于企业更加专注于自身的核心业务。专业的事交给专业的人做。采购外包对中小企业来说,可以降低采购成本,减少人员投入,减少固定投资,降低采购风险,提高采购效率。对于中小企业来讲,采购外包是最佳降低成本的方式。

采购外包可以使企业获得更低采购成本、提高采购效率、获得专业化的采购服务,从总体上降低运营成本,提高采购效率,从而将自己的全部精力和资源专注于核心业务,在新的竞争环境中提高企业的竞争能力。企业实施采购外包的优势主要体现在以下几方面。

1. 加速采购业务重构

企业业务流程重构需要花费很多的时间,获得效益也要花很长的时间,而外包是企业业务流程重构的重要策略,可以帮助企业快速解决采购业务方面的重构问题。对实行采购外包的企业来讲,不仅做到现有企业核心采购能力和外包供应商核心能力的整合,更重要的是还要做到巩固和提升自己的核心采购能力。企业如果忽视了本身核心采购能力的培育,那么实施"外包"采购只是培养潜在的竞争对手,而自己则失去未来的发展机会。

2. 利用企业的外部资源

如果企业没有有效完成采购业务所需的资源,企业可将采购业务外包。企业采购外包时,必须进行采购成本、利润分析,确认在长期情况下这种外包是否对企业有利,由此决定是否应该采取采购外包策略。企业在集中资源于自身核心采购业务的同时,通过利用其他企业的资源来弥补自身的不足,从而变得更具竞争优势,增强自身的核心竞争力。

3. 分担采购风险

企业可以通过外向资源配置分散由经济、市场和财务等因素产生的风险。企业本身的采购资源、能力是有限的,通过资源外向配置,与外部的"外包"供应商共同分担风险,企业可以变得更有柔性,更能适应变化的外部环境。

4. 降低成本

据有关研究表明,那些将特定的采购流程或采购项目外包的企业,其物料获得成本平均降幅达10%~25%。有时特定采购项目的采购成本降幅可达30%。之所以能够如此大幅度降低采购成本,主要是因为他们具有丰富的产品采购经验和市场专业知识、成熟的采购流程和持有众多客户聚集起来的采购量。

此外,采购外包还可以减少企业投资,降低固定资产在资本结构中的比例,有利于优化企业的资本结构。专业的事交给专业的人做,采购不是中小企业的核心业务,但会涉及中小企业的采购利益。目前我国采购服务行业,只是处于起步阶段,许多企业正在不断地进行探索。

五、采购外包策略的适用范围

当今竞争环境下,没有哪一种采购策略适用于一个企业所有的产品和服务。要合理界定采购外包策略的适用范围,可以采用供应细分法对企业供应的各种产品和服务进行分类分析。在企业的采购和供应管理中,供应成本和供应风险是采购人员关注的核心问题。供应成本表示了各项产品或服务的重要性,一般以企业每年对它的支出总额来衡量。对于供应风险,一般可以根据技术因素、供应资源的可获得性、技术要求、环境因素等多方面综合确定风险程度。从供应成本和供应风险两个角度,可以将企业供应产品和服务分为4种类型,即策略型(低成本,低风险)、杠杆型(高成本,低风险)、关键型(低成本,高风险)和战略型(高成本,高风险)。企业采购的绝大部分产品和服务都属于策略型。由于成本和风险都比较低,在这一类型中,单个产品或服务的采购价格并不太重要,即使采购成本大幅度降低,但对总支出而言,也只是相对较小的节约。相形之下,由于其采购品种繁多、采购流程复杂,必然导致大量的交易成本。因此。该类型供应管理的目标应该是通过大力提高采购过程的效率来大幅度降低交易成本。交易成本可以用采购者在整个订货过程中所花费的时间来衡量,只有尽量简化或消除采购流程,降低采购过程的边际成本,才能使企业的总成本最低。这时策略型采购外包是企业的一个较好选择。

即问即答

企业的商品采购价格会受到哪些因素影响?如何能降低采购的价格?

六、采购的供应商管理

供应商是指直接向采购企业提供商品及相应服务的企业及分支机构,包括制造商、经销商和其他中介商等。采购与供应商的关系并不仅是买进卖出这么简单,销售之后的服务,如送货时间、送货频次、库存控制、退货处理等都会对采购企业的运营活动造成影响。因此,现代企业越来越重视供应商管理。

凡是公司都有采购行为,但并不一定有系统的供应商管理,即使大公司也不例外。很多公司没有统一的供应商管理流程,供应商的评估、选择、签约和后续绩效管理主要取决于员工的个人能力,没法系统保证选择合适的供应商及后续绩效。这些公司也没有统一的供应商管理组织。采购虽说是管理供应商的对口组织,但行使供应商管理职责的还有设计、运营、生产等部门,这些部门之间协调困难,总部和众多分公司之间也是如此,结果是很难形成公司层面的合力,削弱了公司的议价能力,采购的规模效益也体现不出来。至于供应商的绩效KPI,很多公司有多个信息系统,但缺乏统一的物料和供应商编码,系统集成困难,KPI统计没法客观、及时进行,既不能系统指导供应商层面的改进,也不能有效地指导新生意的分配,形不成闭环管理,所以要进行系统的供应商管理。

在供应商与制造商关系中,存在两种典型的关系模式:传统的竞争关系和合作性关系。

在竞争关系下,采购策略表现如下:①买方同时向若干供应商购货,通过供应商之间的竞争获得价格好处,同时也保证供应的连续性;②买方通过在供应商之间分配采购数量对供应商加以控制;③买方与供应商保持的是一种短期合同关系。

在合作关系下,采购策略表现如下:①制造商对供应商给予协助,帮助供应商降低成本、改进质量、加快产品开发进度;②通过建立相互信任的关系提高效率,降低交易/管理成本;③长期的信任合作取代短期的合同;④比较多的信息交流。

供应商与制造商的合作关系对于准时化采购的实施是非常重要的,只有建立良好的供需合作关系,准时化策略才能得到彻底贯彻落实,并取得预期的效果。准时化采购中供需合作关系具有非常大的作用与意义。

从供应商的角度来说,如果不实施准时化采购,由于缺乏和制造商的合作,库存、交货批量都比较大,而且在质量、需求方面都无法获得有效的控制。通过建立准时化采购策略,把制造商的准时化思想扩展到供应商,加强了供需之间的联系与合作,在开放性的动态信息交互下,面对市场需求的变化,供应商能够做出快速反应,提高了供应商的应变能力。对制造商来说,通过和供应商建立合作关系,实施准时化采购,管理水平得到提高,制造过程与产品质量得到有效控制,成本降低了,制造的敏捷性与柔性增加了。

扫码学习供应商管理微课。

微课:供应商管理

第二节　拍卖有利于公平

一、拍卖的起源

拍卖是卖东西的一种方式,它和采购是相对应的。拍卖是由古罗马人首创,在战争中他们把掳获的战利品用拍卖的方式出售,具体的做法是在拍卖的场地上插上一柄长矛作为标志,有意购买者就会围过来,故有"矛下交易"的说法。18—19世纪,英国人在拍卖货物时往往借助蜡烛来进行。拍卖人点上一支蜡烛,在蜡烛燃烧完之前,竞买者可以争相加价,蜡烛一灭,交易即成,以此来限制时间。

拍卖是由取得正式许可证的拍卖行经营的,拍卖时,拍卖人把购买者集中到拍卖室,对各种待卖的物品依次叫价,出价最高者为买主。叫价可分为上增和下减两种:上增是先由拍卖人喊一个最低价格,而后者由竞买者争相加价,估计无人再加价时,拍卖人便高喊:"要卖了!要卖了!"随着话音一落,即以一木槌或木板在桌子上一拍,表示成交。下减则是由高往低,依此落价,直至有人应声,方在案上一拍,交易即成。这种方式称为"拍案成交"(knocking down),又称拍卖(图6-1)。

图 6-1　拍卖的场景

二、拍卖的流程

拍卖行里的拍卖物品种类繁多,形形色色,从房地产到古家具、从水果蔬菜到毛皮,无所不有。干拍卖这一行的对所售的物品行情必须了如指掌,对老主顾的情况也要一清二楚,这样一来就可避免在叫价时叫得过低或过高而浪费时间。在拍卖人的小槌下落之前,出价者若是觉得出价不妥,尚可随时提出收回;卖主也有权在拍卖人拍案前,要求收回拍卖品。实际上,通常在拍卖前卖主和拍卖人就已经确定了一个最低价格,若是低于此价,则不予出售。

小说《盗墓笔记》里也提到一个拍卖场景,主人公吴邪有一次在北京的一个拍卖场里"点天灯",一个包厢内,有左、右两个主位,右边的是掌灯位,有人坐到任何一个包厢的右座上,就表示无论这一轮卖的是什么东西,无论最后拍到多少钱,我都自动加一票,这就是包场子的意思。相当于无论你们怎么玩,这东西我要定了。

扫码了解《盗墓笔记》中拍卖场景。

一般来说,在拍卖前,拍卖商总是要刊登广告,扩大影响。广告的内容有各种出售的物品的详细情况介绍,拍卖品展出的时间和地点,让竞相购买的人做到心中有数。买卖成交后,拍卖人向卖方(即拍卖品所有者)或买卖双方收取一定百分比的佣金。物品售价越高,拍卖人获利就越多,因此,拍卖人总是想尽办法把拍卖价提高。谙于此行的拍卖人往往利用买者之间的争购欲望,促使其竞相加价,从而达到高价售出的目的。

扫码学习有趣的拍卖方式微课。

《盗墓笔记》中拍卖场景　　　微课:有趣的拍卖方式

即问即答

拍卖对卖方和买方各有什么好处?

三、拍卖方式

拍卖方式主要分为以下4类。

第一类,英式拍卖。英式拍卖也称出价逐升式拍卖,目前最流行。拍卖中,竞买人出价由低开始,此后出价一个比前一个高,直到没有更高的出价为止,出价最高者(即最后一个竞买人)将以其所出的价格获得该商品。

传统的和网上的英式拍卖在做法上有所不同。传统拍卖中,对每件拍卖品来说,不需要事先确定拍卖时间,一般数分钟即可结束;而网上拍卖则需要事先确定拍卖的起止时间,一般是数日或数周。如 eBay 网站规定的拍卖持续时间一般为7天。英式拍卖对卖方和竞买人来说都有缺点。既然获胜的买入的出价只需比前一个最高价高一点,那么每个竞买人都不愿立即按照其预告价出价。当然,竞买人也要冒风险,他可能会被令人兴奋的竞价过程吸引,出价超出了预估价,这种心理现象被称为赢者诅咒(winner's curse)。

第二类,荷兰式拍卖。这是英式拍卖的逆行,也称出价逐降式拍卖。它是先由拍卖人给出一个潜在的最高价,然后价格不断下降,直到有人接受价格。荷兰式拍卖成交的速度特别快,经常用来拍卖诸如果蔬、食品之类的不易长期保存的鲜活产品。如果拍卖的是同类多件物品,竞买人一般会随着价格的下降而增多,拍卖过程一直进行到拍卖品的供应量与总需求量相等为止。还有的拍卖站点,出价最高者也可以出价最低的获胜的竞买人的价格获得该产品。该方式的缺点是拍卖速度太快,而且要求所有竞买人在某一时间竞买。荷兰式拍卖应用较为典型的是荷兰阿斯梅尔的鲜花拍卖市场,操作场景如图6-2所示。

图 6-2　荷兰阿斯梅尔鲜花拍卖市场

第三类,密封拍卖(sealed auction)。竞买人通过加密的 E-mail 将出价发送给拍卖人,再由拍卖人统一开标后,比较各方递价,最后确定中标人。这种拍卖方式多用于工程项目、大宗货物、土地房产等不动产交易以及资源开采权出让等交易。密封拍卖真的是一种十分考验人的心理和分析能力的拍卖方式,它要求竞拍者对市场的把握要非常准确,还要了解对手,才能以最合适的价格拿下,有的时候为了探听竞争对手的出价,甚至还会派出商业间谍。目前,这种拍卖方式已被越来越多的国家用于在网上销售库存物资以及海关处理的货物。

密封拍卖可分为一级密封拍卖和二级密封拍卖。一级密封拍卖也称密封递价最高价拍卖,即在密封递价过程中,出价最高的竞买人中标。如果拍卖的是多件相同物品,出价低于前一个的竞买人购得剩余的拍卖品。二级密封拍卖也称密封递价次高价拍卖,其递价过程与一级密封拍卖类似,只是出价最高的竞买人是按照出价第二高的竞买人所出的价格购买,这降低了竞买人串通的可能性,获胜者不必按照最高价付款,从而使所有的竞买人都想以比其一级密封拍卖中高一些的价格出价。威廉·维克里(William Vickrey)教授因对此拍卖的研究而荣获1996年诺贝尔经济学奖,因此,二级密封拍卖也称维氏拍卖。

第四类,双重拍卖。买方和卖方同时递交价格和数量来出价。在网上双重拍卖中,买方和卖方出价是通过软件代理竞价系统进行的。拍卖开始前,买方向软件代理竞价系统提交最低出价和出价增量,卖方向软件代理竞价系统提交最高要价和要价减量。网上拍卖信息系统把卖方的要约和买方的要约进行匹配,直到要约提出的所有出售数量都卖给了买方。双重拍卖只对那些事先知道质量的物品有效。例如,有价有标准级别的农副产品,通常这类物品交易的数量很大。网上双重拍卖既可按照公开出价方式也可按照密封递价方式进行。

扫码了解大宗农副产品拍卖场景。

大宗农副产品
拍卖场景

目前国内外的拍卖网站,其竞价模式实际上只有正向竞价和逆向竞价两种;其交易方式则有竞价拍卖、竞价拍买和集体议价3种。拍卖方式如此有趣,作为其对应面的采购人员,是很有必要去深入学习和了解的。

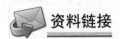

冠脉支架国家集中采购来啦

2020年11月,天津市医药采购中心发布《国家组织冠脉支架集中带量采购文件》。集采文件最终确定,首批国家集中带量采购的冠脉支架品种首年意向采购量超过107万个,涉及27个产品,金额超123亿元,占据心脏支架市场规模80%。

我国一年要用掉约150万个冠脉支架,总费用达150亿元,仅这一个品种就占高值医用耗材市场总额的10%。根据集采文件,本次国家集中带量采购品种范围为获得中华人民共和国医疗器械注册证的上市冠状动脉药物洗脱支架系统(简称冠脉支架),材质为钴铬合金或铂铬合金,载药种类为雷帕霉素及衍生物。

此前,国家医疗保障局于2019年7月指导安徽、江苏率先破冰,针对骨科脊柱类材料、冠脉支架等产品实施集采。2020年5月,国家医保局又指导天津牵头组织北方9省开展人工晶体联盟采购,为更大范围内开展集采积累了经验。同时,福建、重庆、山西等省积极跟进探索,涉及人工关节、超声刀、吻合器等品类。在一年多的试点过程中,各地摸索出一套既符合带量采购原则,又符合高值医用耗材特点的采购和使用规则,价格平均降幅为50%~60%。

根据集采文件,首批心脏支架集中带量采购周期为2年,自中选结果实际执行日起计算。在采购周期内,每年签订采购协议。续签采购协议时,协议采购量原则上不少于该中选产品上年协议采购量。

国家医保局的数据显示,全国医用耗材市场规模3 200亿元,其中高值耗材达1 500亿元。毫无疑问,这是一个利益纠葛的巨量市场。被纳入首批国家集采的心脏支架,承载着怎样的使命,要解决哪些"心病"?

安徽省是全国率先"破冰"高值医用耗材集采的试点地区之一。安徽省医疗保障局局长金维加说,相比药品集采,高值医用耗材集采的特殊之处在于,医用耗材本身无统一的行业标准和产品编码,一个医疗器械注册证下甚至存在成百上千的规格、型号产品,甚至出现"同物不同名""同名不同物"的乱象。这些因素导致高值耗材采购时难以在产品之间比质比价,相关企业维护着自己的销售渠道,难以形成行业深度竞争,灰色利益链条难以斩断。

因此,心脏支架的国家集采并非只让价格"一降了之",而是意在建立创新的机制体制,合力优化医药市场营商环境,推动"三医联动"改革突破"坚冰"。

2020年5月,国家医保局已指导天津牵头组织了京津冀及北方6省的人工晶体联盟采购,为更大范围的耗材集采积累了经验。江苏、山西、福建、重庆、陕西等地也在同步积极跟进探索。从招采结果来看,一些地方的支架中选品种平均降价超过50%,有的最高降价甚至近七成。

各地实践也形成一些改革共识,那就是集采"落地"需多方合力,尽快落实使用激励机制。

以山西省为例,该省将医疗机构一个年度内药物洗脱或涂层心脏支架70%的使用量作为约定采购量,进行带量采购,实现以量换价,采购周期为1年。同步采取医保基金预付政策,保证回款,降低企业成本;明确医保支付办法,建立"结余留用、合理超支分担"的激励机制。

国家组织冠脉支架集中带量采购于2020年11月初产生中选结果,采购共中选10款产品,平均价格从1.3万元下降至700元,医疗机构临床常用的主流产品绝大多数中选,平均降价93%。

心脏支架的大幅度降价,是国家带量采购所带来的真实惠,降价不降质,减少了因经济原因导致的冠脉支架不能植入情况的发生,大幅减轻了患者的负担,极大地推动了冠心病的介入治疗。

资料来源:https://www.sohu.com/a/425461901-116237.

资料链接:冠脉支架国家集中采购完整资料

扫码了解冠脉支架国家集中采购详情。

第三节 采购的创新路径

企业采购的基本目的是要用适当的价格购买企业所需的商品和服务。当然,从企业管理者的角度,他们总是希望企业的采购人员能用比竞争对手更低的价格采购到所需的商品。随着互联网技术及运营模式的创新,采购业务的创新也是层出不穷。一般来说,采购业务模式的创新有以下几种。

一、采购方式上的创新

传统的采购,一般是到现场实地采购。如今,越来越多的单位倾向于网上采购。这种采购方式是指用户以Internet为媒介,以通过特制研发的采购商买方交易系统或供应商卖方交易系统为基础,或者第三方的交易平台完成采购行为的一种交易方式。它包括网上提交采购需求、网上确认采购资金和采购方式、网上发布采购信息、接受供应商网上投标报价、网上开标定标、网上公布采购结果及网上办理结算手续等(图6-3)。

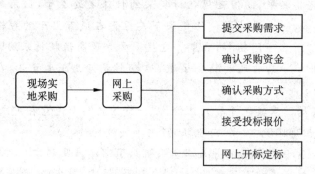

图6-3 网上采购

网上采购有什么好处呢?首先,它减少了采购需要的书面文档材料,减少了对电话传真等传统通信工具的依赖,提高了采购效率,大幅降低了采购成本。其次,它使采购范围国际化,有效地保证了采购质量,并在一定程度上减少了采购过程中的人为干扰因素,使同行业之间的竞争达成多赢。

二、采购流程上的创新

如图 6-4 所示,传统的供应链组织方式是从供应商到生产商,再到代理商、批发商、零售商,最后到消费者。每个下游环节都是向紧挨着的上一环节进行采购,由于环节多,每个环节都会在自身的进货成本基础上再加一定的利润比例,导致成本偏高。为了降低采购成本,现在企业一般会从两个方面进行采购流程的创新。

图 6-4　供应链上下游的相互采购

一种是产地直采,指的是采购商绕过中间商,直接到原采地去采购。这样做的好处是减少了整个供应链的中间环节,从而能够获得低得多的采购进价。而且,由于减少了中间环节,商品流通周转的效率也更快了。当然,产地直采也是有条件的。一方面,采购商的采购量需要上一定的规模,如果规模太小,那么供应商也不一定会给出很低的价格,而且单位产品的物流成本也会偏高。另一方面,供应商的产量也需要能稳定地维持在较大规模,这样才能形成稳定的采购关系。

联合采购也是一种采购流程的创新方式。如图 6-5 所示,它是委托专业采购服务机构进行的采购活动,当企业、政府、个体工商户实行区域联合集中采购时,就可以使不同地区零散项目集合起来,形成大规模采购,以此来实现提高规模经济效益和降低采购成本的目标。这种采购方式的好处很明显,当一家单位的采购量小时,有些供货商并不愿与其直接接触,能给的采购价格并不优惠。但是,把这些小的采购量整合到一起时,就会从量变过渡到质变,联合采购商与供货商谈判时就具有较大的话语权了。

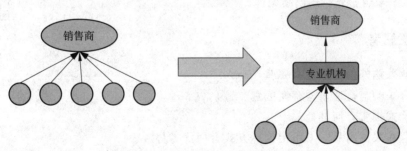

图 6-5　联合采购与普通采购的区别

三、采购管理上的创新

借助日益成熟的大数据分析技术,可以达到优化采购管理的目的。如果只是简单地通过互联网获取数据,有较大的局限性,例如很少会包括价格、总额、履约绩效这样的商业机密,因此企业还需要把内部的信息和信度,同网络信息和网络信度结合起来,才能形成"全景信息"和"全景信度",进而在此基础上赋予"全景信用"。更进一步,如果更多企业使用同一个平台，或者不同平台的数据可以共享，那么可以更加准确地刻画出各个交易主体的全景画像，让每一个主体得知自己相对于整个行业所处的地位，这样就可实现智能匹配和智能交易。

部分交易平台（图6-6）已经开始尝试将"交易"与"大数据"技术相连接。例如设计信息精准推送功能，交易平台运用大数据技术，对投标人用户的浏览信息、关键词记录、历史投标记录、历史中标记录等关键信息进行分析，为投标人推送感兴趣的项目，并预测中标概率。这种方式不仅可以减少投标人找寻项目信息的时间浪费，还能减少投标人盲目投标的人力、资金等资源浪费，进而减轻招标人和招标代理机构的工作难度，提升招标采购效率，促进招投标行业的良性发展。

微课：招投标

扫码学习招投标微课。

图6-6　招标采购平台

采购业务模式的创新，应该着眼于破除信息孤岛、提高采购效率、优化采购决策、创造采购新价值。采购业务理顺了，供应链才能流畅地运作下去。

扫码学习采购业务模式创新微课。

微课：采购业务
模式创新

本章思考

1. 企业采购外包的好处有哪些？
2. 联合采购与普通采购有何区别？
3. 降价式拍卖有何好处？
4. 企业在采购商品时采用招投标方式有何优劣势？

第七章

数智物流

学习目标

知识目标：
1. 了解智能物流技术的应用现状；
2. 理解物流信息技术演变的逻辑；
3. 理解各类智能物流技术的功能及应用。

能力目标：
1. 能分析物流数字化和智能化的发展趋势；
2. 能分析实际业务中机器与人的互替互补关系。

素养目标：
1. 形成数智化思维的工作习惯；
2. 形成机器与人互利共存的理念。

 导入案例

"数智物流 新发展 新机遇"
——2021全球智慧物流峰会报道

根据国家邮政局发布的数据，截至2021年6月1日，中国快递业务量2021年已突破400亿件，接近2017年全年包裹总数，日均业务量超过2.66亿件，预计2021年全年快递业务量超950亿件。在庞大的快递业务量之下，特别是疫情冲击带来生活、生产方式的极大变化之下，快递物流行业发展面临哪些变化与机遇，企业又有哪些思考呢？2021年6月10日，以"数智物流 新发展 新机遇"为主题的"2021全球智慧物流峰会（GSLS）"在杭州隆重召开。

中国物流大发展源于整个生态同频共振

在2019年全球智慧物流峰会上，阿里巴巴集团董事会主席兼首席执行官张勇首次提出，未来物流一定是从数字化到数智化。目前，数智物流已经在业内形成共识。此次大会上，他首先分析了行业的新发展与新变化，特别是在疫情之下，人们的生活、生产方式均发生了巨大变化，越来越多的消费方式正广泛走向数字化，消费端的变化也进一步推动了产业的数字化发展。在此背景下，他重点分享了对行业的几点观察。

融合,整个生态同频共振带来行业的快速发展

他指出,过去十几年,中国快递行业之所以能够快速发展,是因为整个生态的同频共振。一方面,C2C和B2C正全面走向M2C,最终会走向C2M,被快速设计和生产出来的商品,得以更快地到达消费者。另一方面,随着"移动互联网让所有人变成了网民,疫情让所有商店变成了网店",整个商业设施的末端也越来越融合,越来越数字化。

技术,数字化、智能化能力正广泛应用到物流产业的各个环节

张勇表示,所有的物流设备、IoT(物联网)等技术的规模化应用,其最终价值在于能否让物流效率更高的同时服务更好、成本更低。不同于西方高度集成化、中心化的方式,中国物流业多年的大发展,背后依靠的正是产业协同、生态协同、网络协同,从中心城市到农村的社会化大协同,是一种分布式的社会网络。"别人成功的经验未必是我们的出路"。

全球化,中国供应链能力、数字商业能力走向全球是趋势

疫情以来,随着中国供应链"风景独好",进出口额均大幅增加,全球化正在呈现出新的面貌。张勇认为,全球化的进程,必然面临着整个数字化的物流基础设施走向全球,整个制造能力和供应链能力走向全球,而包裹的全球化,最终也一定会走向数字化供应链的全球化。

菜鸟新定义:全球化物流产业互联网公司

自菜鸟物流成立以来,它不断为行业的发展赋能,也在不断明确定位。对于菜鸟到底是一家什么样的企业,菜鸟CEO万霖在会上给出了定义:全球化物流产业互联网公司。菜鸟既有互联网公司的技术创新本色,也有扎实的物流运营。紧接着,他就行业面临的变化、菜鸟不断发展壮大的立足点,以及未来的发展等进行了详细分享。万霖表示,物流的重大战略机遇期已经到来,在新的发展阶段,需要满足实体经济的物流降本增效,满足美好生活的需要;在新的发展理念上,则立足于创新驱动,开放共享、绿色协调;在新发展格局上,通过双循环联通全球市场。在此重大战略机遇期,菜鸟将把核心资源全力投入物流新赛道的开拓,专注增量创新。如通过科技驱动,物流数字化、智能化将大幅加速;通过服务制造业,消费者供应链将加快升级到产业供应链;通过走向全球化,中国物流企业会越来越多参与全球物流搭建中去。与此同时,通过在消费者服务、供应链服务、全球服务等维度不断创新,以此满足多样化业态催生出的复杂、个性需求。

面向未来的菜鸟:客户价值驱动的全球化产业互联网公司

万霖强调,菜鸟能够在8年时间内取得如今的成绩,离不开四大坚持:坚持数智创新;坚持开拓增量;坚持普惠服务;坚持开放共赢。并进一步落脚在业务层面进行了说明。例如,在社区服务上,菜鸟驿站的"免费保管,按需上门"将于2021年向全国推行。以菜鸟驿站为中心,将加快形成购物、回收、洗衣等便民服务于一体的15min生活圈。

在智慧供应链方面,支持品牌、工厂等多样化生态,服务实体经济。如向产业链上游延伸服务,深入产业带和制造业;通过数智化供应链为快消等行业提供深度解决方案;通过城市立体配送探索更多服务场景等。

在全球地网方面,五大产品首次曝光,包括国内仓配物流园、中转分拨园区、产业园区、海外eHub枢纽和海外本地仓,各类设施超1 000万平方米,并向社会全面开放。

资料来源:https://new.qq.com/omn/20210610/20210610A097K100.html。

扫码了解2021年全球智慧物流峰会详细报道。

资料链接:2021年全球智慧物流峰会详细报道

> **头脑风暴**

智慧物流时代已经来临,越来越多的智能设备在实际业务中被运作,一些物流岗位在逐步消失。物流类专业的大学生应如何应对这一趋势?

第一节 物流信息技术演变

物流信息技术是物流现代化的重要标志,也是物流技术中发展最快的领域,从数据采集的条形码系统,到办公自动化系统中的微机、互联网,各种终端设备等硬件以及计算机软件都在日新月异地发展。同时,随着物流信息技术的不断发展,产生了一系列新的物流理念和新的物流经营方式,推进了物流的变革。在供应链管理方面,物流信息技术的发展也改变了企业应用供应链管理获得竞争优势的方式,成功的企业通过应用信息技术来支持它的经营战略并选择它的经营业务。通过利用信息技术来提高供应链活动的效率性,增强整个供应链的经营决策能力。

当前,物流领域的信息技术应用范围很广。在采购作业中,主要使用 EDI(电子数据交换)技术;在运输作业中,主要使用 GPS 技术;在包装作业中,主要使用条形码、二维码和 RFID(无线射频)技术;在拣选作业中,主要使用信息系统、电子标签、机器人、AR 等技术;在配送作业中,主要使用 GPS、大数据分析、手持、智能收派件等技术。未来,在物流领域还会大量采用区块链技术。那么,这些物流信息技术是如何一步步发展到今天这种水平的呢?

企业为了盘点商品库存,一开始是手工盘手工记账,效率很低。在计算机产生之后,有人就想是不是可以通过扫描的方式往计算机里输入信息,用一连串的数字代表一种商品,而计算机识别数字比较困难,黑白条纹比较容易识别,于是就发明了条形码。条形码的运用使商品信息的录入和输出更为便捷,这为超市的收银提供了很大方便,它带来的一大好处便是在销售商品的同时,计算机里的库存信息自动减少了,不用再重新去对账。

运用了一段时间之后,人们发现又不方便了,因为商品的大量增加,十几位的条形码不足以覆盖商品的种类。于是人们想到了纵横交错,用二维码,这就能形成天文数字的信息,在未来的一段时间内是够用的。

用条形码扫描,人们发现其实还是不够便利的,因为每次只能扫描一件商品,如果每个人都买几十件东西,那就会占用较长的时间,导致排长队的现象。这种现象最典型的就是超市的收银口。每位顾客都需要几分钟的时间,后面就会越排越长。于是人们就想,是不是有什么可以不接触扫码,而且一次可以扫几十件的。基于这个想法,人们发明了 RFID(无线射频)技术。现在,有些餐馆、高速公路收费口,都在使用这个新技术,有效地解决了某个链条上的瓶颈问题。

发现问题,解决问题;再发现新问题,再解决新问题。物流领域的技术创新就是这样一步步向前迈进的。

一、EDI 技术

很久以前,在企业与企业之间是通过纸质单据进行信息传递,但是这种方式不仅耗时很长,而且还容易丢失。在互联网技术普及之后,物流企业之间就想用网络传递信息,于是产生了 EDI 技术(图 7-1)。这种技术指的是一种为商业或行政事务处理,按照一个公认的标准,形成结构化的事务处理或消息报文格式,从计算机到计算机的电子传输方法,也是计算机可识别的商业语言。例如,国际贸易中的采购订单、装箱单、提货单等数据的交换。这种技术使得企业传递信息的速度大幅加快,业务处理能力大为提升。

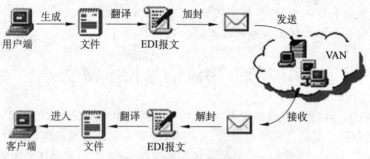

图 7-1　EDI 技术的使用

二、条形码技术

如今随处可见的条形码技术早就产生了。20 世纪 40 年代,美国的乔·伍德兰德和伯尼·西尔沃两位工程师就开始研究用代码表示食品项目及相应的自动识别设备,并于 1949 年获得美国专利。20 年后,乔·伍德兰德作为 IBM 公司的工程师成为北美统一代码 UPC 码的奠基人。如图 7-2 所示,条形码由一组规则排列的条、空及对应字符组成,是用以表示一定信息的标志。条形码及扫描技术的应用使人们可以很方便地将商品的简单信息快速地录入计算机中,提升了商品的入出库及销售作业的效率。

乔·伍德兰德

图 7-2　一维条形码

不过,一维条码所携带的信息量有限,如 EAN13 条码仅能容纳 13 位阿拉伯数字,更多的信息只能依赖物品数据库的支持,这在一定程度上限制了条码的应用范围。基于这个原因,人们在 20 世纪 90 年代发明了二维条码(图 7-3)。由于数量更大,包含信息更多,它已在车票、付款、商品信息等多个领域推广应用。

图 7-3　二维条形码

条码技术的产生与发展

条码技术最早产生在 20 世纪 40 年代,那时候对电子技术应用方面的每一个设想都使人感到非常新奇。Kermode 的想法是在信封上做条码标记,条码中的信息是收信人的地址,就像今天的邮政编码。

为此 Kermode 发明了世界上最早的条码标识,设计方案非常的简单,即一个"条"表示数字"1",两个"条"表示数字"2",以此类推。然后,他又发明了由基本元件组成的条码识读设备:一个扫描器(能够发射光并接收反射光);一个测定反射信号条和空的方法,即边缘定位线圈;使用测定结果的方法,即译码器。

条码技术是实现 POS 系统、EDI、电子商务、供应链管理的技术基础,是物流管理现代化的重要技术手段。条码技术包括条码的编码技术、条码标识符号的设计、快速识别技术和计算机管理技术,它是实现计算机管理和电子数据交换必不可少的前端采集技术。

Kermode 的扫描器利用当时新发明的光电池来收集反射光。"空"反射回来的是强信号,"条"反射回来的是弱信号。与当今高速度的电子元器件应用不同的是,Kermode 利用磁性线圈来测定"条"和"空"。就像一个小孩将电线与电池连接再绕在一颗钉子上来夹纸。Kermode 用一个带铁芯的线圈在接收到"空"的信号的时候吸引一个开关,在接收到"条"的信号的时候,释放开关并接通电路。因此,最早的条码阅读器噪声很大。开关由一系列的继电器控制,"开"和"关"由打印在信封上"条"的数量决定。通过这种方法,条码符号直接对信件进行分拣。

此后不久,Kermode 的合作者 Douglas Young,在 Kermode 码的基础上做了一些改进。Kermode 码所包含的信息量相当低,并且很难编出 10 个以上的不同代码。而 Young 码使用更少的条,但是利用条之间空的尺寸变化,就像今天的 UPC 条码符号使用 4 个不同的条空尺寸。新的条码符号可在同样大小的空间对 100 个不同的地区进行编码,而 Kermode 码只能对 10 个不同的地区进行编码。直到 1949 年的专利文献中才第一次有了 Norm Woodland 和 Bernard Silver 发明的全方位条码符号的记载,在这之前的专利文献中始终没有条码技术的记录,也没有投入实际应用的先例。Norm Woodland 和 Bernard Silver 的想法是利用 Kermode 和 Young 的垂直的"条"和"空",并使之弯曲成环状,非常像射箭的靶子。这样扫描器通过扫描图形的中心,能够对条码符号解码,不用管条码符号的朝向。

在利用这项专利技术对其进行不断改进的过程中,一位科幻小说作家 Isaac-Azimov 在他的《裸露的太阳》一书中讲述了使用信息编码的新方法实现自动识别的实例。那时人们觉得此书中的条码符号看上去像是一个方格子的棋盘,但是今天的条码专业人士会立即意识到这是一个二维矩阵条码符号。虽然此条码符号没有方向、定位和定时,但很显然,它表示的是高信息密度的数字编码。

直到 1970 年,Iterface Mechanisms 公司开发出"二维码"之后,才有了价格适于销售的二维矩阵条码的打印和识读设备。那时二维矩阵条码用于报社排版过程的自动化。二维矩阵条码印在纸带上,由今天的一维 CCD 扫描器扫描识读。

CCD 发出的光照在纸带上,每个光电池对准纸带的不同区域。每个光电池根据纸带上印刷条码与否输出不同的图案,组合产生一个高密度信息图案。用这种方法可在相同大小的空间打印上一个单一的字符,作为早期 Kermode 码中的一个单一的条。定时信息也包括在内,所以整个过程是合理的。当第一个系统进入市场后,包括打印和识读设备在内的全套设备大约 5 000 美元。

此后不久,随着 LED(发光二极管)、微处理器和激光二极管的不断发展,迎来了新的标识符号(象征学)和其应用的大爆炸,称为"条码工业"。今天很少能找到没有直接接触过既快又准的条码技术的公司或个人。由于在这一领域的技术进步与发展非常迅速,并且每天都有越来越多的应用领域被开发,这将会使我们每一个人的生活都变得更加轻松和方便。

条码除技术特点外,在物流系统中,还可以完成许多传统物流无法实现的工作。通过给每个物品一个唯一的条码,可以对该物品的流转进行完全的跟踪,从而实现以下几点。

- 货物丢失后,可以在销售和客户服务环节及时发现。
- 防止销售中的地区串货现象。
- 提高商品售后服务的质量。
- 建立起和生产相联系的质量反馈体系。

条码检验在克服传统检测方法缺陷的基础上,已发展采用条码综合质量分级法,即"反射率曲线分析法"。综合分级方法根据扫描反射率曲线和参考译码算法进行分析、判断,把外观上的缺陷转换成缺陷(defects)、边缘判定等参数。检验结果给出的是条码符号的等级,表明条码符号的适用场合。

资料来源:http://blog.sina.com.cn/s/blog-71da17ce0101hvm1.html。

三、RFID 技术

条码技术大范围应用之后,人们发现它也有缺陷。就是它只能一个条码一个条码地近距离去扫,一旦有很多人拿着多件商品同时去扫,就会由于处理速度的瓶颈而形成堵塞,我们经常在超市收银处看到的付费通道堵塞就是这样。于是,人们又发明了 RFID 技术,这是一种无线射频技术,可通过无线电讯号识别特定目标并读写相关数据,而无须识别系统与特定目标之间建立机械或光学接触。这项技术可以一次性快速感应多件物品,大幅提高了商品的流通速度,在高速收费口的 ETC 技术就是 RFID 技术的应用。此外,RFID 技术还应用于多个作业场景中(图 7-4)。

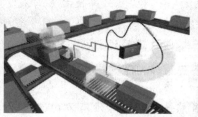

图 7-4 RFID 的使用

即问即答

RFID 技术的优点主要是什么?它还可以应用于哪些领域?

四、电子标签拣选技术

在仓储作业领域,电子标签拣选技术近年来得到了越来越多的应用。传统的拣选作业,员工是根据计算机里打印出来的订单到货架一件件地拣选,但是这种方式的作业,即便员工非常细心,也会由于长时间工作的疲劳带来拣选的差错。为了解决这一问题,人类发明了可以通过灯光进行提示的电子标签技术,它能够及时地提醒拣货人员操作是否正确。这项技术的应用,使仓库的拣货作业差错率从原来的 1/100 的数量级降低到 1/10000 的数量级,可以大幅降低拣货差错的处理成本。电子标签拣选技术的作业场景如图 7-5 所示。

图 7-5　电子标签拣选技术的作业场景

五、卫星定位导航技术

以前,货车一旦开出去,公司很难掌握它的实时位置及状态信息。而且,由于对前方道路的情况无法提前了解,司机常常会迷路,很可能会选择一条交通拥堵的道路。为了解决这一问题,美国军方率先研究发明了 GPS 技术,称为全球卫星定位系统,GPS 作业原理见图 7-6。它是由美国国防部耗资 120 亿美元建成的军事系统,在其诞生之初主要用于军事目的。整套系统由 24 颗卫星构成,且每颗卫星体积都超过了重型卡车,重约 1 900 磅(862.6kg),它们一直处于 11 000 英里(约 17 703km)高的地球同步轨道上围绕地球旋转。

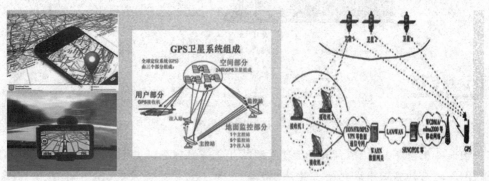

图 7-6　GPS 作业原理

GPS 技术现在也可应用于专门的集装箱定位。集装箱定位系统是由安装在箱体外的 GPS 定位追踪器、安装在箱内的集装箱监控传感器、部署在云端的集装箱状态监控平台三部分组成。终端设备采集集装箱的各种状态数据,并定时将状态数据发送到集装箱监控管理平台,平台也可以远程对设备进行操作及在线升级。

GPS 定位追踪器是系统终端设备的关键和核心部分,内部集成了 GPS、北斗、G/3G/2G/NB-LoT(基于蜂窝的窄带物联网)数据通信系统。软件包含数据采集和通信两部分。

箱内传感器包括箱内温度检测传感器、空重载检测传感器、湿度传感器、门开关检测传感器等。集装箱定位管理系统通过计算机网络技术、无线通信技术、地理信息技术和全球定位技术,依托安装在集装箱上的有源定位追踪器,实现在全球范围内的全天候对集装箱位置信息的实时掌控,满足了现代物流对货物实时追踪的需要。

有源定位追踪器支持卫星定位和基站定位,将每次采集到的相关卫星或基站实时定位信息回传至系统监控中心,系统监控中心再将原始定位信息转换为铁路位置信息。这种关联是通过将原始的经纬度坐标进行坐标变换、纠偏处理和地图投影,最终转换成系统 GIS 地图中的集装箱位置信息来实现。

现在,中国自行研发了北斗卫星导航系统(图 7-7)。利用卫星定位技术,可以实时收集车辆、轮船等交通工具及所运货物的动态信息,实现交通工具及货物的追踪管理,并及时进行调度管理。这项技术的广泛应用,使企业可以对运输途中的货物信息进行跟踪管理,更有利于物流作业各环节的衔接。

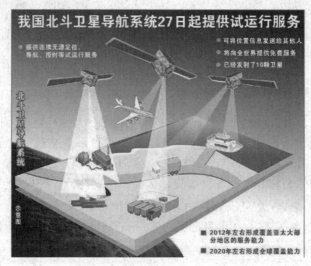

图 7-7 北斗卫星导航系统

资料链接

北斗卫星导航系统

中国北斗卫星导航系统(简称 BDS)是中国自行研制的全球卫星导航系统,也是继 GPS、GLONASS 之后的第三个成熟的卫星导航系统。北斗卫星导航系统(BDS)和美国 GPS、俄罗斯 GLONASS、欧盟 GALILEO 是联合国卫星导航委员会已认定的供应商。

北斗卫星导航系统由空间段、地面段和用户段三部分组成,可在全球范围内全天候、全天时为各类用户提供高精度、高可靠定位、导航、授时服务,并且具备短报文通信能力,已经初步具备区域导航、定位和授时能力,定位精度为分米、厘米级别,测速精度 0.2m/s,授时精度 10ns。

2020 年 7 月 31 日上午,北斗三号全球卫星导航系统正式开通。

目前全球范围内已经有 137 个国家与北斗卫星导航系统签下了合作协议。随着全球组网的成功,北斗卫星导航系统未来的国际应用空间将会不断扩展。

随着北斗系统建设和服务能力的发展,相关产品已广泛应用于交通运输、海洋渔业、水文监测、气象预报、测绘地理信息、森林防火、通信时统、电力调度、救灾减灾、应急搜救等领域,逐步渗透到人类社会生产和生活的方方面面,为全球经济和社会发展注入新的活力。

北斗系统具有三个特点:①北斗系统空间段采用三种轨道卫星组成的混合星座,与其他卫星导航系统相比,高轨卫星更多,抗遮挡能力强,尤其是低纬度地区性能特点更为明显;②北斗系统提供多个频点的导航信号,能够通过多频信号组合使用等方式提高服务精度;③北斗系统创新融合了导航与通信能力,具有实时导航、快速定位、精确授时、位置报告和短报文通信服务五大功能。

北斗系统将持续提升服务性能,扩展服务功能,增强连续稳定运行能力。2020年年底,北斗二号系统发射1颗地球静止轨道备份卫星,北斗三号系统发射6颗中圆地球轨道卫星、3颗倾斜地球同步轨道卫星和2颗地球静止轨道卫星,进一步提升全球基本导航和区域短报文通信服务能力,并实现全球短报文通信、星基增强、国际搜救、精密单点定位等服务能力。

北斗卫星导航系统为全球用户提供服务,空间信号精度将优于0.5m;全球定位精度将优于10m,测速精度优于0.2m/s,授时精度优于20ns;亚太地区定位精度将优于5m,测速精度优于0.1m/s,授时精度优于10ns,整体性能大幅提升。

交通运输方面,北斗系统广泛应用于重点运输过程监控、公路基础设施安全监控、港口高精度实时定位调度监控等领域。截至2018年12月,国内超过600万辆营运车辆、3万辆邮政和快递车辆,36个中心城市约8万辆公交车、3 200余座内河导航设施、2 900余座海上导航设施已应用北斗系统,建成全球最大的营运车辆动态监管系统,有效提升了监控管理效率和道路运输安全水平。据统计,2017年与2011年中国道路运输重大事故发生起数和死亡失踪人数相比均下降50%。

资料来源:https://baike.baidu.com/item/北斗三号全球卫星导航系统2972330?fr=aladdin。

六、智慧数据底盘技术

近年来兴起了智慧数据底盘技术,这主要包括物联网、大数据及人工智能三大领域,具体应用场景如图7-8所示。物联网与大数据分析目前已相对成熟,在电商运营中得到了一定应用,人工智能还处于研发试用阶段,是未来企业竞争的重点。物联网技术与大数据分析技术互为依托,前者为后者提供部分分析数据来源,后者将前者数据进行业务化,而人工智能则是大数据分析的升级。三者都是未来智慧物流发展的重要方向,也是智慧物流能否进一步迭代升级的关键。

图7-8 智慧数据底盘技术

 资料链接

新兴智能包装技术

随着市场经济的发展和技术的进步,特别是RFID以及GPS定位系统的广泛应用,加之5G等新兴技术的兴起,人们开始逐渐在包装中加入更多的智能化技术成分,以满足日益复杂的流通系统要求,使其具备传统包装技术无法实现的功能。高新技术的浪潮将包装推向了更高的发展境界,智能技术在包装领域的应用越来越广泛,智能化包装不断发展。智能包装可以实现对产品的流通过程全程定位,并表现出产品的实际品质。随着全球化程度的提高,市场范围大幅延伸,产品供应链也随之扩大。消费者对产品品质的保证要求越来越高,尤其是食品的新鲜度和精密仪器的保护程度以及药品的安全性。这就间接要求产品供应链中的制造商、物流运输第三方和零售商,提高产品的品质和运输效率,保证产品流通的成功率,减少零售商的退货和消费者的投诉率。消费者对产品包装功能的不断追求,是促进智能包装的主要动力。据相关数据统计,2017年中国智能包装行业市场规模达到1488亿元,同比增长9%。目前智能包装细分市场最大的为RFID市场,2017年RFID市场规模已达到752.4亿元。据中商产业研究预测,到2023年,中国智能包装行业市场规模有望突破2 000亿元。物流智能化包装作为智能包装的一个品类,也在顺势快速发展,涌现了许多新的智能化包装技术。

1. 智能保温箱

随着国民经济水平的日益提升,我国国民对于冷链类商品的需求也逐渐提升。中商产业研究院的统计数据显示,2017年我国冷链市场规模达到2 686亿元,且2020年将达到4 700亿元。随着冷链市场规模的扩大,国民对于冷链运输质量的要求也越高。以冷链运输较为常见的药品与蔬菜水果为例,由于不同的药品有不同的温度区间需要严格控制;不同的生鲜蔬菜水果也有更加适宜的温度要求以保证营养流失更少;而在东北等极寒地区,生鲜蔬菜等还面临冻伤的问题,需要保温箱进行保暖。因此,保温箱的功能正由保证商品不坏向保证商品品质更好的方向提升。如何使保温箱保温时间更长,并且为不同的商品提供适合的温度范围,成为对保温箱重要的要求之一,也是保温箱技术发展的重点。目前,行业正通过试验寻求保温性能更高的材料,调节保温材料的厚度、密度及构造来实现。

这样的大环境下,国内以中集冷云为代表的企业一直致力于相变材料的研发,通过相变冷媒温控能够满足不同种类的商品、不同温控时长、不同的温控区间在极寒或者热环境下的精准控温。不管是医药物流的过冷问题还是食品冷链的保暖问题,均可通过同一套配置的合理相变点的冰排来实现。除此之外,中集冷云还研发出温控时长达120h,可供至偏远地区的复合材料保温箱。

中集冷云代表性保温箱主要有保温材质以高密度聚苯乙烯(EPS)以及绝热用聚苯乙烯(XFS)为代表的一次性保温箱,以及产品名称为真空绝热板+聚氨基甲酸酯(VIP+PU)拼接箱和聚乙烯+聚氨基甲酸酯(PE+PU)箱的循环保温箱。

EPS一次性保温箱的特点为箱体密封性好,温控效果优;易成型,可满足不同客户的个性化需求,适用于发货量相对固定的产品温控解决方案。

XPS一次性保温箱的特点为隔热性好、吸水性差、无模具成本,可根据客户要求定制生

产,尤其适用于发货量小或销售趋势不明朗的产品的温控解决方案。

VIP+PU拼接箱一体发泡成型,密封性好,箱体结构牢固;坚固耐磨,重复使用性好,适用于运输时效长、长距离运输模式的循环使用。

PE+PU箱,采用高密度聚乙烯(HDPE)材料作为防护外壳,使用军工工艺制作,坚固耐用;适用于国内物流状况下长期周转使用。

以上保温箱均可满足不同的温控需求,包括2~8℃、0~5℃、-20~-10℃、-50~30℃等温度区间。不同的是一次性保温箱的最高控温时间为72h,而循环保温箱的最高控温时间可达120h。

2. 活性智能标签

在冷链环节中,物流企业既需要功能结构型智能包装来为货物创造合适的运输温度,也需要功能材料型智能包装来实时监控箱中货物的温度状况,出现问题及时处理,从而避免更大的损失。

时间温度指示标签是一种便宜的活性智能标签,其开发和生产商的成本范围一般为0.1~1.2元。通过与全部或部分产品相连接,时间温度指示标签(TTI)可以显示出易衡量的温度随时间变化的关系,检测的时间可以从几小时到几周的范围内进行调整,从而适应各种各样的产品,帮助优化产品的分销、改进保质期的监控和管理,进而减少产品浪费,并使消费者清楚地了解所购买商品的状态。根据不同的工作原理,冷链中使用的TTI分为基于酶的时间温度指示标签、基于聚合物的时间温度指示标签和基于扩散的时间温度指示标签等。

除检测温度随时间的变化情况外,TTI还可以被用来检测食品腐坏程度随时间变化的情况。根据TTI和食品系统模型,选取一个或多个随时间变化的特征质量指标,通过TTI来将食品腐坏的程度转化为可以直接检测的信息。所选指标可以是化学的、生物的或物理的。由于TTI上的信息易于通过视觉认读和理解,因此只需要对冷链工作人员进行适当的培训就可以投入使用,节省了培训的成本。

资料来源:摘自何黎明主编的《2019中国物流技术发展报告》。

七、物流区块链技术

区块链是一种在对等网络(也称点对点网络,是无中心服务器、依靠用户群交换信息的互联网体系,可以减少传统网络的传输节点,降低资料遗失的风险)环境下,通过透明和可信规则,构建可追溯的块链式数据结构,实现和管理事务处理的模式,具有分布式对等、链式数据块、防伪造和防篡改、透明可信和高可靠性五个方面的典型特征。

区块链的开放、共识,可以使物流车队、仓库和一线物流服务人员等参与方都充当网络中的节点,实现物流过程信息的透明性和真实性;区块链的共识机制可消除对可信中介方的依赖,同时也能避免因网络攻击造成的系统瘫痪。

物流供应链中企业之间的生产关系较为复杂,涉及因素较多,会受到经济、社会各方面因素的影响。因此通过区块链技术的共识机制构建去除第三方的信任体系就显得尤为重要,可以使上下游的物流企业加强对彼此的信任。

物流上下游企业各有一套信息闭塞的物流系统,通过区块链可以打造一个既透明又充分保护各方隐私的开放网络,提高物流供应链上下游企业的风险控制能力。区块链不可篡改的特性可以确保分类账、数据和资金的安全,提高了企业的财务安全。可追溯的特性帮助物流企业追溯货物来源,共享的分类账本可以让上下游参与者在任何时候查看商品出处。

区块链在物流领域的应用探索可以追溯到2015年,主要集中在流程优化、物流追踪、物流金融、物流征信等方向,具体包括结算对账、商品溯源、冷链运输、电子发票、资产证券化(ABS)等领域。目前国内外在食品溯源、物流金融等领域已有一些成熟的项目。

作为价值互联网的底层技术,区块链不是单独存在的技术架构,近年来,很多企业将物联网、大数据、人工智能等技术与区块链相结合,在各个领域展开创新。区块链技术可以促进这些技术的落地,同时区块链也需要大数据、人工智能、物联网等新一代的技术作为支撑,区块链技术和其他技术之间也是互相融合并不断创新的过程。

扫码学习物流信息技术演变微课。

微课:物流信息技术演变

即问即答

人工智能可以应用于物流的哪些领域?

第二节　物流机器人的应用

一、物流机器人及应用

物流机器人是指应用于仓库、分拣中心以及运输途中等场景的货物转移、搬运等操作的机器人(图7-9)。随着技术的发展及需求的增加,物流机器人的研发及应用在全球范围逐渐被重视,国外传统工业智能制造企业,以及亚马逊等互联网巨头,都在陆续布局物流机器人。物流机器人也逐渐被认为是物流及供应链相关企业数字化与自动化进程中重要的智能基础设施。

图7-9　在用的物流机器人

扫码了解国内物流机器人发展中的重大事件。

根据MHI面向全球1 100多位制造及供应链领域高管的调研,机器人及自动化技术等被认为是企业供应链竞争的关键影响技术之一。当前,物流机器人主要应用于物流企业的仓储、运输和客服作业当中。

扫码了解先进技术对企业供应链竞争力带来的影响。

国内物流机器人发展
中的重大事件

先进技术对企业供应链
竞争力带来的影响

二、AGV 技术

在仓储领域主要用到的是 AGV 小车(图 7-10)。AGV 是自动化/半自动化仓库的重要基础设施之一,通过 AGV 实现库内搬运、分拣等作业的自动化,以节省人力,提升效率。近年我国 AGV 需求持续以较高的增速发展。

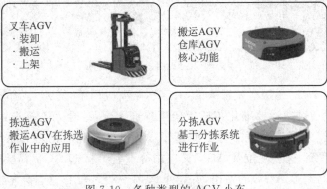

图 7-10 各种类型的 AGV 小车

叉车是广泛应用于仓储、运输、生产等行业的一种搬运工具。与传统人工叉车相比,AGV 叉车(图 7-11)能带来更加安全的作业环境、更好的人力管理、更长的作业时间、更快的效率等诸多益处;而且,AGV 叉车可以在寒冷、高温、没有光线等人工无法作业的环境下作业。2012 年以来国内 AGV 叉车行业增速明显,传统叉车企业以及 AGV 机器人企业是推动行业发展的两股主要力量。

图 7-11 AGV 叉车

搬运AGV(图7-12)是仓库内应用最广泛、发展最快的物流机器人类型之一，拣选、分拣AGV主要是在搬运AGV基础上在不同场景的深度应用。几年前亚马逊斥资7.75亿美元收购Kiva，其后在各地仓库大规模部署Kiva，将普通订单交付成本降低20%~40%，为亚马逊节省约20%的运营费用。国内电商的快速发展，带动搬运AGV产业迅速崛起，目前主流电商仓库均陆续实现搬运AGV的应用。

图7-12　搬运AGV

拣选AGV(图7-13)是搬运机器人的"升级"，主要应用于"货到人"自动化(半自动化)拣选作业中。它一般通过搬运标准化拣选货架至拣选工位，结合人工拣选，实现货到人操作，减少人工走动，并提升拣选准确率。因此基于AGV的半自动化拣选系统，一般配有拣选AGV、AGV调度系统、拣选工位及AGV充电站等设备。拣选AGV需要有举升功能，实现货架搬运。据测算，通过AGV的使用，可缩减50%~70%人工。基于智能机器人与分拣平台，自动化分拣系统逐渐在小件电商分拣中心被广泛应用，相对传统流水线分拣系统，占地面积更小、成本更低，且机器人之间因为并联不会出现单一设备损坏导致系统崩溃的情形，可极大提高分拣效率。

图7-13　拣选AGV

三、自动化仓储技术

立体穿梭车(图7-14)主要基于AS/RS(自动化仓储系统)，通过自动搬运至指定端口，实现货物快速上架等操作，它是一种智能机器人，可以编程，并可与上位机或WMS(仓储管理)系统进行通信,结合RFID、条码等识别技术,实现自动化识别、存取等功能。具有技术集成度高、速度高、定位精度高等优点,可以最大限度地提高存储空间利用率,降低综合成本投入。它可以实现仓储货架自动化、半自动化存取。

图7-14 立体穿梭车

机械手(图7-15)在工业制造领域已经有成熟的应用经验,随着机器人视觉识别系统的开发,基于二维平面和三维立体激光的视觉系统配合多功能并联机械手,可以自动识别被抓取商品的颜色、位置和大小等参数,采用与之相应的机械手抓取,然后放到搭配的载体或输送线上,实现拣选商品的功能。机械手的负载重量一般在10kg以内,在应用场景上,逐步覆盖至装卸、分拣、码垛等多类场景中。

图7-15 拣货机械手

四、无人驾驶技术

在运输领域,主要用到无人车和无人机。伴随着人口红利的消失,快递行业的用工成本压力愈加严重,无人驾驶技术在最后一公里配送领域的应用成为热点,国内外物流、科技公司纷纷试水无人配送车,以应对未来的成本挑战。目前,国内的京东、菜鸟、饿了么等企业均已经对无人配送车进行过公开测试。

微课视频末端无人车请扫描二维码。

微课:末端无人车

无人机(图7-16)是人力成本问题的另一套解决方案,相较于无人配送车面临的复杂路况,无人机有着环境简单、覆盖范围广、速度快等诸多优势,对于农村等常规配送网络覆盖不足、建设成本高的地区,是较优解决方案,也是各大物流公司着力发展的方向。

目前京东、顺丰、苏宁、菜鸟等企业均对最后一公里无人机配送进行过测试,除这些物流巨头外,也有很多初创公司投入物流无人机的研发当中。

图 7-16　无人机

此外,物流机器人还可以应用于物流客服等领域。在售前咨询方面,它可以做到精准响应,准确定位问题,快速反馈用户。在售后服务方面,它可以进行退货办理、投诉处理、电器维修和故障自检。

扫码学习物流机器人的应用微课。

微课:物流机器人的应用

资料链接

千亿级的无人机市场

作为前沿科技,无人机领域一直是大家关注的焦点。无人科技也被媒体认为是快递业未来布局的三大支点之一。据普华永道估计,全球无人机市场价值约为 1 273 亿美元。那么,在物流领域,无人机有哪些应用场景?为争夺这个千亿级的无人机市场,有哪些企业已经入局?谁能最终脱颖而出?

1. 无人机在物流领域的应用场景

(1) 库存管理

从原材料运输到装配、检测,无人机可以在工厂的各个环节发挥作用。而在制造和交付之外,无人机还能帮助仓库进行库存管理。麻省理工学院最近公布了一项研究,概述了利用无人机与 RFID 技术的库存系统。RFID 就是我们通常用于无人货架的磁感应标签技术,无人机可以定位这些标签,帮助统计库存,实现自动化管理。

(2) 外卖配送

外卖行业的战争才刚刚告一段落,无人机企业就打算利用新技术来颠覆这一重度依赖人力的领域。在国外这一技术已经实现应用。例如,冰岛电商平台 AHA 就曾与以色列无人机物流公司 Flytrex 合作,在冰岛首都雷克雅未克建立了一条小型配送路线,直接跨越北大西洋海湾运送食物。

(3) 海运

远洋航海及港口管理是典型的劳动力密集型行业。如今,无人驾驶船舶或许很快会进入市场,劳斯莱斯已经完成了多项远程遥控无人船的实验。Yara International 也推出了名为 Yara Birkeland 无人货运船。无人船以外,船只的水下检测也是重点发展方向,Orobotix 设计了一种用于检查船体的水下无人机。国内,海之星推出了中型工业级无人水下勘测和清刷机器人。

(4) 零售

零售企业也在着力研发并应用无人机,亚马逊就主要研究物流和线下零售应用领域。Matternet 的空中运输方案能够帮助运输货物,已经努力将运送货车与空中无人驾驶飞机结合起来,而 Starship Technologies 正在建立一个自动驾驶机器人队伍,旨在30min 内在当地交付货物。

2. 千亿市场,谁是下一个独角兽?

(1) 国外

亚马逊:2013年12月,亚马逊就开始测试一个叫作 Prime Air 的无人机快递项目,至此全世界各家快递公司都将无人机快递项目当作未来发展的"新蓝海"。

谷歌:Google 母公司 Alphabet 旗下的无人机计划"Project Wing",已经开始针对澳大利亚首都直辖区和新南威尔士交界地区的一部分居民展开测试,为其配送食品和药品。

(2) 国内

在国内,顺丰、京东、苏宁等企业已经在部分地方进行无人机送快递试点,并取得不同资格。公开信息显示,2018年以来,京东获得陕西省颁发的覆盖陕西省全境的无人机空域书面批文,顺丰在3月底也获得中国民用航空华东地区管理局颁发国内首张无人机航空运营(试点)许可证。这标志着中国无人机物流配送正式进入合法运营阶段,商业化运营指日可待。包括邮政、顺丰等在内的各家企业早已瞄准这块蛋糕。

作为覆盖乡村网点最多的物流企业,邮政自2016年就开始启动无人机邮路的试运行。2018年5月17日,中国邮政 EMS 水陆两栖无人机在湖北荆门试飞成功。

顺丰:2012年,顺丰控股创始人王卫就提出发展物流无人机的设想,并于2013年开展运营试点相关工作。2017年,顺丰控股自主研发的 Manta Ray 垂直起降固定翼无人机问世,顺丰与赣州市南康区联合申报的物流无人机示范运行区的空域申请也获得正式批复。据了解,顺丰目前已全面掌握物流无人机核心技术,获得205项专利,其中发明专利102项,覆盖无人机设计、云平台、运营管理等物流无人机研发和应用的相关领域。

京东:虽然入局较晚,但京东在物流无人机领域的布局十分紧凑。2016年5月,京东成立X事业部并确立无人机、无人车、无人仓三大板块;自2017年6月开始,京东已陆续投入使用全球首个无人机运营调度中心,落地全球首个全流程智慧化无人机机场和全球首个无人配送站。2018年2月5日,京东在西安获得民航西北地区管理局授牌"陕西省无人机航空物流多式联运创新试点"。2018年4月25日,京东无人机配送开启在青海的运营。2018年5月16日,刘强东表示,准备在四川和陕西等地建设100多座无人机机场,计划做到24h 之内将偏远村庄优质农产品送到中国所有大中城市。

苏宁:与京东的X事业部类似,苏宁成立了S实验室,围绕精益生产和人工智能两个方向展开应用研究,专注于物流新技术的研发和应用。无人机配送即是苏宁S实验室重点探索的项目之一。2017年,苏宁的货运无人机系统上线,可实现精准自动起降和全程无人化自主运行。据了解,苏宁未来计划围绕无人机上下游配套产业在全国建设5 000个无人机智慧物流枢纽。

菜鸟：2018年3月26日，菜鸟ET物流实验室联合天猫，将无人机运用到传统的茶叶运输环节。4月26日，菜鸟与天猫在陕西省武功县联合宣布启动"神农计划"，将在全国开设100个原产地生鲜仓库。菜鸟在当地开通的无人机航线，将田间地头和产地仓直连。

中通快递：中通快递集团也已在浙江乐清公司启动无人机邮路试运行，并成功完成首次试飞。该款无人机采用六轴设计，配备25L大容量货仓，最大载重10kg，最大航程可达30km。

可以看出，各大电商或者物流企业纷纷布局无人机，抢夺未来市场。谁最后能脱颖而出，让我们拭目以待！

资料来源：https://www.sohu.com/a/233338385-100085747。

第三节 数智化物流的挑战

随着信息技术的快速发展，现代物流也逐步完善，前沿技术不断融入仓储、运输、配送等物流环节，极大地提高了物流服务质量。近年来，人工智能、大数据、云计算、物联网等信息技术不断进步，技术升级成为驱动物流业不断发展的核心动力，随着5G移动通信技术的全面商用，信息技术应用将更加广泛。随着"中国制造2025"的不断深入，智慧化成为技术的发展趋势，面对"新技术、新模式、新业态"的创新发展需求，物流业对物流技术提出了新要求。

一、智慧物流技术发展情况

智慧物流是指通过智能硬件、物联网、大数据等智慧化技术与手段，提高物流系统分析决策和智能执行的能力，提升整个物流系统的智能化、自动化水平。智慧物流通过应用大数据、云计算、人工智能等先进技术，赋能物流，进而实现智能配置物流资源、优化物流环节、减少资源浪费，大幅提升物流运作效率，实现物流整体运作过程中降本增效的目的。"中国制造2025"的提出为智慧物流提供了良好的发展环境，国家、地方不断出台政策促进智慧物流的发展，提升物流整体运营的智能化程度。过去的一年间，菜鸟、京东、苏宁、顺丰等企业不断加大物流技术的研究投入与应用力度，各大巨头企业在物联网、大数据、人工智能、无人技术等前沿领域均取得了相应成果，我国智慧物流发展取得了显著成效。

1. 物联网技术

物联网全面连接物流资源，推动物流"在线化"发展。2018年，全国动态监控货运车辆超过570万辆；智能快递柜将云计算和物联网等技术结合，实现快件存取和后台中心数据处理，可通过摄像头实时监控货物收发等情况。截至2018年8月，丰巢科技服务有约120万名快递员、1.5亿多位消费者，已在100多个重点城市联手5万多家物业企业，完成12万多个网点布局；9月，菜鸟启动物流物联网(IoT)战略，宣布与快递合作伙伴一起正式上线视频云监控系统，开启"物流天眼"，实现对场站的智能管理，推动物流数据化转型。

2. 大数据技术

物流大数据加快在物流领域的应用。大数据能够整合物流与商流数据，帮助企业分析运营状况、不断检测改进，目前大数据在物流领域主要应用于决策与预测两个方面。2018年4月，顺丰控股与8家供应链企业或其子公司签署了《关于设立超级大数据合资公司之股东协议》,成立供应链大数据平台,深度挖掘行业数据价值。

3. 人工智能技术

"语音助手、单证识别、深度学习"等人工智能技术助力物流产业高效运行。在零售场景中,智能感知设备可以帮助商家获取在传统零售场景中无法获取的消费者大数据,如年龄分布、性别分布、热销商品等,进而更加准确地预测需求,帮助商家持续优化经营策略,让消费者能够更加快速地找到自己想要的商品,让商家、消费者能够获得双赢。2018年"双11"到来之前,全国已有5大快递公司启用菜鸟智能语音机器人,自动完成"派前电联",反馈消费者的配送需求,快递员无须再逐一拨打客户电话;北京汇通天下物联科技有限公司(G7)提出了"人工智能(AI)+智能资产(IA)"战略,利用大数据、AI等前沿技术,使传统的物流装备具备自动感知、交互和学习三大核心能力,进而提升物流整体运行效率。

4. 物流无人技术

物流无人技术逐步推广,"无人机、无人车、无人仓"等创新应用取得了显著成果。在无人机方面,2018年2月,京东取得了覆盖陕西全省的无人机物流运营许可证。2018年3月,顺丰获得首张无人机航空运营(试点)许可证。2018年5月,饿了么宣布获批开通我国第一批无人机即时配送航线,送餐无人机正式投入商业运营。2018年5月,中国邮政速递物流水陆两栖无人机在湖北荆门试飞成功。2018年10月,顺丰参与研发的大型货运无人机AT200完成了异地转场飞行试验,标志着无人机向民用化和商业化发展又迈进了一步。2018年11月,京东自主研发的支线无人机"京鸿"完成首飞。在无人车方面,部分城市开展无人驾驶(也作自动驾驶)货车道路测试。2018年11月,苏宁无人车"卧龙一号"正式落户成都,继北京、南京之后,成都成为第三个实现无人车常态化运营的城市,"卧龙一号"无人车结合物联网、云计算、AI等最新科技元素,通过激光雷达、面阵雷达、全球定位系统(GPS)、惯性导航传感器互相配合完成日常运作。

资料链接

无人机技术

无人机是无人驾驶航空器的简称,是一种机上无人驾驶、程序控制飞行和无线电遥控引导飞行、具有执行一定任务的能力、可重复使用的飞行器。世界第一架无人机诞生于1917年,随着科学技术的发展和对无人机应用价值认知程度的加深,无人机在物流方面的用途逐渐被重视和开发,对其作业半径、遥控距离提出了更高要求,同样也促使无人机产品向更长航程、更大载荷方向发展。无人机技术的不断创新必将颠覆物流行业的传统作业方式,通常被认为是解决配送"最后一公里"难题的有效手段。未来,物流无人机定将成为现代物流业不可或缺的基础设施,助力物流业实现跨越式发展。

近年来,我国逐渐重视并鼓励无人机在物流等专业领域的应用。2018年1月,国务院出台《国务院办公厅关于推进电子商务与快递物流协同发展的意见》,明确指出要提高科技应用水平,鼓励快递物流企业采用先进适用技术和设备,提升快递物流装备自动化、专业化水平。全国邮政管理工作会议还提出,要促进科技创新,推广应用无人机、无人车、无人仓库等技术。2018年5月,民航局发布《民航局关于促进航空物流业发展的指导意见》,对无人机物流明确给予支持,提出支持物流企业在空域条件良好、地面交通欠发达地区开展无人机物流配送试点工作;同时,文件特别提到物流企业利用通用航空器、无人机等提供航空物流解决方案,需要加快制定和完善有关运行规章制度和标准体系,规范市场秩序,推动新兴商业模式健康发展。

无人机从狭义概念上主要指的是空中飞行器,但从无人机装备技术特点上,更重要的是无人机系统概念。所谓系统,是由若干个相互联系、相互作用、相互依存的组成部分(要素)结合而成的、具有特定功能的有机整体,是指相关部件、软件与功能的有机集合。无人机不仅指代无人飞行器本身,还包括地面测控站、发射与回收设备、地面保障设备等无人机通信、任务载荷设备和地面设备,需要发达的信息技术支持。

无人机技术在物流领域的优势主要体现在提升物流配送效率、降低运营成本、破解劳动力不足难题、助推产业转型、打破道路和地形限制。目前,无人机技术主要应用的场景有无人机仓储管理、大载重中远距离支线无人机运输、末端无人机配送等。

资料链接:无人机技术详细资料

资料来源:https://baijiahao.baidu.com/s? id=16094241979293804488&wfr=spider&for=pc。

扫码了解无人机技术详细资料。

5. 区块链技术

区块链技术应用在物流领域加速发展。2018年2月,菜鸟与天猫国际共同宣布,启用了区块链技术跟踪、上传、查证跨境进口商品的物流全链路信息,涵盖了生产、运输、通关、报检、第三方检验等商品进口全流程,将给每个跨境进口商品打上独一无二的"身份证",供消费者查询验证;2月,腾讯在第三届全球物流技术大会上与中国物流与采购联合会签署了战略合作协议,联合发布了双方首个重要合作项目——区块供应链联盟链及云单平台,标志着腾讯区块链正式落地物流场景。2018年3月,京东对外发布了一份名为《区块链金融应用白皮书》的报告,梳理了区块链的金融应用场景,包括资产证券、保险、供应链金融等10个金融场景,就区块链技术如何助力金融行业提升效率进行了深入研究。2018年5月,京东成立了国内首个"物流+区块链技术"应用联盟,该联盟旨在搭建国内外区块链技术互动平台,联合政府部门和相关机构共同推动建立区块链在物流行业统一的应用技术标准,解决区块链技术的共性、关键性问题,助力区块链技术在物流行业的创新与推广。

 **资料链接**

区块链物流技术应用场景

区块链在物流领域的应用探索可以追溯至2015年,主要集中在流程金融、物流征信、物流追踪等方向,具体包括结算对账、商品溯源、冷链运输、电子发票、资产支持证券等领域。

流程金融——航运供应链金融平台

在航运供应链领域,很多进出口企业都是小微企业,由于航运供应链具有时间长、跨度大、流程复杂、涉及相关方多等特点,很多小微企业时时刻刻承受着资金链紧张的压力。而与这种小、快、频的金融需求相对应的是复杂、缓慢、高成本的金融体系和流程。造成这种局面是由于信息不对称、不完整,金融欺诈的广泛存在,金融机构不得已采取风险管控手段,导致整个流程复杂、冗长且容易出错。

对于进出口小微企业的航运供应链金融,面向的客户行业广、客户散、授信小、形态多,金融风险相对分散,若借助以区块链技术为依托的风控平台,则可以从源头上保证物权凭证的可信性、可流转性及可追溯性,充分保证其真实性、可承兑性、防伪性及不可抵赖性。

物流征信——物流征信信息平台

物流上下游环节中离不开一线从业人员,包括承运司机、大件安装工程师、安维工程师等一线服务人员。服务人员需经过培训并且考核通过后方能上岗。然而目前物流领域中并没有统一的评级标准,工程师的评级规则及评级结果仅在各自企业内部使用,因此存在培训项目不全面、信用主体使用范围受限、雇佣关系不稳定等问题,导致已有信用主体的征信数据不准确。

通过区块链构建信用主体,围绕主体累积可信交易数据,联合物流生态企业共同建立区块链征信联盟,构建物流从业者的信用评级标准,可以真正形成以数据信用为主体构建的物流信用生态。

区块链技术能够促进物流行业建立征信评级标准。数据信用建立的前提是需要行业内企业共同参与,通过智能合约编写评级算法,并发布至联盟链中的物流行业信用平台,利用企业账本中真实的交易数据计算评级结果。区块链的自治性,可以使系统在无人为干预的情况下自动执行评级程序,采用基于联盟节点之间协调一致的规范和协议,使整个系统中的所有节点均能在信任的环境中自由安全地交换数据。

物流追踪——商品溯源区块链平台

传统溯源行业数据中心化存储,存在因考虑自身利益而篡改数据的风险;且供应链上各企业独立记账,形成信息孤岛,导致数据无法追溯。而"区块链+溯源"的运用能有效缓解这些现象的发生。"区块链+溯源"本质是从时间和空间的二维角度,对产品或信息的生产、流通和消费过程进行记录,并且不可篡改。商品溯源区块链解决了信任问题,实现了对商品信息的实时溯源并保障其不可被篡改,同时降低了物流成本。

(1) 全程实时溯源商品信息。溯源的本质是信息传递,而区块链也是一种信息传递,将数据打包成区块,再使用时间戳等方式形成链,这样的一整套流程与商品供应链流程类似,并且符合商品市场流程化生产模式。商品流通加工、运输、销售等环节是以时间为顺序进行的,而区块链内的信息传递按照同样的时间顺序进行且可实时追溯,二者完美融合。

(2) 商品信息不可篡改。区块链技术具有去中心化存储的特点,不依赖于组织和个人,利用可信的技术手段将所有信息公开记录在"公共账本"上,区块链上具有时间戳且不可篡改。信息一旦记录在区块链上便无法抹去,并且商品在互联网中具有唯一身份,该技术消除了中心化机构的权力,解决了信任问题。

(3) 降低物流成本。区块链中的数据由监管部门对产品信息进行储存、传递、核实、分析,并在不同部门之间进行流转。区块链可以作为一个总账本,成为一个统一的凭证,打通供应链中的各个环节,达到统一凭证、全程记录、企业征信的目的,能够有效解决多方参与信息碎片化、流通环节重复审核等问题,降低了物流成本,提高了效率。

商品溯源区块链目前已得到一定程度的应用,如将区块链技术用于集装箱的智能化运输、大型物流运输等。集装箱信息被存储在数据库中,区块链的存储解决方案将自主决定集装箱的运输路线和日程,并且可以对过往的运输经验进行分析,不断更新路线和日程设计技能,从而使效率得到有效提高。对收货人而言,不仅可以在货物从离港至到达目的港的过程中全程跟踪货物的物流信息,同时可以随时修改优化货物运输的日程安排。

通过应用区块链技术,可以及时掌握产品的物流方向,提高物流速度和工作效率,防止串货、保证线下各级经销商的利益,还可以帮助解决物流供应链上的中小企业的融资难问题,实现物流商品的资产化。

资料来源:摘自何黎明主编的《中国物流技术发展报告2019》。

资料链接:区块链物流技术应用场景详细资料

扫码了解区块链物流技术应用场景详细资料。

6. 社会化平台

物流企业"数字化"转型提速,提升物流全流程可视化、决策智能化水平等成为研究重点,社会化平台发展取得一定成效。例如,中国外运开启智慧物流战略,以全面数字化转型为基础开展运营模式、商业模式、组织模式的全方位重构,推出"运易通"等一批社会化物流平台,推动产业智慧化转型之路;际链科技通过强大的技术系统,借力物流网络投资管理平台普洛斯与智慧物联网公司G7,合力打造城市共配、数字园区和物流数据云平台三大类产品,将园区业主、仓储服务商、运输服务商、金融服务商紧密相连,形成高效的智慧物流基础体系,推动商业繁荣;OTM公司运营的OTMS平台,连接货主、第三方物流、运输公司以及收货人,打通物流运输产业链中的信息统供综合运输管理服务,并设计了可智能匹配货主方与承运商方的招投标平台——发货来。物流社会化平台的运行,有利于整合资源、畅通信息,加快物流各环节的对接,从而大幅提升物流作业效率。

二、智慧物流发展面临的挑战

1. 用户信息安全保护

随着物联网、大数据的不断发展,如今处于万物互联的时代,商家可以收集到的数据类型不断丰富,数据量级有质的飞跃,大数据已经成为新的生产力。寄件、收件、扫码、支付等生活中的各个环节,都会产生和使用客户数据,包括姓名、地址、联系方式等信息。艾媒咨询发布的《2018上半年中国智慧物流行业监测报告》显示,45.2%的受访网民希望智慧物流技术未来能改善当下物流配送中个人隐私泄露的问题,由此可见个人隐私成为用户评价物流服务质量的重要指标。目前,菜鸟、腾讯等企业正加大区块链等技术的研究力度,加快其在物流领域中的应用,使用新技术、新手段、新设备以便更好地保护用户信息安全;京东、顺丰等快递企业推出了隐私面单、扫码发件等产品,隐藏了收件人以及寄件人的相关信息,保护了用户的个人隐私。如何更好地注重用户隐私保护,为智慧物流发展提出了新的挑战。

2. 差异化服务需求

近年来,一方面,随着移动互联、大数据等技术的不断发展,技术的支持赋予了消费者更多选择及便利性,消费者购物的时空限制被打破,产品的价格优势不再突显,产品间质量差异日益缩小;另一方面,随着经济不断发展,人民的物质文化生活水平日益提高,消费需求日益升级。消费者在进行购物决策时,已不只关注所购商品的质量与价格,也注重在购买时与购买后的体验,包括购买便利性、物流速度等。随着线上与线下相融合的趋势不断加大,如何精准地匹配消费者需求,提升消费者体验,对新时代下物流运作提出了新的挑战。智慧物流在今后的发展中,需着重在消费者需求预测方面发力,精确刻画消费需求画像,提高响应速度；同时，建立全链路智能化的物流体系，使整个物流过程更加精准高效。

三、智慧物流发展展望

国家及地方多项激励政策的陆续出台，企业的投入不断加大，互联网、人工智能、5G等现代信息技术不断发展，使智慧物流处于重要的战略机遇期。物流与现代信息技术的结合为物流业转型升级、降本增效带来了更广阔的空间。智慧物流未来将不断发力，助力行业转型升级。可以从以下5个方面来把握智慧物流的未来发展方向。

（1）机器人将加大应用范围。机器人在物流领域中应用主要有AGV、码垛机器人及分拣机器人，分别用于货物的搬运、分拣，各种形状物品的码垛、拆垛作业。目前，京东、阿里巴巴、苏宁等电商企业与顺丰、中通等快递企业已使用大量物流机器人来提高作业效率。随着货运量、快递量的不断提高，企业对物流机器人的需求将持续增强，将有越来越多电商、物流企业投入研发、配置物流机器人。物流机器人正处于蓬勃发展阶段，现有物流机器人能够满足物流基本作业场景需求，随着技术不断发展进步，在AI等新技术进一步辅助下，物流机器人将被更广泛地应用于各种场景。

（2）智能仓储将更加普及。仓储是物流过程中重要的环节之一，仓储效率、管理的精细化程度对实现高效物流有着至关重要的作用。京东、菜鸟、苏宁等电商、快递企业积极布局仓储网络，应用AGV、码垛机器人等产品可有效提高仓储效率，减少差错率。2018年9月，菜鸟网络开始在全国启动超级机器人仓群，将陆续在上海、天津、广东、浙江、湖北等重点省的物流枢纽落地，通过智能算法、自动化流水线、AGV机器人等，提升仓内的自动化、智能化作业水平；京东亚洲一号仓库数量已经从当初的1个扩展到9个，覆盖上海、广州、武汉等8大城市；苏宁物流已全面社会化开放运营，其仓储面积为600万平方米，拥有8大全国物流中心，47个区域物流中心，20个平行仓。未来，随着物流技术的不断发展以及人工成本的不断提高，智能仓储将得到更大范围的应用。

（3）无人技术将加快应用步伐。无人驾驶方面，随着国内无人驾驶技术和智能网联的发展，封闭或开放测试区在各地纷纷设立。百度、美团等众多企业均推出了基于无人驾驶技术的服务产品，其中包括无人配送小车、无人驾驶重型卡车等。现阶段来看，干线运输的无人驾驶应用较为复杂，短时间内很难实际应用，需要积极与地方政府沟通交流，做好相关配套措施，推动干线运输无人驾驶应用进程；末端配送的无人驾驶技术相对简单，在5G技术、北斗卫星导航等技术的支持下，末端配送的无人驾驶实际应用将会加快步伐。

（4）智慧物流将更多地被纳入城市基础设施。快递包裹收来送往、物流车辆川流不息、仓储系统昼夜运转，智能物流既连接生产流通，也服务终端消费者，逐渐成为城市核心的基础设施。一方面，连接众多无人机的无人中转站、由配送机器人组成的智能配送站、车路协同所需的感知基站等智能物流基础设施正逐渐成为城市不可或缺的基础设施；另一方面，越来越多地方政府在宏观层面将智能物流体系纳入城市基础设施建设，企业也开始为城市智能物流规划出策出力，例如京东物流联合八家单位共同成立城市智能物流研究院（雄安），服务雄安新区智能物流和智能城市建设，进行地下物流探索和前瞻研究。未来，智慧物流将逐步成为城市的基础设施，为智慧城市建设添砖加瓦，做出不可磨灭的贡献。

（5）智慧物流将向与供应链的各个环节纵深联合以及专业化发展。当前智慧物流在供应链中的应用主要集中在采购物流、生产物流及销售物流等环节，各个环节应用独立性较强;此外,智慧物流在危化品物流等专业物流方面应用较少。未来,随着技术的不断发展,智慧物流将提升供应链各个环节的智能化程度,驱动整个供应链进行上下游的组合,串联上游原材料生产、下游销售各个环节,实现供应链全程智能可控、实时可视化;同时,智慧物流将扩大应用范围,加大在冷链物流、危化品物流、服装物流等专业物流垂直领域的研究应用力度。

本章思考

1. 人工智能技术在物流领域的应用给物流人带来了哪些冲击?应如何应对?
2. 未来无人机会在哪些物流领域大规模应用?
3. 与传统拣选相比,电子标签拣选技术有哪些明显的优势?
4. 各地应对新冠疫情往往采用严格的管理措施,这容易导致物流环节中断。思考如何用区块链技术来破解这一难题。

第八章

国际物流

学习目标

知识目标：
1. 理解国际贸易产生的原因及对国际物流的影响；
2. 理解国际物流与国内物流的区别；
3. 了解各类跨境电商物流的运作方式。

能力目标：
1. 能结合案例，分析国家"双循环"经济政策；
2. 能结合案例，提出合理的国际物流方式。

素养目标：
1. 形成国际物流合作共赢的理念；
2. 养成换位思考的良好习惯。

导入案例

菜鸟开通法国海外仓，西欧"淘中国"72h达

2017年5月，菜鸟网络宣布设在法国的海外仓正式开通运营。

中国消费者喜欢海淘，其实海外消费者也喜欢"淘中国"。以法国为例，它是阿里速卖通在全球的第四大出口目的国，也是在西欧的第二大市场。不过，跟中国消费者国内淘通常次日达、海淘通常7日达的"神速"相比，海外消费者的物流体验就要差得多。在传统物流方案下，法国消费者购买中国商品，至少需要26天才能妥投。这主要是由于跨境物流链路长、环节多，往往造成耗时长、稳定性差、价格高昂、手续烦琐等问题。

在海外仓开设后，入仓商品的物流时效提升至72h，海外仓堪称海淘物流的最优解，已逐渐成为跨境商贸的重要选择。

此前，菜鸟已经在西班牙开设海外仓，从这里发出的商品，72h送达比例已经超过九成。今年"3·28"速卖通大促期间，有马德里消费者甚至在下单5h后就收到了海外仓发出的包裹。

菜鸟法国海外仓位于巴黎，覆盖能力不仅遍及全法，还可辐射西欧、北欧等其他国家。昨日，菜鸟法国仓发出了开仓后的第一单商品，仅23h便完成妥投。

海外仓的高效物流，也给中国品牌带来了更多出海机会。这些本地化发货的商品能带来更高的转化和店铺评分。小狗电器便是其中的一员。现在,小狗电器售往欧洲的货品已有近八成使用海外仓发货,基本都能实现72h送抵西欧、南欧各国。

法国仓开设后,菜鸟将在西欧、南欧市场引入更多中国商家提前备货,并将本地发货的辐射范围扩展至英国及北欧,逐步实现全欧洲72h送达。

资料来源:https://www.sohu.com/a/144885557-341962。

头脑风暴

中国企业为什么要在国外设海外仓?海外仓对推动中国的国际贸易发展有何好处?

第一节　国际物流发展变迁

一、国际物流的概念

国际物流又称全球物流,是指生产和消费分别在两个或两个以上的国家独立进行时,为克服生产和消费之间的空间距离和时间距离,对物资进行物理性移动的一项国际商品交易或交流活动,该物流活动有助于完成国际商品交易的最终目的,即实现卖方交付单证、货物和收取货款,而买方接受单证、支付货款和收取货物的贸易对流条件。

二、国际物流的产生原因

国际物流的产生,主要是因为国际贸易的需要。而国与国之间的国际贸易,则是源于同一种产品在不同国家之间的成本不同,根据英国经济学家大卫·李嘉图的成本比较理论,当一个国家生产某种产品的成本偏高时,它倾向于选择进口;当其生产某种产品的成本偏低时,它倾向于选择出口。不过,如果一个国家的生产成本与外国相比高得不多的时候,它并不一定会形成国际贸易,原因是什么呢?就是因为古代国与国之间的物流成本很高。古时候的国际物流往往是通过木船进行远距离的运输,时间长、风险大,所以那时候的贸易货物主要集中在丝绸、茶叶、瓷器、香料等各自没法生产的商品,一旦出口到另一个国家,可以获得高达几倍甚至几十倍的利润。

即问即答

一个国家的商品出口到另一个国家,需要满足哪些条件?

三、古代的国际物流

我国在明朝时有郑和七次下西洋,那时候的轮船已经很大,船队也很齐整,在一定程度上促进了我国与周边国家的贸易。不过,国际物流的大发展,还是来自欧洲。从西班牙获得独立之后,荷兰发展成为17世纪的航海和贸易强国,荷兰的商船数目一度超过欧洲所有国家商船的数目之和。17世纪中叶,荷兰东印度公司已经在全球拥有15 000个分支机构,贸易额占到全世界总贸易额的一半。悬挂着荷兰三色旗的1万多艘商船游弋在世界的五大洋之上。当时,全世界共有2万艘船,荷兰就占了1.5万艘。荷兰这个国家资源非常稀缺,它的国土总面积为 4.2 万平方公里,其中有 27% 是在海平面以下的。

不过,也正是荷兰恶劣的地理条件激发了当地人的危机意识,他们想到了通过国际贸易来赚钱。要把货运出去,就要有船,而当时英国、法国的船已经造得很大了,而且,为了防范当时的海盗,船上都安装有数门沉重的大炮。这样,它们的船就装不了多少货物。荷兰人很聪明,做贸易就得想办法节约成本,而当时的国际物流成本是一项很大的开支。他们是怎么做的呢?首先,他们拆除了船上的大炮,宁肯冒着被海盗抢劫的风险,也要多运些货物。其次,他们改造了船舷和船舱。当时,欧洲各国对国际贸易收税是根据船舷的宽度来的,于是荷兰人将船改造成鼓形,既可以少交税,又可以多拉货。荷兰人通过这一系列的创新,快速崛起,很快被誉为"海上马车夫"。

即问即答

历史上的海运贸易有哪些纳税方式?

四、国际物流大发展

随着工业革命的到来,木船被铁船替代。不断创新的技术发明,推动着轮船越造越大,航行距离越来越远。航线也成为影响国际物流的一个重要因素。1965 年,新加坡独立,此后在经济上取得快速成长,成为"亚洲四小龙"之一,一个重要原因就是它靠近马六甲海峡,轮船要从印度洋进入太平洋,经马六甲海峡可以大幅缩短航程,帮助船运公司节约时间和成本。于是新加坡在这里建设了优良的深水港,便利各国国际贸易的货物进行转运。

改革开放以来,我国的国际贸易突飞猛进,进出口货物贸易总额从 2000 年的 3.9 万亿元锐增至 2021 年的 39.1 万亿元,这也推动了我国国际物流的快速发展。2021 年,交通运输经济运行总体平稳,投资规模高位运行,港口货物吞吐量实现较快增长。2021 年,全国港口完成货物吞吐量 155.5 亿吨,港口外贸货物吞吐量约 47 亿吨,同比 2020 年分别增长 6.8% 和 4.5%。2021 年共完成港口集装箱吞吐量 2.8 亿标准集装箱,同比增长 7%,其中,港口外贸集装箱吞吐量约 1.6 亿标准集装箱,同比增长 7.5%。另外,全年开行中欧班列约 1.5 万列,发送货物 146 万标准集装箱,同比分别增长 22% 和 29%。开行国际货运航班 20 万班,同比增长 22%。完成国际航线的货邮量 266.7 万吨,国际及港澳台快递 21 亿件,同比分别增长 19.5% 和 14.6%。完成国际道路运输 4 600 万吨,与上年基本持平。中国港口集装箱运输结构中,外贸集装箱占总运输集装箱比重的 60%,国际贸易形势对外贸集装箱的影响较大,近年来的中美贸易战演化日趋激烈,对中国港口集装箱吞吐量的增长有一定影响。2000—2020 年我国历年进出口货物及港口吞吐量见表 8-1。

表 8-1　2000—2020 年我国历年进出口货物及港口吞吐量

年度	货物总额/亿元			沿海规模以上港口吞吐量/万吨		
	出口	进口	净值	出港	进港	净值
2000	20 634.4	18 638.8	1 995.6			
2001	22 024.4	20 159.2	1 865.2			
2002	26 947.9	24 430.3	2 517.6	79 736	86 891	−7 155

续表

年度	货物总额/亿元			沿海规模以上港口吞吐量/万吨		
	出口	进口	净值	出港	进港	净值
2003	36 287.9	34 195.6	2 092.3	96 344	104 782	−8 438
2004	49 103.3	46 435.8	2 667.5	115 876	13 0198	−14 322
2005	62 648.1	54 273.7	8 374.4	136 085	156 692	−20 607
2006	77 594.6	63 376.9	14 217.7	159 362	182 829	−23 467
2007	93 455.6	73 284.6	20 171	182 500	205 700	−23 200
2008	100 394.9	79 526.5	20 868.4	198 011	231 587	−33 576
2009	82 029.7	68 618.4	13 411.3	202 273	273 208	−70 935
2010	107 022.6	94 699.3	12 323.3	237 778	310 580	−72 802
2011	123 240.6	113 161.4	10 079.2	270 162	346 131	−75 969
2012	129 359.3	114 801	14 558.3	284 076	381 170	−97 094
2013	137 131.4	121 037.5	16 093.9	311 987	416 111	−104 124
2014	143 883.7	120 358	23 525.7	334 653	434 904	−100 251
2015	141 166.8	104 336.1	36 830.7	341 424	443 154	−101 730
2016	138 419.3	104 967.2	33 452.1	354 066	456 867	−102 801
2017	153 321	124 602	28 719			
2018	164 129	140 881	23 248			
2019	172 342	143 162	29 180			
2020	179 300	142 300	37 000			

国内最大港:宁波舟山港

据浙江省港航管理中心的数据显示,2021年,宁波舟山港完成年货物吞吐量12.24亿吨,同比增长4.4%,连续13年位居全球第一;同时,全港完成集装箱吞吐量3 108万标准箱,同比增长8.2%,继续位居全球第三。自2014年集装箱吞吐量超越韩国釜山港跃居全球第五位以来,宁波舟山港集装箱业务持续保持良好发展态势。2015年,宁波舟山港集装箱吞吐量首破"2 000万"标准箱,排名跃居全球第四位。2016年、2017年,宁波舟山港集装箱吞吐量增幅均保持在全球主要港口的首位。2018年,宁波舟山港集装箱吞吐量首超2 600万标准箱,首次跻身世界港口排名"前三强"。2019年,宁波舟山港不断优化集装箱航线结构,全年净增10条东南亚航线,全港航线总数达244条。宁波舟山港大力发展集装箱多式联运业务,水水中转促进内支、内贸业务稳定增长;海河联运已实现集装箱业务通过内河运输辐射至绍兴、金华和衢州等地;尤其是海铁联运业务,2019年促成了湖州西、钱清、常州、丽水 4 条海铁联运线路班列化运作,形成了 17 条海铁联运班列及多条成组线路的海铁联运线网,业务辐射 15 个省(区、市)、50 个地级市。2019 年,宁波舟山港海铁联运业务量超 80 万标准箱,为历年来首次突破"80 万箱",跻身海铁联运全国第二大港。

2019 年,宁波舟山港继续发挥天然深水优势,顺应船舶大型化之势,做好大港和大船文章,进一步巩固了国际枢纽港的地位。2018 年 11 月上旬,随着"远卓海"轮在鼠浪湖矿石中转码头顺利完成接卸,宁波舟山港自 2016 年 9 月首次接卸全球最大的 40 万吨矿船以来,已累计接卸"最大矿船"总数超 100 艘次。仅 2019 年,鼠浪湖矿石中转码头接卸 40 万吨矿船超 50 艘次,矿船接卸能力和矿石中转水平名列全国港口前茅。同时,宁波舟山港在过去一年累计接卸超 2 万标准箱集装箱船 173 艘次,同比增长 46.6%;可挂靠全球最大集装箱船的穿山港区集装箱码头年集装箱量已连续 3 年突破"千万箱",为全球港口范围内屈指可数的"超千万箱级"单体集装箱码头。

资料来源:http://jtyst.zj.gov.cn/art/2022/1/19/art-1229304975-59025401.html。

因为轮船越大,装货量的增长比远大于燃料增加比,所以现在轮船越造越大,超大型集装箱货轮可一次最多运 2.2 万个标准集装箱,超大货轮被越来越多的船运公司利用。大轮船吃水更深,对码头的要求也更高。为了吸引国际航运公司的轮船直接我国的港口停泊而不是需经其他国家中转,我国于 2005 年开始建洋山港,还为此修建了长达几十公里的跨海大桥。洋山港建成后确实吸引了众多外国船运公司停靠,集装箱吞吐量锐增。据上海洋山海关的统计数据,2021 年,洋山港的集装箱吞吐量达到 2 280 万标准箱。近年来全球港口集装箱吞吐量前 20 位排名的具体情况见表 8-2。

表 8-2　全球港口集装箱吞吐量排名

排名	2020 年	2019 年	2018 年
1	上海港	上海港	上海港
2	新加坡港	新加坡港	新加坡港
3	宁波—舟山港	宁波—舟山港	宁波—舟山港
4	深圳港	深圳港	深圳港
5	广州港	广州港	广州港
6	釜山港	釜山港	釜山港
7	青岛港	青岛港	香港港
8	天津港	香港港	青岛港
9	香港港	天津港	洛杉矶/长滩港
10	鹿特丹港	迪拜杰贝阿里港	天津港
11	迪拜杰贝阿里港	鹿特丹港	迪拜杰贝阿里港
12	巴生港	巴生港	鹿特丹港
13	安特卫普港	安特卫晋港	巴生港
14	厦门港	厦门港	安特卫普港
15	高雄港	高雄港	厦门港
16	丹戎帕拉帕斯港	大连港	高雄港

续表

排名	2020年	2019年	2018年
17	汉堡港	洛杉矶港	大连港
18	洛杉矶港	丹戎帕拉帕斯港	丹戎帕拉帕斯港
19	林查班港	汉堡港	汉堡港
20	长滩港	长滩港	林查班港

为进一步提升通关效率,洋山海关全面推行了"提前申报"通关模式,合理优化海关审单、税费征收等环节,实现查验货物"到岸查验一快速通关"流程无缝衔接,无布控查验要求的货物抵港后即放行。同时,通过数据交互,实现货物装卸、储存、交付、发运全流程电子信息化流转。凭海关电子放行信息,货物直接进入可提货状态或者装船发运,最大限度压缩在港停留时间,实现通关"零等待"。综上可以看出,国际物流的发展离不开运输工具、基础设施以及相应配套服务的完善。

微课:国际物流发展变迁

扫码学习国际物流发展变迁微课。

即问即答

国际物流与国内物流有什么区别?国际物流业务开展时的难点有哪些?

资料链接

国际物流发展史

第二次世界大战后,国际经济交流变得越来越活跃。特别是在20世纪70年代石油危机之后,最初的运输概念满足必要的货物无法适应新的要求。在此期间,系统物流进入了国际舞台。

20世纪60年代,形成了大量的国际物流,物流技术中出现了20万吨级油轮和10万吨级矿石等大型物流工具。

20世纪70年代,受石油危机的影响,国际物流不仅数量进一步发展,大型造船的趋势进一步加强,出现了提高国际物流服务水平的要求。其象征是国际集装箱和国际集装箱船的发展。所有主要航线的班轮都投入集装箱船,提高了散货物流水平,大幅提高了物流服务水平。

20世纪70年代后期,国际物流领域出现了新的局面,出现了更高水平的国际多式联运。大型船舶的发展趋势达到顶峰,有50万吨油轮,散货船约为30万吨。

20世纪80年代以前,中期国际物流业的突出特点是在物流基本没有继续扩大的条件下出现了"精品物流"。物流自动化水平提高了。

与此同时,随着新时代人们需求观念的变化,国际物流专注于解决"小批量、高频、品种"的物流问题,现代物流不仅涵盖了大量商品、集装箱杂货,还涵盖了各种商品,基本涵盖了所有物流对象,并解决了所有物流对象现代物流问题。

20世纪80年代,国际物流领域的另一个重大发展是物流信息和电子数据交换(EDI)系统,伴随着国际多式联运的出现。信息的作用,使物流向更低的成本、更高的服务、更大的量化、更精细化的方向发展,这个问题在国际物流中比国内物流业绩更突出,几乎每个物流活动都有信息支持,物流质量取决于信息,物流服务依靠信息。可以说,国际物流已进入物流信息时代。

20世纪90年代,国际物流依靠信息技术的发展来实现"信息化"。信息在国际物流中的作用依赖于互联网公共平台渗透到各个相关领域。

与此同时,新的全球卫星定位系统、电子报关系统问世。在此基础上,信息系统建立了国际供应链,形成了国际物流体系,进一步提升了国际物流水平。

国际物流主要采取以下方法。

1. 大陆桥运输

"大陆桥"是连接两段海上运输的陆路运输,主要指国际铁路运输和海运。目前有两座大陆桥由中国陆地运输。一个是新欧亚大陆桥,在中国长度为4 131km,于1990年开放。大陆桥从中国东部的连云港出发,连接荷兰的鹿特丹港。它横跨亚洲、欧洲,联结太平洋与大西洋。全长10 800km,穿越中国中部各省。另一个是西伯利亚大陆桥,也被称为欧亚大陆桥。大陆桥长9 300km,是一座从远东穿过西伯利亚铁路前往欧洲的大陆桥。它的整个过程分为三条运输线:第一条主要是西伯利亚铁路运输,辅以伊朗和欧洲的铁路运输;第二条是西伯利亚铁路西部港口和苏联;第三条是从西伯利亚铁路起,经欧洲高速公路,到瑞士、德国、法国和意大利的铁路和卡车运输。大陆桥在中国的满洲里和二连浩特均有接口。

大陆桥运输可以实现"门到门"的运输方式,运输业承担着运输的责任。运输速度快,运输里程短;运输过程中的存储和装卸费用相对较低;物流运作的质量保证满足托运人的要求。

2. 国际多式联运

国际多式联运也称国际一致运输,是国际上多种运输方式的联合运输。这种运输是承运人的责任,使用国际多式联运合同组织各种运输工具进行跨境联合运输。1980年颁布的《联合国国际货物多式联运公约》规定:"国际多式联运是指按照多式联运合同,以至少两种不同的运输方式,由多式联运经营人将货物从一国境内接管货物的地点运至另一国境内指定交付货物的地点。"

国际多式联运,因为它是承运人的责任,程序简单,运输环节紧密相连,可实现多功能"门到门"物流。因此,与Continental Bridge运输一样,速度快、费用省、质量好。

除上面介绍的两种国际物流方法外,还有海运、国际空运、国际货运代理、国际铁路运输。

资料来源:https://www.51test.net/show/1557332.html.

第二节 跨境电商物流模式

随着跨境电商的兴起,跨境电商物流近年来也呈现出快速发展的势头。所谓跨境电商物流是指网上平台销售的物品从供应地到不同国家地域范围接收地的实体流动过程,它包括国际运输、包装配送、信息处理等环节。跨境电商物流业务流程如图8-1所示。

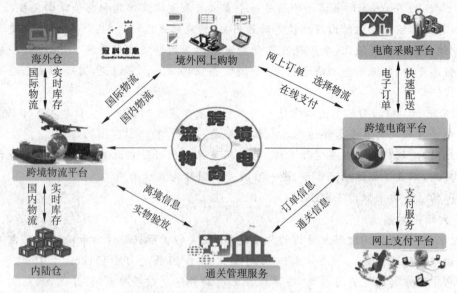

图 8-1 跨境电商物流业务流程

一、跨境电商物流服务现状与问题

与传统的国际物流相比,跨境电商由于量少频次多,物流业务处理相对较为麻烦。据统计,跨境电商物流短板还是比较明显的,主要存在交(货)期长、时效不稳定、渠道长、"过程黑箱"清关难、货损频率高、退换货和维权难、物流企业不规范经营,以及跨境电商从业者对跨境电商物流认知不足、物流成本高等问题。

1. 跨境电商物流交(货)期长、时效不稳定,严重影响跨境电商产品海外市场竞争力

跨境电商物流的主要渠道——邮政小包或仓储集货的交货期通常为 20～30 天,如过程不顺利,甚至要超过半年才能将货物投妥,与当地 1～3 天的交货期相比毫无优势可言。国际 e 邮宝渠道到达欧美主要地区需 10～15 天,到达俄罗斯等地至少需 45 天,而交货期短的商品多为经由保税仓、需求量大的日用消费品。此外,跨境电商物流旺季时突显物流产能严重不足,严重爆仓、物流系统瘫痪,交货期无限后延。长达数天、数周甚至数月的交货期等待,对海外消费者的耐心是一种极大的考验,大幅降低了消费者的购物体验。同时,漫长的交货期也增加了物流出问题的概率,削弱了跨境电商产品海外市场竞争优势,阻碍了跨境电商的发展。

2. 跨境电商物流渠道长、环节多

跨境电商物流属于国际物流,进出口报关、商检是必经环节。很多跨境物流代理公司承接货物后并非自己运作,而是层层转包,中间商多,往往几经转手,才能到达海关或消费者手中,物流渠道拉长,人为导致国际物流环节增多。货物经手人太多,导致转运时效降低,物流风险增加。

3. 物流追踪困难,形成跨境电商物流"过程黑箱"

跟踪难是跨境电商物流中众所周知的痛点。跨境电商物流尤其是境外段难以跟踪,特别是在一些非主流语言国家或是经济发展落后地区很难查到物流信息,如俄罗斯及物流发展非常落后的国家,即使有货运单,也不一定能够查找到货物的物流信息。物流过程中的货

物信息在许多物流渠道中一直无法更新,形成物流"过程黑箱",信息不透明,卖家和消费者在此期间无法掌握物流的具体进度,以至于出现货物掉坑里也无人知晓的笑谈。

4. 清关难是跨境电商物流的硬伤

清关是跨境电商物流不能跨越的作业环节,跨境电商货物需要通过出口国海关和目的国海关两道关卡,正式清关需缴纳进出口环节税,且清关时间长。各国海关政策不同,有些国家海关申报手续烦琐、时间长,费用支出也非常高。经常发生进口国海关扣货查验,处理结果通常是直接没收、退回货物或再补充报关材料。没收或退货的结果非大型跨境电商企业往往无以承受,补充报关材料将延误货物交货期,消费者可能取消订单或拒绝付款。出现清关问题的主要原因包括:不符合进出口国监管制度规定;进口国贸易壁垒,有些国家每件货都要求开箱查验,有时即便报关文件齐全也被视作造假;有些国家信息技术落后,没有海关信息系统,清关靠人力,效率严重低下。

5. 跨境物流货物破损、丢件率高,退换货及消费者维权难度大

跨境物流中因多种原因导致货损率高,产生退换货需求,跨境电商退换货是难题。邮政小包等多种物流渠道无退换货服务;转运模式下无原路退货通道,收货人是转运公司,退货需转运公司合作,但转运公司可能不协作;退换货相当于买家出口、同时卖家再进口,需要再次报关并分别办理出口退税和缴纳进口环节增值税、消费税、关税,海关可能还要查验货物,过程烦琐,时间漫长;直邮模式下退货买家要支付高昂费用;即便是公认退货便利的海外仓模式,因"跨境"的性质、退货需办理出口和退税手续,同样流程烦琐、耗时长。不管何种方式退货,退货费用均高于正常物流成本,因为退货无正常发货的数量折扣。规模不大的跨境电商企业抗风险能力一般较差,货物损失不仅增加其经营风险,还将影响经营的稳定性和企业持续发展,同时还影响买家购物体验和对企业的信任。我国对跨境物流市场的监管尚不完善,发生货损后只能按物流公司的规定赔偿,消费者可能维权无门。

6. 跨境物流企业服务水平参差不齐

目前大型电商平台和第三方物流企业服务比较专业、运作比较规范,但中小物流企业的服务还存在诸多问题:第一,部分物流企业缺乏服务与诚信意识。如有的企业承诺使用快捷、价格昂贵的空运,实际却使用成本低廉但耗时长的海运,收取空运的费用,提供海运效率的服务,获取更大的价差;有的企业假日无人服务,客户服务或投诉电话形同虚设,物流进程无法实时掌控;还有诸如企业员工调包货物、货损拒不赔偿等。第二,作业不规范。跨境物流中很多货损、丢件问题是由于物流作业人员素质参差不齐、培训监管不到位等原因导致的暴力作业、服务不规范造成的。第三,从服务内容上说,跨境物流增值服务仍不能满足客户需求,跨境物流需要更多的物流增值服务,如代收货款、代购保险、代理报关报检、理赔等。

7. 跨境电商从业者对跨境物流认知不足

我国跨境电商从业者有两部分:一部分是由传统B2B外贸企业转型而来的,此群体对跨境物流有一定了解;另一部分是原国内"80后"和"90后"电商卖家,也是跨境电商从业者的主要构成部分,此群体惯性地以我国电商物流的标准认知和要求跨境物流,误认为跨境电商物流能同国内电商物流一样提供"一站式"的高水平物流服务,但跨境电商物流远比我国境内物流服务复杂且难度大,物流服务内容、服务水平、服务质量等都无法与国内物流相提并论。由于跨境电商从业者对跨境物流现实认知错位,低级错误时有发生,如填错商品报关代码,造成物流进程受阻,严重拉低跨境物流服务的质量,给跨境卖家带来多种困扰和损失。

8. 物流成本高

跨境物流成本占销售成本的三成左右。跨境电商领域高昂的物流成本严重制约了行业发展。以联邦快递（FedEx）为例，500g商品从中国运送到美国，需要快递费307元，且需另收关税、附加费和燃油附加费。有的企业要另收快件处理费，如果再加上退换货的逆向物流部分，跨境电商物流成本将是正常物流成本的3倍以上，以至于经常出现一笔订单的利润还不够支付快递费用的现象。跨境电商贸易产品需要与海外本土产品同台竞争，如果卖家将物流成本分摊到商品价格中，那么商品价格更高，在海外激烈的市场竞争中，卖家的商品将失去竞争优势，从而影响销量。

二、跨境电商物流渠道分析

当前我国跨境电商可用的物流渠道有海外专线、海外仓或边境仓、跨境电商平台物流、仓储集货物流等。

（一）国际小包

1. 邮政小包

邮政小包针对4kg以下的货件，利用遍布世界各地的万国邮政系统运送货物。目前是零售跨境电商企业使用最主要也最普遍的物流渠道。

（1）优点。①运送范围广。邮政系统的物流网络是公认的最具广度和深度的，覆盖了全世界大多数国家和地区，能够将货物送达全球200多个国家和地区。②手续便捷。货物投递之后，邮政公司将代为完成后续所有手续，如商品检验、清关等。③费用低。邮政小包在所有跨境电商物流渠道中费用较低，仅次于国际e邮宝和有些海外专线。例如，寄往美国的普通小包85元/kg，如果加寄挂号每件加收8元。④费用核算简便。邮政小包采取全球统一定价，无首重、续重之分。⑤清关能力较强。邮政小包具有比较强的清关能力，可有效节省关税。

（2）缺点。①速度慢。邮政小包是所有跨境电商物流渠道里速度最慢、时效最差的。此渠道寄往欧洲和美国通常需要20多天，有些甚至需要30天。②寄送货物种类有限制。按规定，邮政小包不能寄送液体和粉末状物品，现在大多数用来寄送纺织品、电子类相关产品等。③寄送重量有限制。邮政小包每个包裹限制在4kg以下，超过4kg的不能寄，或者要分件。例如，消费者一次购买了18kg货物就要分拆成5个包裹。部分第三方物流公司（如深圳海拓通供应链管理有限公司）的邮政小包服务重量限制在2kg以下。④物流跟踪能力弱。邮政小包没有及时信息跟踪，除非邮寄时加投挂号，查询货物状况还需要书面申请，反馈信息滞后。货物出境后，无法跟踪货物状态，无法得知货物是否交货，售后服务难度加大。⑤价格波动大。物流价格因货物种类、季节和时期、业务量等不同而不同，且差异大，小客户优惠少。

2. 国际e邮宝

国际e邮宝是跨境电商平台卖家提供的2kg以下货物更具性价比的、专门针对美国、英国、澳大利亚、俄罗斯等国家开通的物流服务项目。国际e邮宝的特点：①速度比中国邮政小包快；②费用比邮政小包更便宜，不同物流公司费率略有差异，运费约0.08元/g，以件为单位收取处理费，每件7元；③手续方便，卖家直接在电商平台下单，邮政工作人员上门揽收货物，卖家也可以自行将货物送到指定网点；④提供全程信息跟踪服务；⑤清关能力较邮政小包弱。

(二) 国际快递

1. EMS 国际快递

与一般商业快递不同,EMS 是由万国邮政联盟体系提供的国际快递服务。

(1) 优点。①速度较快。货物从中国运往欧美为5~7天。②清关能力强。在海关和航空部门等有优先权,通关速度快,关税少,能运出关的东西种类多,如名牌产品、手机、MP3、电池等其他公司不能受理的货物通过此渠道可以正常清关。③价格稳定、计费简便,没有附加费。④具备较先进的信息处理能力。已自建物流信息处理平台并与万国体系衔接,可做到EMS货件世界范围内跟踪和信息查询,具有网站、短信、电话三位一体的实时信息查询系统。⑤网络覆盖广。EMS 国际快递全世界通邮,可将货物送达全球。

(2) 缺点。①运费较高。1kg货物寄往美国运费约355元。②查询网站信息滞后,一旦出现问题,只能书面查询,时间较长。

2. 国际商业快递

主要有 UPS、FedEX、DHL、TNT 四个实力强大的跨国快递公司。国际商业快递优势明显,高效安全、专业、服务可靠,清关能力较强,能够全程跟踪并提供即时信息服务和门到门服务。缺点就是价格昂贵,可供海外消费者选择的快递公司少,清关产品受限。

(三) 海外专线

海外专线主要有跨境电商平台海外专线、第三方物流企业海外专线两种。大多设置了出口仓库,在仓库完成物品的理、拣、配和包装,采取航空集中托运方式,根据货物流向,统一订购飞机舱位、统一分拣、统一发货,在海外使用邮政系统投递货物的方式。目前主要在欧洲、美国、中东、俄罗斯、澳大利亚等国家和地区开通了海外专线。

1. 优点

①速度比邮政小包快。②运输费用低廉。专线物流是所有跨境电商物流渠道中费用最低的。例如敦煌网的 e-ulink 海外专线,0.5kg 货物出口到美国的价格是 63.28 元,大幅低于邮政小包计费标准。③手续简便。卖家可以直接在平台下单、付费,统一安排发货。④清关能力较强。大多数开通专线物流的企业清关能力强而且便捷。第三方物流公司的海外专线则在物流配送上更具专业性,如俄速通(XRU)的俄罗斯专线清关、物流配送服务均比较专业。

2. 缺点

①覆盖范围窄。海外专线目前主要在美国、欧洲、俄罗斯等国家和地区。②可能出现运送延迟,境外终端市场配送业务基本上由海外邮政企业负责,企业无法控制其物流过程。③有寄送物品种类限制。限制喷雾容器、彩票、液体及粉末、军火、易燃物品、有毒物品;禁寄酒精类饮品、药物、烟火及爆炸品、弹药、其他仿制品或者未经授权产品等。④售后服务较差,目前大多数海外专线公司不接受退货。

(四) 海外仓

海外仓模式是跨境电商平台或第三方物流企业在海外选择人工成本和仓租有优势的地区设置仓储中心,在消费者下单前预测海外仓库存需求,预先通过国际运输将货物从卖家所在地发往消费者所在地的海外仓,消费者购买后,货物从海外仓储中心出货,使用当地邮政系统配送到消费者。海外仓包括电商平台海外仓和第三方物流企业海外仓两种。目前海外仓主要建设在美国及欧洲主要国家和地区。边境仓运作模式类似于海外仓。

1. 优点

①大幅缩短交货时间。海外仓渠道中,消费者下单后,直接从其所在国发货配送,交货只需1~3天,交货速度与当地物流速度无异,大幅缩短了投递时间,与其他方式二三十天的交货时间相比优势显著,打破了跨境物流时效瓶颈。②提供良好的售后服务支持。海外仓地处消费者终端,为退换货等售后服务提供了便利,大幅降低了成本、节约了时间,能提高消费者满意度。③增加了跨境电商销售商品种类。国际小包、国际快递等跨境物流方式由于受航空禁运和货物重量限制,运输货物种类、数量、单件货物重量均有限制。海外仓由于采取预先将货物发往海外的方式,时间宽松,区别于其他跨境电商物流的空运方式,可以采用海运,不受空运禁运条例限制或高昂空运费制约,也没有邮政或国际商业快递重量限制,可寄送的产品种类和数量几乎不受限制。④降低了运输成本。国际运输费用是跨境物流成本的主要组成部分,海外仓方式下长途跨境运输以海运替代空运,海运是所有运输方式中运费最低的,因此运输成本大幅降低。⑤提供便利的售后服务,消费者可获得良好的购物体验。靠近目标市场的海外仓渠道通过缩减交货期及便利的售后服务等,使消费者获得更好的购物体验,提升卖家市场竞争力和销量。根据目前国内跨境电商平台获得的数据,对比海外仓发货和从中国发货的情况,相对而言,海外仓方式更受消费者信赖。

2. 缺点

仓储成本高,库存控制难。首先,海外设置仓库与国内集中发货相比,仓租成本与人力资源费用更高。如果自建海外仓,初期投入较大。其次,海外仓存货控制难,存货成本增加。海外仓存货控制的难点在于供货地离库存中心路途遥远,风险高,且供货前置时间长、不确定性大,缺货概率增高,进而交货期长,不能发挥建仓优势。如果将供货前置期延长,有可能因货物过多而造成库存积压、占用流动资金、管理成本大幅度提高等不良效果,如果销售不佳,再进行区域间库存调拨、退货等操作,成本将更高。一般情况下,海外仓仓储成本比传统运输成本要高三成。

扫码学习海外仓微课。

微课:海外仓

(五) 其他物流渠道

其他代表性的物流渠道还有电商平台自营物流和仓储集货服务。例如,亚马逊将自身平台开放给平台上的卖家,将其库存纳入自身全球物流网络,为其提供包括仓储、拣货、打包、配送、收款、客服与退货处理的一条龙式物流服务,从中收取服务费用。仓储集货服务类似邮局的信件处理方式,集腋成裘,到达同一城市或地区的订单积累到一定量后再集中装运发货,到达目的地分发中心后再各自派送。

根据以上分析,可以得出适合做海外仓的产品需符合3个条件:①尺寸、重量大;②单价和利润高;③高人气。例如灯具、户外产品、工具类、家居必备用品、母婴用品等,见图8-2。

随着各国电商产业的快速发展,跨境电商物流势必会不断衍生出新的运作模式。企业应该在物流作业成本和物流反应速度两个维度进行重点研究,找到服务质量与收益回报之间的平衡点,才能不断提升自身的竞争力。

每种物流渠道各有利弊,优劣各不相同。邮政小包费用低、手续简便、网络覆盖广、清关

图 8-2 适合海外仓的产品

能力强,但是速度最慢、风险最高,价格波动也较大。国际 e 邮宝速度比邮政小包快,费用也比其便宜,且手续简便,能全程进行物流跟踪。EMS 国际快递属于速度较快、通关能力强、网络覆盖广、成本较高的中高端产品,同时由于货物不计体积,是轻泡货物的最佳选择。海外专线经济实惠,价格向邮政小包看齐,速度时效与商业快递相差不大,全程有信息跟踪服务,性价比非常高。海外仓离终端市场最近,交货速度最快,风险最低,费用也较低,能够给市场提供非常丰富的产品,给客户提供最好的售后服务和最佳的购物体验,但目的国仓储运营成本高,初期投资大。国际商业快递的优势和劣势都很明显,速度快、作业规范、物流跟踪能力强但价格高昂。跨境电商物流各渠道优劣对比见表 8-3。

表 8-3 跨境电商物流各渠道优势对比

指标	邮政物流			第三方物流			跨境电商平台自营物流	
	邮政小包(4kg 以下)	国际 e 邮包(2kg 以下)	EMS 国际快递	国际快递	专线物流	海外仓	专线海外	海外仓
速度	最慢	较慢	较快	最快	较快	快	较快	快
清关能力	强	较弱	强	较强	较弱	较强	较弱	较强
成本费用	低廉	最低	较高	最高	最低	较高	最低	较高
交货期(以去欧美为例)	20~30 天	7~12 天	5~7 天	3~5 天	4~10 天	1~3 天	4~10 天	1~3 天
安全性	较低	较高	较高	高	一般	最高	一般	最高
商品种类	较多	较多	较多	较少	一般	多	一般	多
重量限制	4kg 以下	2kg 以下	30kg 以下	不等	各线不等	较少	各线不等	较少
信息跟踪	差	好	较好	最好	最好	较好	最好	较好
网络覆盖	最广	很少	广	较广	很少	很少	很少	很少
手续是否简便	简便	较简便	简便	简便	简便	较简便	简便	较简便
价格稳定性	差	较好	较好	较好	较好	较好	较好	较好

续表

指标	邮政物流			第三方物流			跨境电商平台自营物流	
	邮政小包（4kg以下）	国际e邮包（2kg以下）	EMS国际快递	国际快递	专线物流	海外仓	专线海外	海外仓
售后服务（退换货）	差	较差	较差	好	较差	最好	较差	最好
购物体验	差	较差	一般	较好	一般	好	一般	好

三、跨境电商物流渠道选择

跨境电商物流服务仍然存在诸多问题，物流渠道各有优势和长处，但也各有劣势和短板。跨境电商企业选择物流渠道需知己知彼，扬长避短。

（一）跨境电商物流渠道选择的基本原则

1. 以消费者需求为出发点

跨境电商卖家应根据消费者物流需求决定选择何种物流渠道，除了要让消费者满意，还需最大限度地降低成本。按照物流二律背反理论，高水平的服务意味着高成本。在服务水平和成本之间取得平衡，应以消费者满意为导向。消费者满意与否，与物流服务水平高低没有必然关系，但与其得到的服务跟预期是否相符紧密相关。消费者得到的服务与其预期越一致，则越满意；反之，则越不满意。所以，要使消费者满意，首先要明确消费者需要什么，一切应从跨境电商消费者的需求出发。如消费者对时间要求不高，则无须选择快捷但成本高昂的商业快递；相反，如果消费者对时间要求很高，那么速度与交货时间将成为选择物流渠道的主要因素，如有必要，即便成本再高，也得选。

2. 系统性原则

系统性原则又称整体性原则，把决策对象视作一个整体，以决策对象整体目标优化为准绳，协调系统中各部分的相互关系，使整体达到最佳状态。在决策时，应以系统的总目标协调各个小系统目标，追求整体最优而不是局部最优。跨境电商物流需求有多种目标，快速、安全、成本低、价格稳定等，在选择跨境电商物流渠道时，要采用系统性思维和方法，把影响物流渠道选择的各个要素和诉求目标作为一个整体进行考虑，权衡利弊，取得综合最优效果。在选择物流服务时，不能一味要求成本低，还需保证物流的质量。例如，有的卖家不遵循系统性原则，只选择价格最低的物流渠道，找非专业、不规范的物流公司合作，不但速度慢，还经常丢件，承诺的服务无法兑现，结果非但无法顺利交付货物，还要承担损失。

3. 战略性原则

跨境物流渠道选择的效益要与企业长远、全局性的战略目标一致，符合企业在跨境电商市场的战略抉择。企业为了打开市场、提高市场占有率、提升产品或品牌竞争力，需要高质、高效的物流服务。高水平物流服务意味着高成本，会降低企业利润，但为了企业长远发展，暂时的高成本和利润牺牲是值得的，物流渠道选择获得的效果必须与企业战略方向一致。

4. 经济性原则

经济性原则是指以最低代价获取最优效果为标准评估公共关系方案的原则。即在满足消费者需求的前提下,尽量选择物流成本最低的物流渠道。例如,同为快递,EMS 的交货期、服务水平、安全性等方面都不如四大国际商业快递,但 EMS 的价格优势却非常明显,可成为中高端服务的经济性选择。

5. 把选择权留给消费者

买家的情况和需求千差万别,跨境电商卖家不可能全部考虑到,为真正做到以消费者需求为出发点,可以把物流渠道选择权交给买家,因为买家综合考虑各项因素后做出的选择,更能满足其需求与预期。

(二) 选择跨境电商物流渠道需要考虑的因素

影响跨境电商物流渠道选择的因素主要包括商品属性、物流渠道网络范围、物流渠道清关能力、客户需求、交货时间、交易频率、交易规模、企业经济实力等。

1. 商品属性

商品的物理属性、化学属性、经济属性影响物流渠道选择。商品的物理属性包括体积、重量、密度等,化学属性如危险品的爆炸性、毒性等,经济属性包括货物价值大小、品质高低、性能好坏、包装档次等。有许多物流渠道对寄送货物有条件限制,限定了商品属性,如不能超过一定重量,不能运输危险品、粉末状产品、低价值货物等。商品属性直接限定了可选择物流渠道的范围,是选择物流渠道应考虑的第一要素。

2. 物流渠道网络范围

各物流渠道有自身定位和经营范围,其网络覆盖面是不一样的。有的物流网络广泛,几乎可以通达全球任何一个地方;有的物流网络狭窄,仅覆盖少部分国家或地区。电商企业选择的物流渠道需覆盖目标市场,否则货物是无法送达的。物流网络范围是影响物流渠道选择的决定性要素之一。

3. 物流渠道清关能力

跨境电商属于国际贸易,必然涉及报关和商品检验,要求物流渠道能顺利实现进出口货物通关。各种跨境电商物流渠道通关能力存在明显差异,不能选择不适合物流标的通关的物流渠道,如食品在海外专线不能顺利通关。因此,物流渠道清关能力也是物流渠道选择的决定性因素之一。

4. 客户需求

物流宗旨是使消费者满意,因而必须从跨境电商消费者的需求出发,以其需求为中心。同一种产品,同样的物流任务,不同收入水平、不同时间成本的消费者,其需求也可能不一样,所以还需要研究消费者偏好。除决定性因素之外,客户需求是选择物流渠道时最重要的因素。

5. 交货时间

交(货)期是影响跨境电商物流渠道选择的重要因素。交货快慢是消费者关注的重点,交(货)期是衡量物流服务水平的关键指标,也是决定客户满意度和客户购物体验的重要因素。各跨境电商物流渠道的交期差异较大,正常情况下,最快的一两天,最慢的 20~30 天,选择物流渠道要考虑交期能否满足需求。交货时间必须与跨境电商各物流渠道的物流时间长短相联系,保证按时交货。

6. 交易频率

交易频率高低,决定了物流服务需求的次数,基本确定了物流服务模式与物流企业合作方式。各跨国物流渠道运作模式不同,适合不同交易频率的物流需求。从经济性角度考虑,物流需求次数少,可以选择委托或外包物流服务,如同偶尔用车而不是经常性用车,则无须买车,可选择打车、租车等方式;反之,业务频率高,物流需求次数多,需要使用物流资源、物流系统的频率高,"买车"将是最佳选择,适合选择少数几家物流企业,建立长期稳定的合作关系,从而获得更有保障的服务和价格优惠。当然,自建物流系统也是一种选择。

7. 交易规模

物流具有规模效应,物流量大,则物流成本低;物流量小,则物流成本高。各跨境物流渠道单件货物重量限制不一,适合不同货物批量的情况。例如国际 e 邮宝单件货物限重 2kg 以下,邮政小包单件货物限重 4kg 以下,只适合小批量、零星、散货物流,不适合大批量货物。因此,选择物流渠道必须考虑跨境电商交易规模大小。

8. 企业经济实力

经济实力是影响物流渠道选择的因素之一,有些跨境电商物流渠道门槛比较高,要求投入大。如海外仓渠道,海外仓储中心建设成本高,要求企业实力强。

以上八大要素中,商品属性、网络覆盖、清关能力是跨境物流渠道选择的决定性因素,客户需求是主要考虑因素,顾客偏好、物流安全及信息跟踪也将影响跨境电商物流渠道选择。

(三) 跨境电商物流渠道选择建议

根据跨境电商物流现存问题、跨境物流渠道特点及影响跨境物流渠道选择的因素,综合提出跨境物流渠道选择建议。

1. 根据商品属性选择物流渠道

从商品物理、化学和经济属性角度,考虑物流渠道能否接纳,选出可用物流渠道,排除不可用物流渠道。首先,从物理属性看,很多跨境物流渠道均有寄送条件限制。如邮政小包限重 4kg 以下,如果超过重量限制,就必须将货物拆分成多件,而卖家和消费者能否接受,这是需要考虑的。例如,对于体积庞大的货物,EMS 国际快递因按重量而非按体积计费因而成为最佳选择;带电的、带粉末的护肤品等,不能走国际商业快递等。其次,从经济属性看,如果货物价值低,消费者一般可以接受较长交期和繁杂退换货程序,对信息服务要求不高,卖家则可选择速度不快但运费低廉的物流渠道(如邮政小包等),而不适合选择运费高昂的国际商业快递或海外仓渠道;如果货物价值高,消费者一般偏好投递时间较短、退换货比较方便,则可挑选速度较快、服务更好的物流渠道,如商业快递、海外仓等。同种产品,消费者再次购买时,可能会更换成经济实惠但服务水平不高的物流渠道。同种货品适合的物流企业很多,电商企业可采用系统性原则择优而选。总之,跨境物流渠道选择,首先要根据商品属性锁定可用物流渠道,再考虑满足其他要求。

2. 根据清关能力选择物流渠道

根据对跨境电商物流问题的分析结果,跨境电商物流清关环节存在多种问题和不确定性,跨境电商企业应从以下 3 个方面考虑选择物流渠道。①自身报关、商检知识储备和对海关监管政策认知程度。如果不熟悉进出口通关业务、不了解相关国家海关政策,最好选择报关报检专业、服务好、能量强大的物流渠道,因为现实中有一定比例的跨境电商物流问题是跨境电商企业对进出口报关业务不熟悉和失误而造成的。②必须考量自身货物特点及清关需求,明确需要物流渠道提供的物流服务,据此筛查可用的物流渠道。③了解物流渠道清关服务范围和内容,评估其清关能力,选择能胜任清关任务的渠道。不同物流渠道清关能力存在较大差异,清关服务范围和内容也不同,不是所有的通关服务物流企业都能提供,跨境电商企业在选择之前应准确考察而不是泛泛了解,否则会产生错误认知。如普遍认为四大商业快递有专业清关渠道、通关快捷,但实际上因种种原因,商业快递货物扣关率高居不下,因此需对物流渠道清关能力做出正确评估。总而言之,为了能顺利通关、跨境电商企业必须做到知己、知彼、知海关监管政策。

3. 根据消费者需求选择物流渠道

跨境电商企业要从消费者角度出发进行全面考虑,包括交(货)期、安全、成本、信息跟踪、清关能力等,尽量满足买家需求。

(1) 尽量在消费者期望时间内交货,满足其时效要求。物流时效包含两层含义:一是物流时长;二是物流时间的稳定性。时间稳定性也有两层意思,即物流活动时点相对固定和物流活动耗时相对稳定。拥有较高收入水平和时间敏感性的消费者,倾向于选择配送时间较短的物流渠道,对物流价格较不敏感。如果交期短,则应选择高效、快速的物流渠道,如海外仓渠道交货时间通常只需要1~3天,是所有物流渠道中交货最快的;如果交期要求不高,则可选择成本更低的方式。物流是不是越快越好呢?答案是否定的,评判的标准不在快慢而要看是否符合客户的预期,时效越符合消费者期望越好。针对跨境物流存在淡旺季问题,卖家可在淡季选择物流服务商来为旺季做准备,在旺季考察物流服务商的承运能力以及服务和管理水平。

(2) 安全送达。派送安全、稳妥,可以避免货物破损、丢包,以及因无法按时交货而引起的买卖双方纠纷等很多不必要的售后麻烦和损失。跨境电商企业可以实地了解物流服务商的作业是否足够专业,整体看其物流通路、经营模式,国内考察仓储集货、通关,国外考察配送质量和过程可控性,尽量选择安全可靠的物流渠道。

(3) 在满足物品安全和时效的情况下,选择物流费用最低和收费公道、规范的物流渠道。降低成本是所有跨境电商企业的需求,较低的物流成本能提升卖家产品竞争优势。物流价格稳定是跨境电商卖家的需求,有些物流企业的价格随着淡旺季更替而变动。如果货物多、物流价格中又包含十几套价格、另外再加十几种限制条款,一年下来价格再变动若干次,那么成本就难以核算和控制。此外,必须考虑是否有运输费用以外的隐藏费用,是否收取D类报关费,轻泡货如何计费等。可要求供应商清晰地列出各类收费项目和计费方法,必要时可纳入合同细节之中,以便于成本核算。总之,要求物流价格公正、透明、稳定、核算简便。

(4) 尽量选择能够实施物流跟踪的渠道。很多卖家非常在意能不能进行物流信息跟踪,可以多角度了解跨境物流服务商物流追踪能力。例如,考察有无货物追踪服务承诺与物流信息技术,设备及网络,是否有海外服务网络。及时、精准的物流跟踪能尽早发现问题,及时干预,降低风险和损失,减少买卖纠纷,让消费者获得良好的购物体验,让卖家店铺获得好评。

(5) 由买家决定选择何种物流渠道,是以消费者需求为出发点的体现形式,卖家可提供多个物流渠道选项,由消费者自行决定。

4. 根据交易频率、交易规模、交易市场广度、经济实力选择物流渠道

跨境电商卖家如果商品成交频率不高,可以根据物流渠道选择原则和考虑因素选择物

流渠道；如果成交频率较高、交易规模较大，有稳定的市场和足够的经济实力，希望提高客户满意度，可以选择海外建仓或租仓。如果小型卖家交易频繁，可以选择海外仓储服务公司、第三方物流国际仓储服务方式。鉴于海外仓的仓储成本高、运营管理复杂等现实问题，外贸平台卖家可建立中小企业联盟共同租用仓库，实现当地发货，从而突破跨境电商物流瓶颈。业务量少的中小企业可以选择电子商务平台或第三方物流平台海外专线渠道。

5. 根据服务质量和水平选择物流渠道

物流服务商水平参差不齐，存在众多低质货代企业。服务性是物流的基本属性，跨境电商卖家最好选择服务水平高的物流渠道，选择服务项目齐全、诚信经营、运作规范、手续简便、服务便利的公司。整体来说，要考察物流企业是否具有服务意识、能否以客户为中心、物流运作是否规范、有无质量认证及服务产品尤其是增值服务的广度等。具体来说，即是否有足够可用的增值服务，寄递货物的手续是否方便，能否提供一站式服务，营业时间是否便利，能否上门收件，是否主动解决问题等。物流企业服务细节决定了其是否值得信赖。专业、优质的物流服务商可提供物流增值服务，如在卖家进驻跨境电商平台或开发海外市场时提供咨询服务或者经验分享，有利于跨境电商卖家业务的顺利开展。此外，跨境电商卖家应根据物流渠道的网络范围选择能覆盖目标市场和销售地的物流渠道。

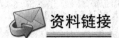 资料链接

中国快递"出海"充满机遇 跨境电商快速发展

海关总署税收征管局（上海）统计数据显示，2019年上半年，全国跨境电商零售进口商品清单达2.2亿份，货值456.5亿元，同比分别增长20.9%和24.3%，远远高于同期全国货物贸易进口1.4%的增幅。货值同比增幅超两成，说明越来越多的我国消费者热衷于跨境电商买进口商品，其日常生活与跨境贸易的关系越来越密切。统计数据还显示，2019年上半年，我国消费者共计通过跨境电商平台单次购买2 000～5 000元进口商品80.8万份，货值23.17亿元，而全部货值客单价也达到了207.5元，远超国内网购平均水平。

据了解，随着互联网的高速发展，国民消费的升级，越来越多的用户对于产品质量和产品种类的要求提高了，推动了跨境电商市场的发展，而海淘成为消费升级的重要标志，也为国人的购物提供了新的选择。

事实上，跨境电商模式不断丰富创新。从政策层面，我国鼓励B2B的跨境电商出口模式，2018年9月，财政部、税务总局、商务部、海关总署联合发布的《关于跨境电子商务综合试验区零售出口货物税收政策的通知》中明确提出落实"无票免税"政策，出台更加便利企业的所得税核定征收办法，完善跨境电商统计体系。不过，随着跨境电商的快速发展，用户规模、市场规模的不断扩大，行业发展随之却衍生了一系列问题，其中最为突出的跨境电商因物流时间长、安全性等问题频频遭受质疑。

跨境物流成问题"重灾区"

近年来，我国跨境电商蓬勃发展，商品货值屡创新高，个性化、高品质的消费需求突显，海外留学、旅游、文化的输入都为新一代海淘创造了文化环境，而跨境电商作为未来一个新的经济增长点，蕴含着巨大机会。

艾媒咨询数据显示，2018年中国海淘用户规模超1亿人，2019年中国海淘用户规模近1.5亿人。但是，在跨境电商的快速发展下，行业发展面临的问题层出不穷。有业内人士表示，虽然《电子商务法》从电子商务经营者、电子商务合同、解决争端等问题上加强了对跨境电商的市场规范，维护了消费者权益，但是在海淘转运过程中，消费者遇到商品丢件、损坏、清关时间长、久不配送、收费不合理、假冒产品等问题将愈演愈烈。

根据《跨境电商消费者权益保护课题调研情况报告》调查数据显示，跨境网购消费者遇到的物流问题占比达21%，成为第二大消费者投诉的热点问题。转运是海淘的重要物流模式之一，物流时间长、清关时间不一、丢件概率大、无政策规范是海淘转运行业目前存在的痛点。

据电子商务消费纠纷调解平台用户投诉案例库显示，田女士于2018年在"斑马物联网"提交转运服务，并购买300美元运输保价服务。之后，斑马物联通过FedEx寄送田女士的物件，但并未购买保险，导致FedEx选择不需要签名的服务，将包裹都扔在门外，也未有任何短信电话，因此包裹丢失。田女士根据条款，向斑马物联网提出索赔，斑马物联网以FedEx确认已于2018年11月9日派送签收而拒绝理赔。FedEx明确此包裹无须签名，所以包裹只被派送而无签收。

事实上，由于国际物流运输烦琐、时间长等因素经常出现物件丢失的现象，而在未购买保价服务的情况下，售后"理赔"可谓是难上加难。

针对海淘转运中出现的丢件难赔付问题，网经社—电子商务研究中心法律权益部分析师姚建芳表示，海淘转运过程涉及货运、航空、清关、国内快递等多个环节，当订单数量较多时，个别丢件的情况是无法避免的。事实上，一般的转运公司都是通过购买运险来保障转运过程中丢损件的赔付，一旦出现丢损件情况，就会出现转运公司和保险公司相互推脱的情况，需要消费者提交各种证明，赔付周期少则两个月，多则三四个月。因此消费者在选择转运公司的时候，应该尽量选择服务更全面（例如可以在丢件的情况下提供先行全额赔付）的转运公司。

促进海淘转运健康发展

中国加大对外开放力度，加强与海外国家的交流，国家大力鼓励对外贸易的发展。跨境电商作为互联网时代兴起的跨境贸易新兴形式，面对巨大政策机遇，应该紧抓机遇，完善跨境贸易供应链，对跨境电商的转运服务加强管理，为消费者提供更好的服务。

其实，随着传统贸易方式的转型升级，B2C方式的跨境电子商务发展潜力也在不断释放。例如，邮政业是推动流通方式转型、促进消费升级的现代化先导性产业，借力"一带一路"，能够加强我国对外的快件网络运输建设。

近年来，国际快递业务保持着快速增长的态势。国家邮政局的数据显示，2019年上半年国际快递业务增速回升。国际及港澳台快件业务量完成6.3亿件，同比增长21.2%。业务收入达338.6亿元，同比增长16.9%。其次，在快递国际化进程中，顺丰相应业务发展速度较快，2019年上半年，顺丰陆续开通了多条国际航线，全货机机队也已经扩充至55架飞机。

此外，菜鸟物流向媒体表示，致力于打造国家智能物流骨干网络，积极拓展国际网络。2019年上半年，菜鸟开通多条中欧班列跨境电商专线，并与其他国家邮政公司进行战略合作。目前，菜鸟搭建的物流网络已经吸引全球3 000多家物流企业参与其中，以保障我国跨境电商转运快递业务健康发展。

业内专家表示,国际物流市场环境复杂严峻,国内快递物流企业出海后原有优势淡化,在成本管控、政策法规以及文化和营商环境差异等方面都存在不少的现实难题。出海的快递企业在运输时效以及后续服务方面都还有提升空间。同时,企业在海外还面临来自DHL、UPS等国际物流企业的竞争。和这些深耕多年的行业巨头相比,国内快递企业在海外服务网络和空运运力上都不占据优势,快递企业国际市场扩张还有很长的路要走。

对此,中国物流学会特约研究员、中国交通运输协会新技术促进分会专家委员解筱文表示,从整个发展大局和战略层面看,中国快递企业"出海"之路,充满机遇,大有可为。但从具体国家和地区的营商环境、政策法规、国别文化等方面观察,中国快递业"出海"谋发展也存在不少现实困难。在发达国家和地区,受制于较高的劳动力成本支出,而"为人作嫁衣"。在一些非发达国家和地区,受制于运输载体、商业诚信、地区局势等不利影响,快递企业可能在前期安全管理、质量控制、市场开发等方面需要较大"铺垫"投入。

资料来源:http://tradeinservices.mofcom.gov.cn/article/yanjiu/hangyezk/201908/88533.html。

四、跨境电商物流发展趋势

跨境电商物流近些年发展迅猛,年复合增长率高达约30%。中国的跨境电商物流工业历经过往10年的高速发展,从2008年职业发展初期的eBay电商平台兴起,经历了一元邮遍全球的邮政小包时代。迄今,中欧班列已累计开行超过12 000列,国内开行城市56个,可通达欧洲15个国家49个城市。随着郑州、义乌等地中欧班列运邮项目的运转开通,越来越多的跨境电商邮政类包裹也搭上了中欧班列发往一带一路沿线国家。在一份关于跨境电商物流细分业态企业数量占比的职业问卷调查中,30%以上的跨境物流企业的主营业务收入来自FBA物流。2018年亚马逊物流收入427亿美元,超越DHL成为全球最大的物流公司。亚马逊的B2C物流占据全球的12%,具有7 000多辆卡车、40多架飞机,目前市值高达9 400多亿美元,体量是顺丰的40多倍、京东的20多倍。

跨境电商物流作为服务于跨境电商工业链条的关键环节,占据跨境电商的交易成本高达20%～30%。按照中国跨境电商10万亿元的市场规模测算,跨境电商物流在中国当下的市场体量规模为2万亿～3万亿元,市场发展空间巨大。新基建主要包括七大产业方向,即新能源汽车充电桩、特高压、5G基建、大数据中心、人工智能、工业互联网、城际高速铁路和城际轨道交通,涉猎范围相对较窄,对内需拉动和道路货运与物流的影响作用并不明显。从亚马逊平台强制要求卖家注册VAT开始,再到英国于2019年4月1日颁布的海外仓管理新规,海外仓企业需要对卖家的税务不合规问题担负连带责任。FBA双清包税等不合规的跨境电商物流渠道面对的法律税务危险日益攀升,跨境电商物流税务一体化的合规化运作迫在眉睫。

2018年,伴随着Wish等电商平台物流线上化步伐的加快,专线小包市场迎来洗牌,被电商平台认可的物流渠道所对应的服务商体量规模不断扩大;反之,被电商平台下线的物流服务商则直接面对生存危机,电商平台在整个跨境电商物流的职业洗牌中扮演着举足轻重的角色。电商平台自建以及整合物流的趋势愈发突显。

由于万国邮政联盟(UPU)系统内的世界邮政小包平邮和挂号类产品时效不能完全满足跨境电商卖家对于物流时效和体验的更高要求,从2011年中国邮政推出基于两国邮政之间双边协议的e邮宝类专线产品,再到2014年,很多的跨境电商物流企业推出集商业快递和邮政资源整合而成的专线小包类产品,跨境电商直发类物流渠道的产品形状日益完善。自动分拣、无人仓、货物自动识别等技术的发展对物流基础设施智能化的要求越来越高,建设互联互通的物流物联网迫在眉睫。而新基建带来新一轮的数字经济、数字革命,提升经济社会和实体企业的发展质量,会引发道路货运与物流行业变革。智慧型物流园区、物流物联网络、冷链物流等新型物流基础设施的投资规模将进一步加大。值得一提的是,随着越来越多的中国跨境电商货物进入欧美国家,跨境电商税收问题引起了世界各界的普遍关注,如何使中国远程销售的跨境电商卖家做到和各国本土的线下卖家一样合理纳税成为欧美国家政府面前亟须解决的问题。

随着跨境电商业务的不断发展,工贸一体化的卖家比例不断增大,跨境电商品牌化趋势突显,亚马逊FBA物流增加迅猛,很多传统货代企业纷纷切入了亚马逊FBA物流的空派和海派市场。伴跟着国家"一带一路"倡议的落地,2015年开始,越来越多的城市陆续开行了从中国始发到一带一路沿线国家的中欧班列。跨境电商卖家在不断追求时效和成本以及客户体验的最优装备,时效介于空运和普通海运之间的海运快船日益兴起,典型的是以美森海运为代表的经中国厦门、宁波、上海前往美国西岸长滩港的海运快船线路。发展新基建利好物流行业的数字化、智能化转型升级。企业的转型升级往往离不开物流技术的支撑,这无疑会带来更大的市场需求,为物流技术装备行业发展带来利好。从生产来看,新基建需为中国创新发展、绿色环保发展,特别是抢占全球新一代信息技术制高点创造基础条件。2018年,中欧班列共开行6 363列,同比增加72%,其间返程班列2 690列,同比增加111%。这在未来若干年也是跨境电商物流新趋势。

由于复杂多变的国际形势和国家的经济高速发展,跨境电商物流面临着多种因素的挑战,同时随着相关政策法规的落实、服务质量需求提高和技术水平的逐步提升,跨境电商物流逐步向着规范化、专业化、数字化的趋势迈进。

代购歇了,直邮慢了,线上"进口货"哪来的?揭开海外代购真面目

2020年年初,北京一位代购人员因频繁在朋友圈晒往返韩国扫货的行程,被邻居以违反防疫隔离规定举报,警方调查后,未发现其出入境记录。这一"防疫"式"打假"的报道一出,引发网友对于海外代购造假的关注。半岛记者调查发现,受疫情影响,海外的代购群体减缓甚至暂停了代购业务,同时物流也受到冲击,海外直购时间延长了。然而,与之对应的,在各类社交平台上,一些"代购货源"却表现活跃。有代购从业者坦言,行业内的确存在先收钱再找货的所谓"口贩子",而这些卖家的货源从何而来却是一个谜。为此,中国消费者协会也提醒消费者,应警惕所谓海外代购趁"疫"兴风作浪,售假、诱购等情况,一旦发生纠纷,调查调解难度大。

海外代购,变成"歇业季"

吴双(化名)常年居住在意大利海滨城市热那亚,她和男友经营着一家淘宝代购店铺,2020年已经是第五个年头。以往每年三四月是代购旺季,通常每天清晨就要出门辗转于商场、专柜等地,根据客人的订单和要求,开始选货、录视频、直播等一系列采买工作,经常是夜里十点才能到家。2019年,她的代购店铺迎来了最好的业绩,有将近20万元的收入。

不过,受新冠感染疫情影响,2020年,吴双的节后"开门红"显然已经变成了"歇业季",朋友圈也早已停止了采购实拍和买家秀的更新,取而代之的是空荡荡的米兰大教堂广场照片。3月10日起,意大利在全国范围内实行封城禁令。随后,除药店、食品店等必要门店外,停止所有商业活动。"我一直关注国内疫情消息,知道病毒凶猛,加上物流时效已经无法再像平常一样,对于代购来说影响很大,所以基本上从2月开始,我就提前跟客人说明了情况,也不再去人员密集的地方采购了。"

韩国代购陈佳(化名)已经不记得最后一次去韩国免税店补货是什么时候了。"大概是2月10日吧,那时候国内的旅行团已经暂停了,韩国也开始执行入境限制,整个免税店就已经很冷清了。"陈佳的丈夫是韩国人,身边的亲友和熟人是她的主要代购客户。3月9日,她从中国青岛坐飞机回到韩国首尔,目前在家中自我隔离。"现在韩国的入境管控也非常严格,入境后也需要隔离,所以像以前那样早上从中国飞到韩国,当天去店里代购再飞回中国,基本上不可能了。在机场就会有专门工作人员询问旅客近期出行史,符合入境条件的话会让你当场下载一个App,会实时定位,然后自我隔离,并每天通过App填报自测信息。"

物流降速,直邮得1个月

疫情影响之下,国际物流的时效也无法保证。3月20日,在亚马逊旗下海淘电商平台Shopbop上,商品结算页面的货运选项提示,订单送达和退换货配送均受到运输延期的影响,"由于运输延误,您的订单将延迟10个工作日"。平台中国400客服工作人员告诉半岛记者,受到疫情影响,目前平台全球发货物流时间普遍延期,"平常的物流配送时间为8到10个工作日,目前可能会额外延迟10个工作日。"工作人员同时提醒,还需要考虑正常情况下约一周的中国海关清关时间。也就是说,整个货运时间可能超过27个工作日。如果算上期间的节假日,买家等待可能超过1个月。

"一般情况下,从意大利直邮回中国,时效是10到15天,春节期间可能是15到20天。现在因为疫情的原因,国际物流、国内清关、国内物流这些环节都存在变数,几乎无法准确预估时效,我过年期间寄送的货品,到现在中国国内客人还没有收到。"吴双说。

"我春节回家的时候带了一些现货,不过现在也已经清得差不多了。"陈佳说,因为客户仅限于身边的亲友和熟人,所以一直以来都是通过背货的方式代购,如今受到疫情影响,身在韩国的她短期内已经无法返回中国,"现在出入境不方便了,也在考虑要不要发些国际快递。"陈佳坦言,如今大代购都是通过国际物流来发货,但对于自己这种"小代购"来说,还要考虑运输成本,加之目前时效存在不确定性,所以暂时只是有这个想法,还没开始操作。

线上代购,小心钱货两空

不过,半岛记者调查发现,虽然疫情防控措施和物流"降速"让一些代购业者断货,但一些微信群里的线上"代购服务"却似乎未受影响,并称可以免费代理、一件发货。而这其中却暗藏风险。

"我们代购圈子里已经有人被骗了。因为轻信了群里所谓的可以帮忙'人肉带货'回国内,结果钱货两空。"吴双告诉半岛记者,意大利的防控政策已经非常严格,"现在想要离开意大利回国几乎是不可能的,而骗子也正是利用了国内的代购急于帮客人买货的心理。"

吴双说,也有人找到她,称可以提供口罩货源。"都是一些群里的陌生人,说是跟生产口罩的厂家认识，可以拿到N95口罩，给我12元一个，问我要不要进一些运到意大利卖。"吴双告诉半岛记者，自己拒绝了这门生意，"口罩属于医疗器械，本身就是个人可以随便卖的。更何况对于这种防疫物资，现在各家物流都有限制性要求，并非想运就能运。"她坦言，近期随着不少代购的订单减少，线上的各种渠道货源明显活跃起来，"说白了就是找代购帮他们出货。而代购也可以不用出门就拿到货，继续维持运转和收入。但是现在是非常时期，对于这些货源，没有办法去实地求证，风险很大。"

3月20日，半岛记者通过社交平台输入"代购"，随即出现大量货源信息，其中不乏日本、韩国代购"免费招募代理"的推广。在这些推广信息中，大都将"每月亲飞日韩""一件代发""只卖现货"作为重点进行提示。半岛记者随机添加了一位代购的微信，咨询如何成为代理，对方表示"我们做批发的，不是一单一单代购。最近疫情严重，只卖现货。做代理零门槛，我们就是您的仓库，支持一件代发，您不用囤货，只需要将收货地址发给我，我们帮您无痕发货。微信转发我发的图片和文字，赚差价。"在这位代购所发的微信朋友圈里，每天都会批量更新各种产品素材图片和价格，同时还会晒出大量代理补货的聊天截图。而当半岛记者提出索要相关证照凭据时，对方立刻谨慎起来，丢下一句"不做算了"，随即将记者拉黑。

"二道贩子"越来越多，亲自代购的越来越少

越来越多的假代购瞄准了代购行业这块"大蛋糕"，妄图通过各种造假套路以更低廉的成本、更高的利润，知假买假，欺骗消费者。假代购常见的套路包括物流造假、"凭证"造假、地理位置造假、朋友圈小视频造假、外包装造假等。3月19日，中国消费者协会发布疫情期间消费维权热点问题及相关案例显示，部分微商、朋友圈代购卖货趁"疫"兴风作浪，售假、诱购、二维码诈骗等情况严重，但发生纠纷时，调查调解难度大，亟须有关方面加强管理。针对部分经营者趁"疫"囤积物资、哄抬物价、销售假冒伪劣产品等违法行为，建议有关部门继续采取有力措施，依法从重从快严厉打击，切实保障消费者的安全权，更好地维护市场秩序。

"一直觉得代购更多的是类似于私人购物顾问的角色，应该亲力亲为地去给客户实地采购货品，确认质量。但是这也就意味着会很辛苦，需要更多付出。"在吴双看来，代购是一个良心活。现在国内线上各种供货资源唾手可得，拿货几乎不需要门槛。同时，市场需求旺盛，而且大多数消费者还是更容易受到比价心理影响。"这就导致现在很多都是'口贩子'，自己在跑的越来越少了。想做代购赚钱，又不想自己辛苦，图省事直接拿别人的货，给了假货可乘之机，也对整个行业造成一些负面影响。长远来看，显然是不利的。"

资料来源：http://news.bandao.cn/a/356188.html.

五、我国跨境电商物流渠道发展对策

现有跨境电商物流渠道尚不能满足跨境电商产业需求，跨境电商物流渠道模式还需不断创新、升级和完善。跨境电商物流存在的各种现实问题相互关联、相互影响，因此，当前跨境物流产业的发展既要着眼于解决当前现实问题，又要立足长远。

1．以服务跨境电商产业为导向，创新和完善跨境电商物流渠道模式

物流战略联盟、中小企业物流联盟等为跨境电商物流渠道发展提供了新思路，但仍在摸索阶段，现实问题还比较多，需要不断完善。跨境电商从业者对跨境物流认知不足，从另一角度来说是向物流行业传递了客户需求，也正是物流发展的机会。跨国物流尚存问题和客户需求告诉我们，跨境物流渠道亟须新模式。从跨境物流自身发展来说，也需要不断创新更适

合国际贸易和市场需求的物流渠道。"一站式"服务、"一体化"服务等是跨境电商市场的需求和未来发展方向。跨国电子商务正处在动态发展过程中,跨境物流渠道模式创新应基于跨境电商产业发展而进行联动和协同发展,以破解目前跨境物流业务中渠道长、交期长、清关难、成本高等众多难题,改善跨境电商物流渠道格局,提升物流渠道层次。

2. 用整合思维构建全球视野的跨境电子商务物流体系

跨境电商经营无国界、无地域限制,必将覆盖全球范围,跨境电商物流服务对象必是全球经济体。从长远角度来说,应着眼于建立全球化视野的跨境电商物流体系。跨境电商物流系统范围广、跨度大、难度大、风险高,企业自建物流系统投资大,从资源基础理论角度看会造成社会资源配置低效,形成资源不经济,因此需要运用整合思维整合企业内外、行业内外、国内外物流资源或物流子系统,建立跨境电商物流系统,改变跨境电商物流行业散、小、乱、差格局,助推物流产业升级,提高跨境电商物流服务能力。跨境电商物流旺季产能严重不足尤需采用整合思维解决。

3. 实施多目标协同跨境电商政策,建设更加公平合理的市场竞争环境和物流业态

跨境电商物流清关难、退换货难,这在本质上就是通关难,而通关难则难在海关管理制度政策规定以及过程烦琐,为此,我们还需进行政策创新,达到既能有效维护国家利益和海关秩序,又能简化货物进出口通关程序、手续,提高跨境物流的效率和效益。跨境电商政策具有贸易政策、竞争政策和产业政策等多重属性,建议通过实施多目标协同跨境电商政策,建设跨境电商物流市场公平竞争环境,让跨境电商物流渠道主体充分竞争、优胜劣汰,并建立长效机制,倒逼跨境电商物流渠道以市场需求为导向不断创新、优化和完善,形成跨境物流企业自组织、自适应、自革新的成长机制,推动跨境物流健康发展。鼓励跨境物流企业做强做大,兼并收购、淘汰散小乱差、无诚信、不规范的物流企业,改变跨境物流行业资源重复配置现象,用市场机制调整跨境电商物流行业资源配置,提高资源配置效率和水平,建设更加合理的跨境电商物流渠道,实现规范经营,有效解决跨境物流中清关难、退货难和进出口经营权等现实问题。同时加强对跨境电商物流行业市场的监管,由于其发展时间不长,存在许多监管漏洞,需要完善相关法律法规,维护物流企业、客户等市场主体权益,避免维权无门。

4. 加强跨境电商物流产品和服务项目开发设计,提高服务水平和能力

跨境物流远比国内物流服务复杂得多,其难度大、专业性强,需要更多增值服务。跨境电商物流客户希望物流企业能提供所需要的服务,尤其是面对自身不擅长的专业性任务时,希望能够"一揽子"外包,但现实情况是跨境物流服务商尚无相关服务。由于各国经济、技术等差异,要顺利、高效地完成跨境物流任务,需要境内、境外等跨境电商物流各子系统协调同步,需要以多种物流增值服务为支撑,这有赖于跨境物流产品设计和物流服务项目开发。跨境物流具有复杂性,需考虑多层次、多类型客户的需要,物流产品和服务设计要针对客户需求个性和多样性,尤其是针对跨境物流中现存的难点、焦点、热点问题进行整体设计,如将成本高、交期长、退换货难纳入物流服务项目或产品进行整体设计,较好地解决跨境物流中的难题。

5. 加大跨境物流网络信息技术应用和信息化建设

物流"过程黑箱"是跨境物流被诟病最多的问题,也是其他众多问题的起因。鉴于跨境物流涉及全球范围,各国经济以及电子商务和物流的技术、管理等差异较大,应因地制宜采

取多渠道、多途径、多方法解决物流追踪难问题,特别是对于一些非主流语言国家或者是经济欠发达地区,要寻求物流信息追踪的突破口和新途径。如果不能单从技术上解决难题,可考虑将技术与管理创新相结合,寻找物流信息追踪的新途径,解决物流信息盲点。跨境电商物流企业也需增强自身物流网络信息化水平让物流过程透明化,提高跨境物流服务质量,降低货损、丢包、调包以及交期延长等问题的概率及风险,减轻退换货难的压力,提升跨境物流服务品质。

六、总结与展望

跨境电商物流渠道各有短长,在选择物流渠道时,建议以消费者需求为出发点,遵循系统性、战略性、经济性原则,把选择权留给消费者。跨境电商物流渠道选择要考虑商品属性、物流渠道的网络范围、清关能力、客户需求、顾客偏好、安全、信息跟踪、交易属性、企业经济实力等因素,其中商品属性、物流渠道的网络范围、清关能力是跨境物流渠道选择的决定性因素,客户需求是主要考虑因素,顾客偏好、安全及信息跟踪也将影响跨境电商物流渠道的选择,跨境电商企业应根据以上影响因素合理选择和利用物流渠道。我国跨境物流渠道可从创新和完善跨境电商物流渠道模式、用整合思维构建全球视野跨境电子商务物流体系、实施多目标协同跨境电商政策建立良性跨境物流产业环境、加强跨境电商物流产品和服务项目开发设计、强化跨境物流网络信息技术应用和信息化建设五个方面建设和发展。跨商与跨境物流相互依存、相互促进,且两大产业均处于快速发展之中,下一步可就跨境电商产业与物流产业联动发展、跨境物流渠道创新、跨境物流产品和服务项目设计开展深入研究。

扫码学习跨境电商物流模式微课。

微课:跨境电商物流模式

本章思考

1. 与国内物流相比,国际物流实际运行时会增加哪些问题?
2. 国内物流企业发展跨境电商物流需要注意哪些问题?
3. 与其他国际物流模式相比,海外仓这种模式的优缺点各有哪些?
4. 哪些跨境电商平台上的商品适合以邮政小包方式发货?

第九章

供应链管理

学习目标

知识目标：
1. 理解供应链管理的重要性；
2. 理解供应链柔性化的应对策略；
3. 理解产业集群的优势及集群式供应链的运作要求。

能力目标：
1. 能结合案例，分析合适的供应链管理策略；
2. 能结合地方的产业背景，提出产业供应链的优化思路。

素养目标：
1. 形成互利共赢的思想，养成互助互促的工作态度；
2. 形成局部服从整体的工作理念。

口罩供需何时缓解

新冠感染疫情刚发生时，我国口罩出现严重的供不应求，这是什么原因呢？

首先看生产，中国生产了世界50%的口罩，"我国口罩最大产能是每天2 000多万只"，作为世界第一大工业国和全球唯一拥有联合国产业分类目录中所有工业门类的国家，在人们印象中，生产个口罩，对于中国来说并非难事，但为何口罩还那么紧缺？

中国有着全球最全的工业体系和最快速的生产能力，现在的自动生产线用成卷的无纺布，自动切割成口罩的外形，叠压后自动焊接耳带，经过消毒等程序包装成品，全过程都是全自动化。据介绍，按照正常情况下，一般一台机器每秒就可生产出2~3只口罩，通常每分钟的生产数量在上百只，多条生产线可以用子弹出膛的速度生产。

但是注意春节的影响，口罩短缺是因春节放假停产。相关生产企业绝大部分已停产放假，导致工人返乡、原料停供、物流停运，甚至出现恶意囤货现象。即便是临时召回员工，复工复产，生产也需要周期。此外，根据疫情防控的需要，大量口罩优先支援湖北、支援医护，因此，网店及其他地方的线下药店口罩供应相对紧张。

再来看需求方面。供应链不只有生产，还要看原料供应和市场需求，尤其是现在，市场需求往往占主导地位。

中国人平时没有戴口罩习惯,即使每年冬季的流感,大家对口罩也不是很在乎。这造成两个结果:第一,大陆企业生产的口罩大量出口,例如台湾地区的口罩90%是从大陆进口的;第二,毛利低,大部分企业属于半停工状态,加上一系列规范要求,让正规生产非常难以存活(许多企业以次充好,市场上劣币驱逐良币,实际上市面上有许多口罩并不能达到防护要求)。

新冠感染疫情导致需求突然大增,而口罩的产能并没有那么庞大,也远没有达到日用品的级别。又因为口罩存在保质期,生产厂家并不敢囤太多货。另外,大多数企业也不敢因为需求激增而加大生产设备投入,这是因为供应链的"牛鞭效应",信息传导有很强的滞后性,等疫情一过,大量生产的口罩如果没有国家储备收购,将很难再有市场。

考虑口罩需求的及时性很强,为了提升供货能力,市场上出现了一些高价口罩或替代产品,甚至是土口罩和假冒伪劣口罩。从供应链角度看,口罩原来属于需求稳定、毛利率很低的功能性产品(一些特殊功能口罩例外),现在由于及时性要求和消费承担能力(相比感染风险,消费者愿意出高价)增加,口罩就具备了"创新性"产品的特点。

从供应链上游来看,工人、原料、物流、设备供应等都会制约生产进度和产量。口罩要使用无纺布,这种材料的适用范围很广,除以上产品外,尿片、湿面巾、柔巾卷、美容产品、卫生巾等都会用到这一原料。一方面来说,这些厂家平时存在与口罩厂争货源的情况;另一方面,这些厂商也可以周转一些原料存货给口罩厂应急,但涨价在所难免。

口罩供应链应对策略如下。

(1) 提升口罩供应链反应速度。发挥应急指挥部门的作用,事急从权,成本负担上政府应该给予补贴和提供优惠政策。针对一线医护人员和防控工作人员,应该提升供货优先级,控制价格。另外,在产能提升的情况下,发挥市场调节机制,适当合理地提高售价,保证商家的正常利润和供货积极性,提高供应链的整体响应速度。

(2) 需求引导。供应链从需求开始,口罩需求有不少盲目性,因此需要宣传引导。防护等级高的N95口罩优先供应给患者、医护防疫人员等。配合严格的防控管理,减少大家外出使用口罩的机会,进而降低不必要的口罩需求。

(3) 研发新产品。口罩只是防护的手段,不是目的,因此一方面可以从现有产品中寻找防护替代品,如价格高一点的防毒面具,还有口罩内衬、工业口罩、一体化防护头套等。

(4) 提高供应链供需协调能力。提高供需对接,统筹调配的水平,避免发生一边短缺、一边浪费的现象。现在自行募捐,点对点供应的现象还比较多,有可能产生大量囤积。为了提高效率,据说国家已经开始统一调配,工厂出货要靠红头文件。效果如何,需要有更细化的保障措施。

(5) 提高供应链柔性。在原料相近、工艺相近的情况下,可以转化其他产品的产能到医护产品上来。例如,福建多地纸尿裤的龙头企业主动请缨,将原来生产纸尿裤的生产线设备改装,短时间内建成多条口罩生产线。医用口罩和纸尿裤虽然都用到无纺布,但是具体的材质并不一样,口罩不吸水,但是纸尿裤吸水。连日来,这些企业不断与时间赛跑,加紧取得审批资质、培训员工、暂停生产计划、改造增设生产线。可以看出,生产线改了,还要有原料和技术支持,供应链运营并不简单。

资料来源:https://www.sohu.com/a/374149452_120321466.

> **头脑风暴**

一个产业的供应链应该如何运行，才能较好地应对类似新冠感染疫情这样的突发性事件？

第一节 供应链改变着世界

近年来，我国大力推进供应链管理的发展进入中国物流业发展的新阶段，这也是中国企业转型升级的必由之路。如图 9-1 所示，2020 年我国的社会物流总费用占 GDP 的比重为 14.7%，比美国高近 7%。造成这一结果的原因是多方面的，特别是与国民经济的结构有关，其中供应链管理的水平较低是一个重要的原因。据测算，如果我国社会物流总费用占 GDP 的比重降到 13%（发达国家工业化中后期的经验比率），可节约物流成本 0.9 万亿元；如降到 8%，可节约物流成本 5.4 万亿元。

图 9-1 社会物流总费用占 GDP 的比重

下面来看几组数据，中国工业企业、流通企业流动资产的年周转率为 3 次左右，发达国家为 10 次以上。中国工业与批发零售业的物流费用率为 9.2%，而发达国家一般不超过 5%。中国对物流基础设施的投入不少，但由于没有形成综合运输体系，综合效率不高。目前，中国海铁联运为 2.6%，而国际上平均为 20%。载货汽车空载率仍高达 20% 以上。社会物流总费用中，运输费用占 GDP 的比率这一指标，中国高于美国、日本近 2 倍，保管费用高于美国、日本 2 倍多，管理费用高于美国、日本 5 倍以上。

一、供应链与供应链管理

怎么办？解决这些问题不是物流业本身能完全解决的，而要从国民经济的全局去考虑，推进物流业的现代化，特别是大力推进供应链管理是一剂创新驱动的良方。那么什么是供应链与供应链管理呢？根据《物流术语》，供应链是指生产与流通过程中涉及将产品与服务提供给最终用户的上游与下游企业所形成的网链结构。供应链管理是利用计算机网络技术，全面规划供应链的商流、物流、信息流、资金流等，并进行计划、组织、协调与控制。

许多国家把供应链战略作为产业发展战略的重点，也就是以全球地域为空间布局，打造某些优势产业的"微笑曲线"（图 9-2），建立战略资源、金融→生产制造→销售与服务市场的全产业链与价值链。日本在第二次世界大战后迅速崛起，依靠的就是全球产业供应链战略。德国提出"工业 4.0"，不仅预示着一次新的工业革命，也是德国推出的产业供应链战略。

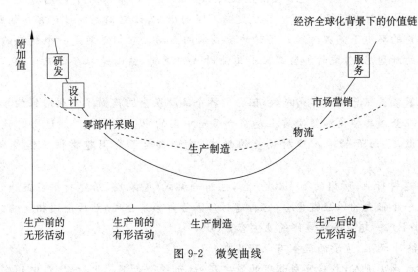

图 9-2 微笑曲线

二、供应链竞争

我国政府于 2017 年公布《关于积极推进供应链创新与应用的指导意见》，提出要以供应链与互联网、物联网深度融合为路径，以信息化、标准化、信用体系建设和人才培养为支撑，创新发展供应链新理念、新技术、新模式，高效整合各类资源和要素，提升产业集成和协同水平，打造大数据支撑、网络化共享、智能化协作的智慧供应链体系，推进供给侧结构性改革，提升我国经济全球竞争力。

英国经济学家克里斯多夫指出，"市场上只有供应链而没有企业"。真正的竞争不是企业与企业之间的竞争，而是供应链与供应链之间的竞争。对世界五百强企业进行研究，你会发现这些企业无一不把全球供应链战略作为自己的核心战略，例如通用汽车公司、苹果公司、联邦快递、丰田公司、西门子股份公司等。在经济全球化的今天，全球供应链战略已成为跨国公司的头号战略，优化供应链管理已成为成功企业的重要标志，实施与不断优化供应链管理已成为中国企业的必然选择。

近 30 年来，全球制造业、流通业、农业发生了革命性的变化，这种变化的核心内容是，由于分工的高度细化和信息网络技术的迅猛发展，使企业之间的竞争演变为供应链之间的竞争，也使许多企业从单纯生产或销售活动的组织者演变为链条的组织者和资源的集成者。供应链管理的发展正在改变传统的商流、物流、信息流与资金流的运作模式。例如商流中的电商服务平台、物流中的供应链集成、资金流中的供应链金融、信息流中的大数据等。

 **资料链接**

家居行业的供应链变革

S2B2C 是 2017 年开始在家居行业热起来的,起源于阿里巴巴总参谋长曾鸣的一篇文章《在未来五年,S2B 是最有可能领先的商业模式》,里面最早提到了什么是 S2B。

S 是一个大的供应(链)平台,大幅度提升供应端效率。未来五年会先形成一个平台。B 是指一个大平台对应万级、十万级甚至更高万级的小 B,让它们完成针对客户的服务。其原因是在目前的环境下完成对客户实时的低成本的互动。它们之间是一个赋能的关系,不是一个传统的加盟店,传统的加盟店又是工业时代的逻辑,核心是标准化流程,也是严格的质量管控。

互联网家装虽然总体上算是失败,但它们各个品牌在全国播撒了互联网家装概念,这些互联网家装在全国的招商加盟实质上是整合了全中国的中小家装公司。这个时候,一批觉得家装太难做,进而开始进入建材贩卖的领域,趁势喊起了全国建材供应链整合赋能和 S2B2C 的口号。

在家居建材行业,所谓的 S2B2C 平台,也叫一站式(整装)家居建材供应链平台。其中的 S 相当于一个强大的供应链平台,它和建材厂家签订集采合同,然后全国招商销售家居建材的商家(小 B),一起服务于最终的业主客户(小 C)。

目前国内市场上,主要的玩家有以下几类。

传统建材巨头进入:华耐家居旗下的蚁安居;杭州东箭旗下的优材宝;东鹏的东鹏整装、装象、百安居的建材 S2B。

互联网家装内部孵化:家装 e 站旗下的云家通、易日通、中装速配、斑马仓。

地产企业孵化:恒大的恒腾网络,前万科高管创立的居乐屋(已倒闭)。

现状如下。

渠道为王:家庭装修过程中,逃不掉的是设计、施工和建材供应的服务。而家庭装修过程长,建材的很多服务都是通过建材厂家的同城代理商去服务的。它对响应及时性要求很高,装修环节一环扣一环。国内绝大部分建材厂家之所以能成为品牌和体量不错的工厂,靠的就是渠道招商,层层代理,这种毛细血管从中国一二线逐步铺到县城乃至乡镇。

S2B2C 平台的发力:目前在这些家居建材供应链平台上,我们能看到的优势是在一定程度上做了集采的工作,价格上可能存在一定优势(但不保证是工厂全品类产品,一定程度上产品同质化严重,非新品,属于大客户特价渠道),但它说砍去了中间商,已成了最大的中间商。你的竞争力来自哪里?末端服务如何保障?这些服务成本最终还是要让代理商或者你自己来承担。究竟谁的效率更高?

本质:如果建材 S2B2C 平台成立,它面临着与传统建材行业上万家城市代理分销商的博弈和竞争。

谁更能获得工厂的支持呢?目前肯定是渠道为王的代理商。不论互联网家装公司还是现在的所谓家居建材供应链平台,他们的拿货量在工厂总销售量里太少了,话语权不够。只能是工厂传统渠道的一个补充而已。当然有市场,但只能切市场中的一小块蛋糕。有团队有资源、能稳住气、肯吃苦的团队可以跑出来。

进一步讲,最终两者的博弈或竞争的本质是市场效率的竞争。

互联网电商第一步解决了足不出户逛市场的问题,分类搜索提高了客户快速找到想要的产品,提升了交易的可能性。

第二步,它需要在价格和效率上和传统行业竞争者去比拼。当市场上的领先者通过自身努力把效率曲线往右移动时,宽线批发商、批发市场都进入了死亡区域。

谁能最终为客户(不管 B 还是 C)提供更好的产品和更有性价比的产品与服务,推动行业效率曲线往右移动,谁就能把对手推到死亡区域,自己胜出,非常残酷。所以,建材 S2B2C 市场确实可以做,但需要参与者真正了解自己的市场究竟有多大,理解竞争,对自己的产品和效率有深刻的认识,并不断提升自己的效率。

几个问题如下。

(1) 家居主材属于非标品,传统家装里客户对主材关注和参与度很高,客户自己或者在设计师指导下挑选每个主材的品牌、材质、花色;建材 S2B2C 平台即使在每个城市也发展了代理服务商,同样要面对这个问题,客户决策过程长,参与度高,非标化高,如何快速给客户提供匹配的产品?现在似乎很多平台都在卖套餐,这不是最终解决方案。

(2) 平台如何能保证自己服务的 B 能赚钱?建材 S2B2C 平台招商后,如何服务它的加盟商,加盟商如何提高客户成交率?除去终端客户的服务费用,靠产品差价究竟能赚钱吗?效率真的高吗?

几点建议如下。

(1) 希望家居建材行业这波 S2B2C 供应链平台能切实从行业角度想想如何提升平台上产品的研发能力、如何提升自己的服务效率。

(2) 榜样在行业外,曾鸣提出的 S2B2C 其实也是他看过韩都衣舍的阿米巴小组制和类似企业在残酷市场竞争中产生的制度变革。14 年变革农产品供应链的美菜网的出现服务了众多城市中夫妻老婆店的小餐馆,自己成了行业最大的菜品批发交易和服务配送商。

最后,个人看法:S2B2C 建材供应链平台有一定市场,但市场天花板不够高。主流建材交易还是会在线下,不看好目前这种平台。个人看好家居行业主流设计软件公司(如酷家乐、打扮家等)做建材供应链,如果方法对,可能会比较好。

资料来源:https://www.kejixun.com/article/190325/458242.shtml。

三、第三方物流的竞争

据美国物流咨询公司研究,一个企业如果只是简单地以第三方替代自营物流,借助第三方的规模效应和营运特点可节约成本 5%;如果利用第三方的网络优势进行资源整合,部分改进原有物流流程,可节约成本 5%~10%;如果通过第三方物流根据需求对物流流程进行重组,使第三方物流延伸至整个供应链,可节约 10%~20% 的成本。

供应链管理其实也是一种技术进步,它包括供应链可视化、绿色供应链、协同供应链、供应链金融、供应链风险、服务供应链、智慧供应链等,目前最前沿的高新技术都在供应链中得以应用。可以说,世界因互联网而变,世界也将因供应链而变。

扫码学习供应链改变着世界微课。

微课:供应链改变着世界

资料链接

"供应链+"时代下的竞争

2017年,国务院办公厅印发《关于积极推进供应链创新与应用的指导意见》(简称《指导意见》),这是国务院首次就供应链创新发展出台纲领性指导文件。《指导意见》提出今后供应链的发展目标,即到2020年,形成一批适合中国国情的供应链发展新技术和新模式,基本形成覆盖中国重点产业的智慧供应链体系,培育100家左右的全球供应链领先企业,中国成为全球供应链创新与应用的重要中心。

扫码了解《国务院办公厅关于积极推进供应链创新与应用的指导意见》。

为此,《中国经济时报》记者就文件出台的相关内容和中国供应链未来发展的特点和战略趋势专访了知名物流专家、国务院发展研究中心产业经济研究部研究室主任、研究员魏际刚。

资料链接:《国务院办公厅关于积极推进供应链创新与应用的指导意见》

供应链已成为企业、国家最重要的竞争力

《中国经济时报》:国务院此次对供应链创新发展做出重大战略部署,您认为此政策的出台有何重要意义?

魏际刚:供应链把供应商、生产商、分销商、零售商紧密联结在一起,并对其进行协调、优化和管理,使企业之间形成良好的关系,使产品、信息的流通渠道最优,从而使消费者的需求信息迅速得以反馈。而且,生产厂商也可以据此对产品的增加、减少、改进、质量提高、原料的选择等做出合理判断,保证供需平衡。

近年来,由于买方市场的形成、产品生命周期不断缩短、市场竞争日益激烈、信息技术的快速发展等因素的变化,供应链呈现越来越重要的趋势。可以说,21世纪企业之间、产业之间、国家之间的竞争很大程度上是供应链的竞争。

从国际上看,欧洲美国日本等国家和地区高度重视供应链的发展,将供应链战略上升为国家战略。世界五百强企业都把供应链战略作为重要战略,而且这些国际知名企业在供应链实践的丰硕成果表明,供应链可有效实现供应与需求的良好结合,刺激消费需求,提高服务质量。

国务院办公厅此次出台《指导意见》,意义十分重大。这是国务院层面第一次对供应链发展做出的重大战略部署,它向全社会发出一个明确而强烈的信息,中国产业发展将进入"供应链+"的新阶段。"供应链+制造"将促使制造业利用供应链管理方法推动行业创新和发展,提升制造业竞争力;"供应链+服务"将使服务业在供应链模式下得到更加细分和融合,实现服务业升级;"供应链+物流"将激励一批供应链管理型物流服务企业的服务创新与变革;"供应链+金融"将实现物流金融与互联网金融齐头并进,共谋发展;"供应链+技术"将促进大数据等新兴技术推动供应链管理模式的全面转型。中国各产业要全面迎接"供应链+"时代的到来。

《中国经济时报》:发展供应链创新与应用将对中国产业的发展有何影响?

魏际刚:加强供应链创新与应用,对中国的产业发展有重大影响。一是供应链将降低商流、物流、资金流和信息流成本,减少重复生产和浪费;二是供应链使得核心企业能够将一些非核心业务剥离,由第三方管理,既强化了企业核心优势,也使整个行业资源得到优化配置;三是供应链将企业内部价值链与外部价值链连接起来,最大限度地分享外部规模经济与范围经济,使整个供应链系统的总成本最低,使客户满意度最大化;四是供应链整合相关方的核心优势，能够使整个供应链的竞争优势达到最大化，从而使产业竞争优势最大化；五是通过供应链的电子网络及时与国际供应商和客户产生联系，从全球生产网络中获取技术创新的源泉和动力，并紧跟全球产品市场的需求步伐；六是供应链网络条件下的业务流程再造，具有生产经营的灵活性，分享供应链中其他技术节点的业务流程再造的正外部性。

加快构建和优化供应链是当前最重要的战略任务

《中国经济时报》：英国市场调查机构马基特公司在2021年年初发布报告中指出，中国已经"一跃成为全球供应链的中心"。您认为中国目前供应链的发展现状如何？它与《指导意见》提出的发展目标差距如何？

魏际刚：中国已经是世界第一制造大国和贸易大国、第二创新大国，但远不是强国。中国企业的传统管理与运作模式大多是自成一体、较为封闭，不太注重开放式的供应链管理，制造商、供应商和经销商缺乏长期合作战略伙伴关系，相互之间缺乏信任和共同获利的价值链，难以有效满足顾客在成本、质量、交货时间、体验等方面的要求，也难以形成灵敏的商流、物流、资金流和信息流集聚和互动格局。

这种状况极不适应中国当前正在发生的结构深刻调整、发展方式深刻转变和国际化加快推进的内在要求，与《指导意见》提出的发展目标差距很大。面向未来，中国将会成为全球重要的供应链服务、管理与创新中心，加快构建和优化中国重点产业、重点企业的供应链，是一项重大的战略任务。要加快推进企业以市场需求为导向，以实现与上下游企业、最终消费者共赢为目标，有效集成商流、物流、信息流、资金流和业务流，实现企业之间的无缝对接，提升整个供应链的反应能力，形成整个供应链物流的最优化。重视通过大数据和云服务促进供应链持续变革。

这些对于提升中国在全球价值链中的地位，提升国家整体竞争力，提高国民经济运行效率，推动经济结构调整和发展方式转变，扩大内需和市场繁荣，保障民生等均具有重大战略意义。

数据化是未来供应链金融的重要发展特征

《中国经济时报》：《指导意见》提出要积极稳妥发展供应链金融。供应链金融近年来已经成为银行重要的流动资金贷款业务增长点，同时对广大中小企业来说，也是解决其融资难的一剂良方。您对大力发展供应链金融有何看法？供应链金融未来发展有什么特点？

魏际刚：供应链金融能够实现企业、金融机构以及供应链企业之间的多方共赢，是未来金融机构与实体企业的重要战略选择。在行业竞争加剧以及国内银行业息差收窄的形势下，实体企业以及金融机构需借助供应链金融创造新的利润点，推动金融业保持长期稳定增长，实现金融与实体企业合作共赢。供应链金融作为金融业与实体经济的最佳结合点之一，能够有效地破除小微企业融资难问题，促进金融业更好地服务中小微企业，促进中小微企业发展。

中国未来供应链金融发展机遇与挑战并存，供应链金融电子化、数据化、多元化和生态化发展特征日益明显。在大数据、移动技术以及电子商务深入应用和发展的形势下，在服务领域、技术手段和目标市场等方面，物流与供应链金融的发展会呈现出以下一些发展趋势：一是在线供应链金融和互联网金融的兴起实现了生产和消费领域的全覆盖；二是移动和大数据技术成为提升供应链金融服务的重要手段；三是跨境电商成为供应链金融未来主要的应用领域之一。

值得一提的是，电子化与生态化已成为在线供应链金融发展的主要推动力，多元化趋势下互联网金融的兴起带动了供应链金融目标市场的转变，目前在线供应链金融与互联网金融均呈现出生产领域与消费领域的相互渗透，二者逐渐成为供应链金融在目标市场方面发展的典型代表。

此外,数据化是未来供应链金融的重要发展特征,而移动金融与大数据金融则代表了供应链金融数据化的主要方向,二者是信息技术与供应链金融结合的最佳实践。多元化与生态化的深化促进供应链金融在服务领域的拓展,供应链金融从国内市场逐渐向跨境贸易转移,跨境电商成为供应链金融服务跨境贸易的最佳切入点。

《中国经济时报》:您认为中国供应链中长期发展战略思路是什么?

魏际刚:中国供应链中长期发展战略思路应该是围绕经济高效增长、发展方式转变、产业转型升级、产业竞争力提升、生产流通消费现代化、国家经济安全、人民福祉和可持续发展等核心任务,全面推动行业、区域、企业以供应链理念为引领,以需求和市场为导向,以现代信息网络技术和管理为支撑,以体制机制改革、人力资源和组织变革为保障,在更大时空范围内构建供应链体系,消除供应链环节的短板,推进供应链协同化、一体化、精益化、敏捷化、柔性化、可视化、智能化、网络化、金融化、全球化、区域化、绿色化、生态圈化进程,实现人流、商流、物流、资金流和信息流的通畅、高效、安全,以促进中国经济和世界经济的创新、协调、绿色、开放、共享发展。

资料来源:https://www.sohu.com/a/202173454_822804.

第二节　供应链柔性化策略

一、柔性化策略的产生原因

首先,我们来看一下传统的企业产品供应链运作方式(图9-3),是先由企业将产品生产出来,再交给销售人员在市场上销售。这种方式存在一定的缺点,因为产品是事先生产好的,无论是款式还是数量都已经事先确定,如果市场终端对这种产品不认可,极容易导致产品积压。这就是刚性化的供应链推动方式,以前大多数商品的流通链都是这样的。供应链由生产端发起,然后推动着下游的各个环节。这种供应链的策略,需要企业对市场有强大的预测力和引导力,有些大品牌可以依靠自身的影响力达到这个目的。

图9-3　传统企业产品的供应链运作方式

不过,现如今的市场已经发生了很大的变化,市场上的产品结构供求两端出现了较大的不对称,在有些领域,产品供给远远大于需求;在另一些领域,消费者的需求远未能满足。例如,服装、日用品之类,每年的生产量非常大,大量产品卖不出去。而消费者需要的个性化的服装、有创意的家电产品、高质量的水果生鲜,却往往买不到。其实这些消费者的需求,有时候只需在原有商品的基础上做一些改进就可以了。

二、柔性化策略的实施

能够根据市场的变动快速地调整产品生产流通能力,这就是企业的柔性化应对能力。扩展到整个供应链的柔性,是指能快速而经济地处理企业生产经营活动中环境或由环境引起的不确定性的能力,它一般由缓冲、适应和创新三种能力构成。可以说,供应链的柔性越强,其满足市场需求变动的能力就越大,在市场上的竞争力就越强。

既然供应链的柔性化运作有这么多好处,那么,如何才能达到柔性化的目的呢? 主要可以从下面几方面着手。

1. 产品的半成品化

其实,很多产品在出厂前并不需要统一包装,可以待产品送至仓库后,根据前期商品销售的市场反应,相应对产品进行调整。例如,将大包装换成小包装,将几种相关的商品搭配成一个套装进行销售,在产品上贴上消费者喜欢的标签等,这些都是简单的流通加工,完全可以交给仓库在商品出库之前完成。

2. 打通供应链上下游的信息共享

许多企业将商品流通信息看作是商业秘密,不肯与上下游其他企业共享,但是,现代商品市场的变化瞬息万变,如果下游不能及时将终端的需求反馈给上游企业,则不利于上游企业产品安排生产销售计划,很可能出现产品生产出来卖不出去,积压在仓库里的情况。作为一家现代企业,要有与供应链共存亡的意识,只有上下游企业的信息实现共享,才能快速对市场变化做出反应。例如,2003年我国出现了非典,各地的口罩、温度计等产品一下子销售一空,这个信息快速反馈至生产商,他们加班生产,在短时间解决了这一问题。

非典时期口罩
生产供应链

扫码查看非典时期口罩生产供应链图片。

3. 按市场需求来确定生产

按计划推动生产销售,这是刚性的推动式供应链。反过来,按客户的需求来确定生产,这是柔性的拉动式供应链。企业可以先了解市场需求,然后根据需求安排生产,尽可能实现原材料"零库存"。零库存的优点,如图9-4所示,因为产品是根据订单来生产的,所以不存在卖不出去的情况。

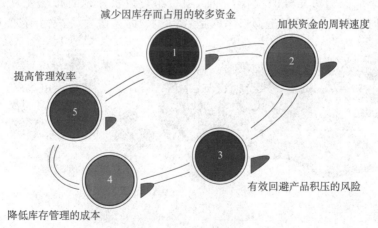

图 9-4 零库存的优点

4. 借助大数据加强对未来的预测能力

能够根据市场的订单进行生产固然很好,不过,企业的商品也是需要一个生产周期的,可以称为订单响应时间。有些产品难以在短时间内组织大量生产,那么就只能提前生产一部分,这时,我们往往需要用到大数据分析工具。借助对以往销售数据的分析,来判断未来哪些产品会比较好销,在前期适当生产一部分。其实,一些电商卖家在做爆款产品之前,会先生产多个款式试销,再挑选试销情况好的产品做爆款,这样促销的效果相对更有保证。

5. 化整为零提升资源的整合能力

传统企业往往追求"大而全",现在越来越多的企业追求的是"小而美"。企业尽量轻资产,但是它要有资源整合的能力,也就是在接到订单后,能够快速地组织起生产,按客户的需要加工产品。这其实就是要求建立对应的产业集群,将产业链分得很细,这样,核心企业可以快速找到自己所需的半成品,再将其与自身的核心产品组合在一起,就可以快速响应了。例如,位于浙江省温州市的柳市镇改革开放后形成了低压电器产业集群(图 9-5),以正泰、德力西等龙头企业为引领,带动众多上下游中小企业形成产业链,每家企业只生产自己擅长的产品,分工合作,形成低成本、高效率的协作模式。

图 9-5　温州柳市镇低压电器产业集群

6. 优化企业项目的运作流程

作业流程对提高企业的柔性化应对能力也很关键,而作业流程又往往是由企业的组织结构所决定的,如果一个企业的管理层级很多,一个项目的运作需要多级领导批示,那它就难以对市场做出快速的应对。这时,企业可以将组织结构调整为扁平式的,企业可以设立多个项目组,给予他们相对充分的授权,这样,项目组可以快速地对市场变动做出反应。如图 9-6 所示,新加坡有些房产建造商采用的是"搭积木"的盖房方式,先由生产商生产各类造

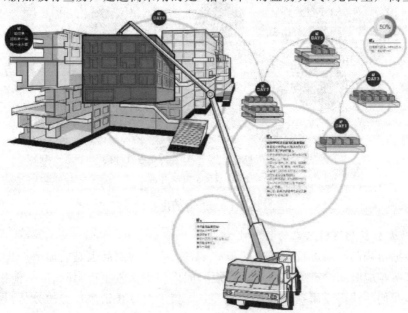

图 9-6　新加坡"搭积木"式盖房

型的房屋模块,当屋主人选定之后,建造商就利用高科技将各模块拼搭起来。由于各模块的生产可以批量化提前生产,这样盖房就可以既节约成本又节省时间。

供应链的柔性化策略是随着市场的多变而产生的。不断地提高柔性化,企业才能与客户之间形成良好的鱼水关系。

扫码学习供应链柔性化策略微课。

微课:供应链柔性化策略

传统服装企业利用互联网转型升级
——互联网+大规模个性化定制的解决方案

红领原来是经营西装、衬衫等正装系列产品的传统企业。早在互联网时代和定制消费潮流来临之前,敏锐把握市场需求变化,预先判断制造企业演变趋势,在没有成功的经验可循的情况下,主动自我颠覆、摸索前行,最终实现了"互联网+个性化定制"的转型,品牌升级为酷特智能。

酷特智能以3 000多人的西装生产工厂为实验室,打造了大规模个性化定制供应链生态体系,用工业化的效率和手段进行定制生产和服务。打造了C2M生态管理平台(Customer-to-Manufactory),实现多品类产品在线定制、企业资源共享、源点组织管理和商业大数据管理等功能。

酷特智能形成了互联网时代的工业价值观与方法论,输出大规模定制的解决方案,帮助更多行业的企业转型升级。还把在服装大规模个性化定制领域的成功经验进行编码化、程序化,形成了标准化的解决方案,即传统工业转型升级做柔性生产和个性化定制的方法论,可以在其他行业进行转化应用。解决方案适用于我国劳动力密集等基本国情,特别是中小企业,通过不同程度的投入,3个月及以上不等时间的升级改造,实现"零库存、高利润、低成本、高周转"的运营能力。酷特智能的解决方案已经在服装、鞋帽、家具、机械、电子等多个行业应用实现升级改造。

项目概况

围绕新需求创造新供给是制造业供给侧结构性改革的着力点。个性化需求增强,传统的产品开发和生产模式已无法适应。在工业互联网、移动互联网、云计算、大数据等新技术的应用支撑下,酷特智能大规模个性化定制工厂运作成熟,对外向多个行业的企业输出方法论,取得立竿见影的转型效果。

服装等传统行业面临供给和需求压力,亟待转型

服装业的同质化产品产能过剩,"先产后销"模式下企业库存压力巨大,红海市场竞争激励,低质、低价、低附加值的产品充斥市场。劳动力成本增加等因素也对企业经营带来新的问题。传统方式(如扩大规模、控制产业链、提效降成本)对企业发展没有根本性的效果,只会导致更多库存。

酷特智能以个性化服装量身定制为切入点,历经10多年的实践,通过信息化使生产过程更加灵活、柔性,形成定制产品的大规模生产模式。同时发展新的商业模式,即"用户个性化需求驱动,制造业各相关方来直接满足"的定制直销生态。

颠覆性创新，形成新业态新模式

个性化定制全过程应用大数据和物联网等技术。经过多年积累，酷特智能平台分析超过百万平台客户数据，建成了款式数据库、工艺数据库、版型数据库、BOM 数据库，满足了国内外客户个性化西装设计需求。利用平台可以进行自主设计、系统自动排产，颠覆了人工制版、人工排产的传统方式，研发了将客户服装需求变成产品数据模型的关键技术，订单数据进入互联网流动，为集成设计、柔性生产提供了可能，制成品库存为"零"。

以云计算技术和 3D 打印逻辑，实现数据驱动的智能制造模式。客户需求提交后，就在酷特智能平台上形成其数字模型，数据流贯穿设计、生产、营销、配送、管理过程，员工从云端上获取信息数据，全员在互联网端点上工作。在没有裁员的情况下，生产周期由传统的 20 天以上，缩短为 7 天，打破了"智能工厂＝无人化"的传统思想，建立了"智能工厂＝企业每个流程都是数据驱动"的概念和模式。

资料链接：传统服装企业利用互联网转型升级完整资料

资料来源：https://www.sohu.com/a/141013609_774700。

扫码了解该案例完整资料。

第三节　集群式供应链管理

一、集群式供应链的概念

集群式供应链是指在特定集群地域中，存在围绕同一产业或相关产业价值链不同环节的诸多研发机构、供应商、制造商、批发商和零售商，甚至是终端客户等组织，以"供应商-客户"关系，通过"信任和承诺"非正式或正式契约方式进行连接，形成基于本地一体化的供应链。集群地域供应链核心企业的非唯一性和生产同业性，导致在该地域中供应链的多单链性和生产相似性，集群中每条单链式供应链企业不仅内部之间相互协作，而且不同单链的企业存在着跨链间的协调。此外，还存在许多辅助性机构，如地方政府、科研机构、金融机构和中介机构等，为集群供应链提供各种间接产品和辅助服务。

依据供应链思想，集群式供应链可以看成是由核心企业、供应链上下游企业等形成的多条供应链相互交叉的网络组织。它在核心企业的主导下，紧密联系供应链上的各成员企业，共享知识、信息、品牌等核心资源，会同地方政府、金融机构、中介机构、科研机构等支撑机构共同搭建适应集群发展的外围体系。它能产生网络性、创新性、外部性等协同效应。它能增强集群整体竞争力，全面主导集群协调发展。

自从 1990 年 Porter 的《国家竞争优势》一书出版后，集群一词就广为人知，引发了西方学术界产业集群研究的热潮。目前国内外关于产业集群的文献，研究内容主要围绕产业集群理论的概念、形成、影响因素、产业集群与竞争优势、创新系统、知识溢出等方面展开。产业集群的研究范畴则沿着区位中心向企业中心过渡，然后发展为网络中心范畴。供应链也是一种网络式的组织形式，不同于产业集群，它没有地域和行业的限制。

即问即答

产业集群有何优势？它对供应链有哪些要求？

二、集群式供应链的构成

1. 核心层

集群式供应链的供应商、制造商、批发商、零售商和终端客户等组织,依据供需关系,形成基于本地一体化的供应链;同时,供应链上的节点企业根据市场需求、技术能力不同,进行跨链间的有选择性的连接,在集群中形成敏捷性的供应链网络。而每条供应链以核心企业为主体,将上游和下游的企业紧密联系起来,以信任为基础密切合作,不断提高整条供应链的运作效率。

产业集群内是否能清楚地找到企业间的供应链联系,关键是看集群内是否存在一批实力较强的供应链核心企业。供应链上的企业虽然彼此独立,但其结构并不是松散无序的。由于核心企业在链上的"组织"功能,所以其有能力吸引并"控制"上下游配套企业进入供应链,非核心企业也有动力自觉地进行调整,以适应核心企业的需求,两者密切协作成为战略合作伙伴,进而保证了供应链的一体化运作。

根据核心企业之间实力、规模、品牌、技术等方面的差异,将围绕其形成的供应链分为三类。第一类是核心企业在研发、品牌、关键零部件生产上具备一定的竞争优势,能够对上下游企业进行资源整合配置,与之相配套的上下游企业也具有一定的实力。易于实现整个供应链的协同运作。第二类以一些中小型企业为代表,具备一定的规模和经济实力,但在品牌和技术方面相对薄弱,与之相配套的上下游企业也较弱。第三类主要是一些小型的生产加工组装企业,它们一般规模小、范围窄,技术能力缺乏。

以核心企业为主导形成多条供应单链,供应单链内部及单链之间的相互关系,构成了集群式供应链的核心部分。

2. 辅助层

集群式供应链的外围还存在许多辅助性机构。如地方政府、科研机构、金融机构和中介机构等,它们构成了集群式供应链的辅助层。虽然辅助层不是构成主体,但却是集群式供应链的重要支撑。地方政府制定相关优惠政策,完善集群公共设施,营造利于集群发展的外部环境,推动集群持续发展;大学和科研机构为产业集群提供先进技术,是其技术创新的源泉和持续发展的根本动力;金融机构建立健全融资体系和融资渠道,构建健康有序的金融环境,不断提高产业集群竞争力;中介机构为集群企业提供信息和培训服务的同时,还为政府和企业之间架起桥梁和纽带。

三、集群式供应链的性质

集群式供应链是产业集群和供应链管理的有机整合,但并不是产业集群与供应链功能的简单堆砌,它具有以下性质。

1. 地域性

集群式供应链的组成成员在地理位置上相对集中。地理上的集中能带来专业化供应商队伍的形成、共享劳动力市场及促进知识外溢的优势。

2. 产业性

在集群式供应链中,有一类或几类产业占据主导地位。目前来看,大多数集群式供应链是以单一产业为主,但从长期的发展需求而言,可能衍生出其他的相关产业。所以集群内的企业可能共存于某一个特定的产业内,也可能存在于相邻的相关支撑产业。

3. 独立关联性

集群式供应链上的企业首先是独立自主的,它们从根本上是为了增加自身的利益,包括其互相之间的合作也是为了以集体竞争力的提高来带动个体利益的提升。但它们之间又是互相关联的。不能简单地把地理上邻近的企业都归纳为集群式供应链中。只有互相关联的企业聚集在一起,才能产生集群效应,达到双赢的效果。

4. 规模性

外部规模经济理论认为,在其他条件相同的情况下,行业规模较大的地区比行业规模较小的地区生产更有效率,因此,在可承受范围内,集群式供应链规模越大,竞争力越强,对投资商的吸引力也越大。

5. 网络性

集群式供应链是由前向、后向和水平的产业联系的供应商、生产商、分销商、客户组成的网络结构,既包括上下游的单链纵向关系,也包括跨链间的横向关系。

6. 竞争合作性

集群式供应链上的企业互相独立,为了利用有限的共同资源以及同质产品的比较,互相之间必然会产生竞争。而整体的发展和竞争力的提升又依赖于合作。企业之间既竞争又合作的关系,成为集群式供应链经久不衰的创新动力,从而保持整个供应链网络的竞争优势。

7. 动态性

运动是集群式供应链的根本属性和存在方式,其动态性是绝对的,静止是相对的。集群式供应链的产生和发展,内部上下游企业之间的关系,以及链间的竞争合作关系等都是动态的调整过程;整个网络链中企业的数量和状态在不断变化;集群式供应链的技术创新同样是一个动态的学习过程。因此,集群式供应链的研究必须采用发展变化的动态的视角。

8. 开放性

在集群理论的研究中,将其置于一个封闭的系统中分析是最易产生的一个误区。由于地理位置的邻近、交易成本的降低、信息交流的顺畅,产业集群内部容易滋生创新惰性,从而使其逐步演变为一个封闭的网络系统。Markusen在研究产业集群的成功与风险之间的关系时指出,集群越成功,越倾向于发展成一个封闭的系统,进而逐步丧失应变能力,导致其竞争力不断下降,直至集群的消亡。因此,集群式供应链不能是一个封闭性的系统,而应是开放的、与市场环境存在能量交换的互动链接。信息和网络技术的发展和广泛应用使得企业无法掌握技术创新的所有资源,外部因素对集群式供应链发展的影响变得和内生因素同样重要。在开放、平等互惠、互相信任的平台下,集群式供应链才能形成互相学习和合作的有利于创新的环境。

9. 创新性

产业集群中存在着大量相似的企业,它们往往面对同样的市场,使用相似技术。因此,产业集群内的竞争是异常激烈的,从而促使企业不断地进行技术创新。可以说,创新是产业集群式供应链可持续发展的动力,只有持续创新,才能保持集群式供应链旺盛的生命力和持久的竞争力。

10. 系统性

系统性是供应链管理的一个最基本特征,也是集群式供应链的优化中要遵循的第一原则。集群式供应链上有众多企业,其局部利益与系统的整体利益可能存在偏差,所以需要强调各成员的整合,以系统的共同利益为目标,才能以最佳的状态面对集体竞争。

四、集群式供应链的协同

供应链的协同是指在协同管理模式下,以信息的自由流动、知识创新成果的共享、无缝衔接的生产流程和共同的战略目标为基础,以实现整体供应链群价值最优为目标,供应链群各成员企业通过协议或联合组织等方式结成网络式联合体,相互沟通后协同决策的一种运作模式。

1. 集群式供应链协同的特点

集群式供应链的协同管理是一种综合性的管理模式,能够适应企业的集群化经营趋势,是赢得新时代竞争的迫切要求。集群式供应链协同具有以下特点:①成员多元化,顺应时代潮流;②信息共享化,提升竞争能力;③关系竞合化,提高共赢效益;④目标一致化,形成强大战力。

2. 集群式供应链协同模式分析

集群式供应链协作模式可以有不同种类,包括关联型、嵌入型、竞合型、协同型等。其中协同型集群式供应链模式是最佳的协作模式,能够适应市场发展的需要。

(1) 关联型。在产业集群中存在着供应链核心生产企业之间具有废弃物再利用关系的两条或两条以上供应链组成的网络运作模式。

(2) 嵌入型。在产业集群中的核心企业供应链,与提供物流服务的第三方物流企业所形成的两条或两条以上供应链组成的网络运作模式。

(3) 竞合型。在产业集群中存在着两条或多条产业相同或相似的供应链组织组成的网络上的运作模式。

(4) 协同型。若干条供应链中部分成员相互之间有长期的合作关系,虽然也有竞争,但是竞争已处于次要地位,更多的是协同合作,共同为满足市场客户需求服务。协同型供应链组成的系统内,不仅企业与企业之间存在较为密切的联系,而且不同核心企业所处的供应链之间的联系也很频繁。

扫码学习集群式供应链管理微课。

微课:集群式供应链管理

资料链接

现代供应链促进传统产业集群升级
——佛山陶瓷产业集群转型升级的启示

1. 我国传统产业集群转型升级迫在眉睫

2015年,全国千亿级的产业集群已超过60个,500亿级的产业集群近200个,百亿级的产业集群超过1 000个。但是,近年来随着国内外形势的新变化,我国产业集群发展进入了一个新的结构性调整期,一些深层次的问题逐渐暴露出来。

一是从外部看,我国产业集群发展面临"前有堵截、后有追兵"的不利局面。二是从国内看,我国传统产业集群受到新兴业态的冲击,面临重大挑战。三是从自身看,我国传统产业集群发展不平衡、不充分的问题比较突出。

2. 佛山发展现代供应链推动陶瓷产业升级的经验

佛山市享有"南国陶都"之称,陶瓷产业集群规模较大,占全国总产量近35%。近年来,产品单一、低质低价、成本高企、国际竞争力减弱,高能耗和高污染等问题也困扰着佛山陶瓷产业。针对上述问题,佛山市从2016年开始,积极培育以众陶联为代表的供应链服务企业,打造供应链协同平台,完善产业供应链服务,加强供应链资源整合,推动产业集群降本增效和创新发展。

(1) 推动建设供应链集采平台,促进产业降本增效。众陶联构建B2B+O2O的陶瓷产业链全球性集采平台,集聚了90%的佛山陶瓷企业,以及超过3 000家的供应商和超过500家的采购商,通过集中采购,帮助陶瓷企业有效降低采购成本;通过产业互联网、物联网整合供应链数据,实现信息共享,通过大数据分析进一步促进企业的采购、生产、销售与物流等资源的优化配置。此外,众陶联还申请参加省售电侧改革试点,以大用户购电的形式,帮助大量中小微陶瓷企业降低用电成本。2017年,参加平台集采的陶瓷企业平均采购成本比2015年降低约11.6%,其中煤综合成本降低15.3%,电成本降低6.7%,原材料及辅料类成本降低10%,服务类成本(保险等)降低25%。

(2) 推动供应链各环节标准化,提升产业发展水平。众陶联与科研机构合作,整合行业标准、优化企业标准,重点从行业采购标准(物料标准化)、产品质量标准(检验标准化)和行业诚信标准(付款标准化)三个方面发力,梳理了108项原材料标准,制定了36项检验标准、6项付款标准,在所有会员企业中进行推广,并带动整个产业集群应用相关标准。2017年,佛山陶瓷产品优等率比2015年提高了3%,"佛山陶瓷"区域品牌价值达到581.29亿元,比2015年提高了48%,整个产业集群的发展水平显著提升。

(3) 推动供应链全流程绿色化,破解陶瓷行业环保困局。众陶联打造全程绿色供应链体系,建立环保平台,推动应用最新环保技术和设备,帮助会员企业采购更加清洁高效的煤炭,推广应用更清洁的干法制粉工艺,并对企业电耗、煤耗、产成品率、成本等数据进行实时监控。2017年,佛山陶瓷生产企业平均能耗水平比2015年下降约20%,并带动佛山市整体废气排放量下降11%,废气污染物排放量下降30%。

(4) 推动供应链全链条"走出去",增强产业竞争力。国际化是产业升级的内在要求。众陶联利用其平台效应,紧跟国家"一带一路"政策,成立了海外超级商贸平台,打通海外渠道,集聚海外订单,推动整个陶瓷产业"抱团"走出去,并在海外市场积极主动树立佛山中高端品牌形象,打响"佛山智造"的名号。2017年,佛山陶瓷出口占全国的比重达到53%,比2015年提高了23%。

(5) 推动供应链金融服务规范化,破解融资难题。供应链金融的本质和特征就是基于实体经济服务实体经济。众陶联以"产业+互联网+金融"为核心路径,搭建金融平台,促进产融结合,探索建立陶瓷行业企业诚信体系,有效解决了中小企业"融资难、融资贵"的问题。同时,加强商流、物流与资金流的匹配性审查,遵守供应链金融以真实贸易背景为基础、资金流向实体经济、较低的利率和服务费水平三大原则,做到各类金融风险可控。

3. 启示与建议

(1) 以创新为发展导向,建立我国产业集群的非对称竞争优势。

(2) 以供应链协同平台为中心完善产业供应链体系,推动产业集群由"地理抱团"转向

"信息抱团"。

(3) 加强标准、信用和创新体系建设,提高供应链协同效率和水平。

(4) 变"政策洼地"为"制度高地",探索供应链治理新模式。

(5) 规范发展供应链金融,服务产业集群众多中小微企业。

资料来源:https://baijiahao.baidu.com/s?id=1699518916485155819&wfr=spider&for=pc。

资料链接:现代供应链促进传统产业集群升级完整资料

扫码了解该案例完整资料。

本章思考

1. 如何理解未来的产业竞争是供应链的竞争?
2. 企业的柔性化策略包括哪些方面?
3. 产业集群的供应链有什么特点?
4. 供应链金融主要是解决哪些企业的资金短缺问题?相对于银行贷款,它有哪些优势?

第十章

绿色物流

 学习目标

知识目标：
1. 了解国内绿色物流推进的各类措施；
2. 理解绿色物流在推进过程中的痛点；
3. 理解绿色物流推进的重要性。

能力目标：
1. 能分析绿色物流对国家碳中和政策的意义；
2. 能结合案例，分析物流的高效运作对国家经济高质量发展的价值。

素养目标：
1. 形成节约成本、提升效率的工作理念；
2. 养成注重细节优化的工作习惯。

导入案例

快递面单变"瘦"了

2019年6月，菜鸟联手快递公司对电子面单进行"大瘦身"：面积缩小近一半，并从两联单变为一联单，更加绿色环保。目前，新版电子面单已在百世、申通、圆通陆续上线，将会带动全行业进一步降本增效。如图10-1所示，对比菜鸟的新旧电子面单会发现，新面单的面积小了一半。这是继隐私面单之后，菜鸟电子面单的又一次重大革新。

2014年诞生以来，菜鸟电子面单逐渐取代传统纸质面单，推动中国快递业进入数字化时代。2018年全国500亿个快递中，300多亿个使用了菜鸟电子面单。交通运输部原副部长、中国快递协会会长高宏峰在2019年全球智慧物流峰会上提到，菜鸟电子面单已经累计服务800亿个包裹，节约纸张3 200亿张，帮助全行业节约成本160亿元，也因此获得国家邮政行业科学技术一等奖。

作为"数字身份证"，菜鸟电子面单让每一个包裹加速送达。"随着快递员App的普及，电子签收已经越来越广泛使用，一联单不只是模板样式的调整，更帮助快递公司优化了作业流程"，菜鸟电子面单产品负责人胡倩倩介绍，"瘦身"后的菜鸟电子面单成本也再度下降，可帮助全行业节省一半面单成本。"以前消费者签收后，我要把签收联撕下来带回网点，还要

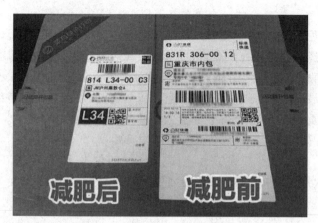

图 10-1　菜鸟新旧电子面单对比

花很多时间整理,现在电子签收、驿站和柜子代收都普及了,很多时候签收联都用不上了",一名快递员对记者表示,新推出的电子面单信息更清晰直观,让他们操作起来也更方便。

不仅如此,菜鸟还联手快递公司,在电子面单上创新推出公益广告,号召消费者加入绿色环保行动,"一人回收一纸箱",让快递纸箱循环再利用。

资料来源:https://baijiahao.baidu.com/s?id=1636125471828822686&wfr=spider&for=pc.

▶ 头脑风暴

物流的"绿色"体现在哪些方面?

第一节　绿色物流推进举措

一、绿色物流的概念与内容

近年来,绿色物流越来越引起政府及企业的重视。那么,什么是绿色物流呢? 业内较为一致的看法是,绿色物流指在物流过程中抑制物流对环境造成危害的同时,实现对物流环境的净化,并使物流资源得到最充分利用。绿色物流包括物流作业环节和物流管理全过程的绿色化,它主要包括五个方面内容,分别是节约资源、绿色运输、绿色仓储、绿色包装和废弃物物流。

二、发展绿色物流的必要性

1. 绿色物流适应了世界社会发展的潮流,是全球经济一体化的需要

随着全球经济一体化的发展,一些传统的关税和非关税壁垒逐渐淡化,环境壁垒逐渐兴起,为此,ISO 14000 成为众多企业进入国际市场的通行证。ISO 14000 的两个基本思想就是预防污染和持续改进,它要求企业建立环境管理体系,使其经营活动、产品和服务的每一个环节对环境的不良影响最小。而国外物流企业起步早,物流经营管理水平相当完善,势必给国内物流企业带来巨大冲击。在经济全球化的今天,我国物流企业要想在国际市场上占一席之地,发展绿色物流将是理性选择。

2. 绿色物流是可持续发展的一个重要环节

绿色物流与绿色制造、绿色消费共同构成了一个节约资源、保护环境的绿色经济循环系统。绿色制造是制造领域的研究热点，指以节约资源和减少污染的方式制造绿色产品，是一种生产行为；绿色消费是以消费者为主体的消费行为。三者之间是相互渗透、相互作用的。近年来全球经济发展的经验说明，只有走绿色经济的道路，才能获得可持续发展。物流是支持商品生产流通的重要环节，发展绿色物流才能实现绿色经济。

3. 绿色物流是最大限度降低经营成本的必由之路

业内专家认为，产品从投产到销出，制造加工时间仅占10％，而几乎90％的时间为储运、装卸、分装、二次加工、信息处理等物流过程。因此，物流专业化无疑是降低成本奠定了基础。绿色物流强调的是低投入→大物流的方式。绿色物流不仅是一般物流成本的降低，更重视的是绿色化和由此带来的节能、高效、少污染。

4. 绿色物流还有利于企业取得新的竞争优势

日益严峻的环境问题和日趋严格的环保法规，使企业为了持续发展，必须积极解决经济活动中的环境问题，改变危及企业生存和发展的生产方式，建立并完善绿色物流体系，通过绿色物流来追求高于竞争对手的相对竞争优势。

发展绿色物流是目前甚至是未来物流发展的不可或缺的主旋律，从企业自身来说，应该正确认识绿色物流对企业发展的重要性，发挥其积极性，提升企业的竞争实力。从政府方面来说，绿色物流不仅是市场自主调控发展，更应该从政策方面予以支持，加速推动绿色物流健康发展，与市场巧妙结合，保障物流行业的快速发展，以此推动经济实力的快速增长。

三、企业绿色物流推进的有效措施

在未来，对快递企业来说，"快"只能保证不输，"绿"才能赢。为了提高快递业包装领域资源利用效率，降低包装耗用量，减少环境污染，2020年7月，国家邮政局、国家发展改革委和商务部等八大部委联合发布了《关于加强快递绿色包装标准化工作的指导意见》，要求进一步推进快递包装的绿色环保化。目前，可降解的绿色包装材料应用比例提高到50％、主要快递品牌协议客户电子运单使用率达到90％以上，平均每件快递包装耗材减少10％以上。国内物流企业在日常运营过程中，用来推进绿色物流的主要有以下几个措施。

扫码查看《关于加强快递绿色包装标准化工作的指导意见》。

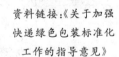

资料链接：《关于加强快递绿色包装标准化工作的指导意见》

1. 做好资源的回收再利用

如图10-2所示，快递公司在快件的集包过程中需大量使用集包袋和编织袋，使用可多次重复利用的集包袋相对会更划算。因为集包袋要20多元一个，但是可使用几千次；塑料编织袋只要几毛钱，但是使用寿命在10次左右。快递公司还积极利用电子面单取代传统面单，以韵达集团为例，据统计其一年就减少消耗快递运单近50亿件，编织袋近4亿条。

一直以来，快递包装过度、"大材小用"、循环利用率低等现象普遍存在，不仅浪费资源，也给环境带来沉重负担。2021年内地快递业务量首度突破1 000亿件，背后所用的瓦楞纸箱原纸多达一亿吨，占全球消费总量接近1/2。为了解决快件包装盒循环利用率低的问题，一些公司纷纷推出新的产品包装。例如，苏宁物流倡导用"共享快递盒"（图10-3）替代常用

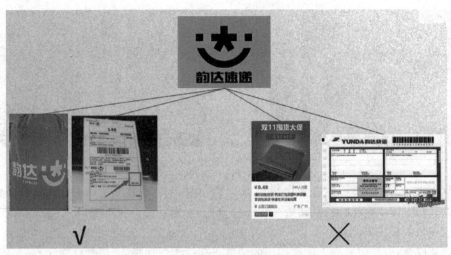

图 10-2 韵达绿色物流的举措

图 10-3 苏宁易购的可回收包装盒

的瓦楞纸箱,它是一个方形的塑料箱,签收后快递小哥可以将它折叠起来,变成一块塑料板,带回仓库重复使用。一个共享快递盒成本 25 元,平均每周可循环 6 次,预计单个快递盒使用寿命可达 1 000 次以上,单次使用成本仅为 0.025 元。

2. 尽量利用新能源

物流行业是能源消耗大户,这包括运输过程中的燃油消耗和仓储过程中的电能消耗。2018 年,菜鸟广州增城物流园区的屋顶太阳能光伏电站正式落成调试完成并网,成为菜鸟绿色家族的一位新成员。据悉,遍布全国的 10 多个菜鸟物流园区也已开工建设屋顶光伏电站,将陆续并网发电。将绿色能源引入物流园区,可以减少传统能源带来的污染,以菜鸟广州增城园区为例,年发电量近 1 000 万千瓦·时,约为 3 500t 煤的发电量,通过使用清洁能源,不仅每年节省数百万元电力成本,更重要的是减少了大量的能源消耗。在末端配送环节,新能源的利用也大有潜力可挖,几大快递公司近年来在末端投递环节大量使用电动三轮车,每年可减少碳排放量近 200 万吨。

3. 尽可能减少原材料消耗与污染

在快递包装原材料消耗方面,京东公司缩减胶带纸宽度的例子很有代表意义。据国家邮政局统计数据,2015 年中国快递业至少消耗胶带 169.85 亿米,可以绕地球 425 圈。当年,京东公司着手对胶带进行优化,在不影响快件包装效果和美观度的前提下,将胶带的宽度由 53mm 缩短至 45mm(图 10-4),仅此一项,京东物流仓储体系每年可减少胶带使用 500 万平方米。

图10-4　物流企业的包装材料

不仅如此,京东公司还积极采取措施减少塑料垃圾的污染。2014年,京东自主研发了专利防撕袋(图10-5),可以重复利用。2016年开始,京东在防撕袋的基础上,推出了全降解包装袋。这种包装袋在堆肥条件下3～6个月内会完全分解为二氧化碳和水。公司在细节之处也突显绿色概念,例如包装袋上印刷使用的油墨是环保水性油墨,无刺激性气味,更加环保。

 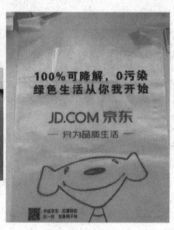

图10-5　环保包装材料

与此同时,国内外优秀的物流企业都在积极采取措施,践行绿色物流理念。例如,快递领域的龙头企业顺丰,研发出了免胶纸箱、二次利用文件封和EPP循环保温箱等环保包装,推动了快递领域绿色物流向前发展。2021年,我国政府订下目标,到2060年,我国绿色低碳循环发展的经济体系和清洁低碳安全高效的能源体系全面建立,能源利用效率达到国际先进水平,非化石能源消费比重达到80%以上,碳中和目标顺利实现,生态文明建设取得丰硕成果,开创人与自然和谐共生新境界。绿色物流的系列举措,有助于碳中和目标的实现。

扫码学习绿色物流推进举措微课。

扫码查看《中共中央　国务院关于完整准确全面贯彻新发展理念做好碳达峰碳中和工作的意见》。

微课:绿色物流推进举措　　　资料链接:《中共中央　国务院关于完整准确全面贯彻新发展理念做好碳达峰碳中和工作的意见》

第十章 绿色物流

物流企业还可以采取哪些措施来推进绿色物流？

资料链接

绿色物流包装

2019年《政府工作报告》征稿中，在"2019年政府工作任务"章节就有"推广绿色快递包装"相关的表述，足见我国政府对于快递物流领域绿色化的重视程度。随着商品经济的发展，非绿色的、不可降解回收的包装使用量日趋增大，甚至出现了许多过度包装的现象。因此，物流包装对于能源的消耗越来越多，对环境的污染以及生态环境的破坏也日趋严重。物流包装绿色化已然成为物流绿色化的主战场。

1. 典型技术

2020年，我国快递包装消耗量是一个天文数字，快递运单超过1000亿份、编织袋146亿条、塑料袋400亿个、封套150亿个、包装箱480亿个、胶带820亿米、缓冲物144亿个。中国计量学院完成的《中国快递标准化》研究中指出，我国每年因快递包装过度浪费的瓦楞纸板约18.2万吨，相当于年均砍掉1547万平方米的森林。

一个快递包装通常由填充材料、外围纸箱及密封胶带组成，而各个快递企业就从这三个方面着手，为快递包装"瘦身"。

（1）填充材料方面，我国电商物流相关企业研发的新材料技术，使得缓冲和填充包装厚度降低35%，也因此每年减少使用聚乙烯颗粒1000kg。广州绿发材料科技有限公司开发的以非粮淀粉为原材料的热塑性淀粉发泡材料，可以彻底解决缓冲包装带来的白色污染问题，而且是目前生物质材料中相对具有价格优势的材料。除此之外，一些快递企业使用充气袋来替代传统的填充材料。充气袋比传统的泡沫等包装填充材料，加大了气泡直径，增加了内部空气量，使缓冲减震效果得到极大的增强，同时减少了填充物制造消耗的材料。与此同时，该类充气袋增加了气袋膜的柔韧性，使之不易被压破。从仓储角度来看，新型快递充气袋是现充现用的，未充气前呈卷膜状，单卷直径不到20cm，相较于传统气泡膜来说，能为企业节约大量的仓储空间。从运输角度来看，填充气袋轻便整洁，其重量可以忽略不计，不会增加物流成本，又能够很好地保护产品安全运输。

（2）外围纸箱方面，我国电商物流企业致力于将纸箱材质最优化，尽可能将五层纸箱和高克重纸板的使用比例降低至5%以下（欧洲10%，美国8%），这将极大程度减少木材的消耗。对于纸箱外的面单，可通过利用实际面单与电子面单相结合的技术，使整体面单面积减少30%，年纸张减少1000t以上，成本节省12亿元以上。

（3）密封胶带方面，我国平均每件快递的用量是0.8m，密封胶带不仅本身为不可降解材料，也在客观上造成了纸箱与塑料难以分离，提高了回收成本。我国电商物流逐步推行"瘦身"胶带，所谓的"瘦身"胶带是指窄于传统胶带宽度的新型胶带，通过降低15%的宽度，最终实现每年减少胶带使用2亿米的目标。除了对胶带进行"瘦身"，一些企业研发"一触合"环保胶水来取代传统胶水。传统胶水的生产需要高温条件，所以常常带来安全隐患、生产环境脏、乱、差等问题,行业内急需环保胶水。"一触合"环保胶水则可以使纸与乙烯—醋酸乙烯共聚物、泡沫、珍珠棉等快速黏合,常常只需几秒。另外,一些快递企业研发了封箱过程中无须胶水、胶带等耗材的无胶带纸箱,从根本上杜绝了胶带的使用,可降低碳排放和自然资源消耗。

2. 发展趋势

(1) 包装"瘦身"盛行,过度包装越来越少。在认识到过度包装对自然资源的浪费之后,各个物流企业必将采取措施,在包装源头减少对包装材料的消耗。目前,随着各个企业的共同努力,包材消耗有所下降,但还不够。未来,各家企业随着实践的进一步深入,会逐渐找到能满足包装强度需要的最简包装,从而进一步减少包材消耗。

(2) 数据分析盛行,包装利用率越来越高。除制造出最简包装外,还需要将各种货物与最简标准箱相匹配。随着技术的发展,未来人工智能大数据分析的准确程度将进一步提升,因此箱货匹配程度将进一步提升,包装利用率也将进一步提高。

(3) 新型环保材料逐渐普及,废弃包装污染越来越低。目前我国物流包装,特别是快递包装回收率极低。这些废弃的包装除产生大量的资源浪费外,还会对环境产生极大的污染。面对这样的情况,一方面我们要培养人们再利用的意识,另一方面要提高包装材料的环境友好程度。尽管目前新包装材料使用率较低,发展受阻。但在未来,随着新包装材料技术瓶颈的突破,可降解型包装材料的使用率必将提升,包装材料废弃污染程度越来越低。

(4) 供应链思想得到应用,物流包装全流程适应性越来越高。通过电商物流领域的预包装和简约包装可以看出供应链思想已逐步应用于包装领域。自 2017 年国务院办公厅印发了《国务院办公厅关于积极推进供应链创新与应用的指导意见》和党的十九大报告将发展供应链作为重点发展对象以来,国内各企业对于供应链的关注程度越来越高。特别是生产企业,在考虑包装的成本时,不再只考虑自身的情况,而是去关注包装在链条后续一系列环节中的适应程度。未来,在落实供应链思想的过程中,生产企业将更加考虑自身生产的产品包装与整个链条流程的契合程度,逐步解决传统的生产物流包装存在的静态设计、高冗余、保护不均衡三方面的问题,提高供应链整个链条的效率,减少不必要的成本及资源的浪费。

资料来源:http://dzb.cien.com.cn/zgcjxw/20190305/html/page_01_content_002.htm。

资料链接:绿色物流包装完整资料

扫码了解该资料链接的完整资料。

第二节 绿色物流痛点分析

一、绿色物流的痛点

虽然各国政府在力推绿色物流,但是在实际运作中绿色物流的推进并非一帆风顺,常常会出现一些障碍,在有些领域甚至是举步维艰。以苏宁易购 2017 年推出的共享包装盒为例,当年苏宁共投放了 5 万个共享盒子。但是,实际的运作效果并不如预期。

(1) 部分消费者不予配合。有些消费者看到黄色共享快递盒觉得很新奇,自己想留下来。另外,也有消费者因为担心自己的个人信息泄露,干脆拒绝快递员将盒子回收的请求。

(2) "回箱计划"快递小哥"没空收"。2017 年"双 11"期间,有近 1 000 万个快递纸箱得到回收,然而在 2018 年天猫"双 11"期间,9 亿多的物流订单数量面前,"绿色物流"的效果就显得一般了。

(3) 回收过程无法有效监管。有的用户将快递发送到公司,需要下班后将物品拿回家,快递盒回收后不方便用户携带;还有的用户对于重复利用的快递盒的卫生情况表示担忧,并不希望自己购买的物品放在共享的盒子里。此外,共享快递盒并不适用于所有的产品,很多大件物品依然需要更多的包装材料打包后才能进行配送。

(4) 企业回收包装箱成本较高。苏宁使用环保材料制作的黄色周转箱制作成本是 25 元,大约可用 1 000 次,单次成本是 0.025 元,这确实是降低了。不过,企业的包装箱回收成本却不低。有快递小哥表示,自己每回收一个纸箱,公司就会给 5 角到 1 元的补贴,同时消费者也可获取奖励。此外,电商物流平台还要面对空箱子的仓储成本、专业维护人员费用、消毒成本等。这样一算,纸箱回收再利用的成本其实并不低。

(5) 难以在其他公司推广。像苏宁这样的共享快递盒,对于占据市场大半壁江山的通达系快递来讲并不适用,一方面因为通达系加盟制的模式在管控问题上无法做到像自建物流一样高效可控,在回收快递盒的问题上无法有效监管;另一方面,很多通达系包裹是由商家自行打包,无法像自建物流一样做到仓配一体。

2060 年中国实现碳中和意味着什么

2020 年 9 月 22 日,中国在七十五届联合国大会一般性辩论上,提到要努力争取 2060 年前实现碳中和,这意味着从 2020 年到 2060 年这 40 年间,中国的碳排放要从每年的 160 亿吨降低到几乎不排放。消息一出,震惊世界,各大主流媒体新闻头条争相报道。那么 2060 年中国实现碳中和,对于我们,到底意味着什么呢?

碳中和与零排放是两个意思,零排放就是字面意思,即整个中国大地将不会产生任何的温室气体排放。要做到这一点,别说 2060 年,就是到 2160 年,如果可控核聚变不能商业化,那也绝不可能实现,所以中国并没有提零排放,而是提到碳中和。

所谓碳中和,就是将中国的排放通过其他减排形式中和掉,例如到 2060 年,如果中国仍然排放了 10 亿吨温室气体,但同时拥有等量的碳汇或者国外的减排信用来抵消这 10 亿吨的排放,就可以说是碳中和了。

虽然看起来这个减排目标与零排放有一定差距,又像是中国在玩文字游戏,但是中国的实际碳排放如果不低到一定程度,是无法达成碳中和目标的。所以,相对于之前中国提出的承诺,这个可以说是决定性的、对全球减排有着里程碑意义的承诺。

中国应对气候变化的承诺史如下。

中国向世界做出的碳排放承诺,最早可以追溯到 2009 年哥本哈根气候变化大会,中国首次提出到 2020 年实现单位 GDP 二氧化碳排放相对于 2005 年降低 40%～45% 的目标。这个目标听起来减排幅度很大,但加了一个 GDP 的变数在内,实际的排放其实是虚的,也是不可预测的,被很多人诟病是在玩文字游戏。

后来,在 2015 年巴黎气候大会上,我国又提出了到 2030 年二氧化碳排放相对于 2005 年降低60%~65%并争取实现达峰的目标。这里面单位GDP的减排目标其实跟第一次提到的目标没什么区别。但是提出的2030年达峰就比较具体了,这意味着2030年以后中国的碳排放就必须往下降,为了达成这个目标,2030年之前碳排放的增速就必须放缓。但总的来说,这个目标也只是不再增加排放,离真正意义的减排还是有一定距离。

而这次提出的2060年实现碳中和的目标,相对于之前提出的目标的实现难度,可以说是"窜天猴"和"火箭"的区别。首先,这个目标是真实减排,没有GDP什么的修饰词,而且直接就一下干到底——碳中和。其次,与之前的目标承诺不一样:这次说的是碳中和,而不是二氧化碳,大家都知道,温室气体除二氧化碳以外,还有其他气体,这次可以说是第一次在减排承诺中体现了其他温室气体。再次,是这个时间点,别看2060年离我们还有40年,我国现在的碳排放已经超过160亿吨,现在的衣食住行无不弥漫着温室气体排放的味道,而40年以后,这一切将彻底消失,取而代之全是清洁的能源和原材料,这种划时代的改变与工业革命前后的变化相比,只能有过之而无不及。

2060年如何实现碳中和?虽然官方对这个目标没有明确的实施计划,但相关研究已经做了很多,这里以地球温度控制路线图(图10-6)来说明,这幅图是全球温度控制在2℃以内,温室气体浓度最有可能的变化趋势图。这里主要不是讲大气温室气体浓度,而是讲中国如何在2060年实现近零排放(碳中和),所以图中纵轴的大气温室气体浓度和横轴2060年后的净负排放可以忽略。

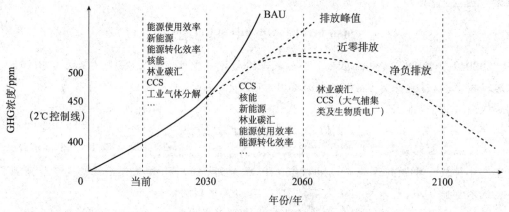

图10-6　地球温度控制路线图

从图10-6可以看出,每个阶段都有很多的减排途径,字体大小代表各个阶段减排途径的优先顺序。这个顺序是综合考虑经济性和实施难易度来排列的。可以看出,在2030年达峰前,主要的减排途径是节能(能源使用效率)和新能源,而达峰后的主要减排途径是CCS(碳捕集与封存)核能和新能源。而其他减排途径因为所占比例较小,只能是一种补充。

减排途径肯定从最容易的下手,我国的能源使用效率比较粗放,工厂里投资回收期在3年之内的项目仍然很多,节能项目本身就有经济收益;而新能源板块,无论是新能源发电还是新能源车,其成本已经到达低于传统能源的临界点。剩下的就是快速发展。所以,不出意外,最近20年的新能源项目将呈现前所未有的爆发式增长。

当中国的碳排放逐渐达峰并开始下降以后,这种本身具有经济效益的项目将会变得微乎其微,届时节能空间几乎被榨干,优质的光伏/风电资源也被消耗殆尽,传统能源车也完全被新能源车替代。但即使这种状态下,中国预计仍然有超过 80 亿吨的排放。这些排放将来自燃煤火电、工业/民用天然气和水泥等工厂的工艺排放。

接下来的减排路线就是要额外掏钱才能实现的,当然因为大头仍然是燃煤电厂,解决它们的主要方法就是 CCS,次要方法是榨干那些不是很好的光伏/风电资源。这些都需要大量额外的支出,所以需要碳资产的加持才能实现。这里面有一个变数就是核能,中国最近又启动了核项目的审批,如果大力发展核电,可能会减小 CCS 的比重。但 CCS 仍然是中国实现碳中和必不可少的途径。

最后再说说林业碳汇,在所有的减排途径中,林业碳汇是属于自然解决办法,附带大量环境协同效应,也是最好的碳资产,应大力发展,但笔者认为林业碳汇再怎么折腾,也占不了太大的比重,不能成为我国实现碳中和的主要途径。

中国实现碳中和目标过程中哪些行业将受益?

毫无疑问。从现在开始与节能和新能源沾边的所有行业都将长期收益,包括节能技术、节能设备、新能源车产业链、光伏/风电产业链,而 CCS 产业链可能要到 20 年后才能迎来爆发期。其他如造林、农林废弃物利用、垃圾资源化利用等行业也将迎来经济增长。

资料来源:http://m.tanpaifang.com/article/74190.html。

二、绿色物流痛点产生的原因

分析绿色物流推进难的原因,痛点主要还是在实施的成本上。一方面,绿色物流更多的是政府在推动,因为如果不采取措施,对整个社会将产生更多的污染,到时会积重难返。另一方面,中小企业则觉得多采取一些措施会增加自身的成本,对成本斤斤计较的企业是没有积极性的。所以,要全面推动绿色物流,主要还是应该从机制创新的角度入手,使企业通过相应的举措既能得到实惠,又能推动社会环境的治理。

三、发展绿色物流存在的问题

1. 思想观念问题

目前很多企业还认为"中国绿色物流"仅是一个不能落地的先进理念,与目前企业的经营与管理关系不大。在调研中很多企业都表示这是未来的发展方向,企业也愿意为降低大气污染、降低碳排放做出贡献,但是找不到抓手,不知道从哪里做才能推进绿色物流的发展。

企业面临的问题是现实的,面对的市场竞争是激烈的,如果推进绿色物流的工作不能够帮助企业提升竞争力,不能够解决企业面对的现实问题,不能够为企业提供先进和实用的案例与标杆,不能够为企业提供先进适用的绿色物流技术装备,口号喊得再响也没有用。

推进绿色物流的发展,除引起普遍关注的电动卡车等技术外,还有很多先进适用的绿色物流技术与设备,这些技术与设备不仅能够帮助企业节能降耗,更能够提升企业运营效率,降低运营成本,提升企业竞争力。此外,目前在日本等国受到关注与推广的低成本自动化技术,借助于物体重量本身势能和巧妙的自动化机械机构设计,不用采取任何动力即可实现一些自动化的物流作业,也是成本低、效益高的绿色物流技术装备。例如:在无动力物流传送带系统与活鱼的快递包装中,无动力物流传送系统就是一个典型的绿色物流输送系统。

对于一些纯粹是思想观念的问题,还必须通过加强宣传来转变观念。如镀锌货架和滚筒,由于可以免除喷漆和电镀工序,降低生产过程污染,产品不仅价格低,质量也好,便于推广应用,但在实际推广中遇到由于产品外观看起来不漂亮而不被用户接受的问题,这就需要加强对用户的宣传推广,转变观念。

2. 绿色物流技术设备成本高的问题

在推进绿色物流技术创新的过程中,遇到的一个最大的问题就是很多绿色物流的技术设备往往一次性采购成本较高,在项目招投标中处于成本劣势,企业不愿意采购。

这是一个非常现实的问题,这一问题也是因为企业存在着认识的误区带来的。实际上,很多先进节能的物流技术装备虽然一次性采购成本较高,但是企业在使用这些技术装备的过程中,能够为企业降低能耗,提升作业效率,减少维修次数,大幅降低企业运营成本,从全寿命周期角度分析,把采购成本与使用成本综合考虑,就具有很大的成本优势。

用产品全寿命周期理念分析绿色物流的设备与技术的成本,把购置成本与实际应用的使用成本综合考虑,有利于用户对总成本的认识,便于绿色物流的技术推广。我们常把产品销售后的使用期间带来的市场问题称为"后市场",全寿命周期理念就是把产品的售前市场与售后市场相结合,研究绿色物流设施设备的"后市场"问题,是推进绿色物流行动计划的重要理念。同时,通过开展试点示范工作,对先进的试点示范企业给予适当的财政资金支持,是启动市场机制,激发市场活力,推进绿色物流工作的重要手段。

3. 电子商务物流绿色包装问题

随着中国电子商务高速发展,电商物流量与电商包裹数量呈现爆发性增长。据最新数据,2022 年上半年电商物流包裹将超过 500 亿件。目前,为了避免运输中野蛮装卸带来商品损毁,通常小件商品要层层包装,包装用的胶带、塑料袋、纸盒、纸箱、泡沫填充物等不能循环使用,甚至部分包装材料还有一定毒性,带来了严重浪费和环境污染,已经成为严重的社会问题。

需要说明的是,电商物流绿色包装绝不仅是目前大家关注的焦点——末端包裹的绿色包装问题。电商物流包括商品的运输、仓储、分拣、加工、配送等环节,这些环节也都涉及产品的拆箱、分拣与重复和过度包装问题。随着电子商务的爆发性增长,如何实现电商物流系统的绿色包装已经成为中国绿色物流领域最大的问题之一,也是中国绿色环保领域面临的最大社会焦点问题之一。

针对电商物流由于包装产生的垃圾问题,可从以下 4 个方面加以解决:①推进减量包装。对于可以减下来的包装物坚决减下来,减下来就会减少产生包装物垃圾。②推广循环使用包装。对于实在不能减下来的包装,可通过包装物循环使用,大幅度减少包装物垃圾。③包装物循环利用。对于既不能减量,也不能采取循环使用的包装物,要采用可以循环利用的包装材料,如可重复使用的纸箱等。④包装材料的可环保降解。需要注意的是一定强调可环保降解,绝不是可降解就绿色,很多可降解材料的降解过程可能并不环保,也会带来严重污染。

已经有城市开始推进垃圾不分类即不清运的强制垃圾分类措施,香港正在推进按用户垃圾量收垃圾处理费的政策,德国推出的新包装法(VerpackG)于 2019 年 1 月 1 日生效,强制生产商或出售商,第一次销售产品含有包装,包括外部包装、最终零售包装、饮食业所用的抛弃式容器/盛器、运送包装材料等都要注册和认领许可证,强制企业必须申报出售的包装材料、种类和重量。如果不遵守这些规定,将面临高达 5 万欧元的罚款和销售禁令。这些都是非常有效的推进绿色物流包装的重要措施,值得我们借鉴。

4. 绿色物流的政策扶持问题

绿色物流是一个系统工程，要推进绿色物流的发展，仅靠市场的力量远远不够。推进绿色物流取得的社会效益往往跟企业关系不大，但却需要企业采购更好的设备，增加项目资金投入，开展技术创新与管理创新，这些都会给企业带来短期的成本上升，严重影响企业的积极性。

此外，一些先进的节能降耗技术，如太阳能光伏发电，虽然具有巨大的社会效益，但投资成本较高，回收期长，如果没有国家补贴，难以有良好的投资回报收益，这也是仅靠市场的力量难以解决的问题。

目前，国家已经出台了系列节能降耗扶持政策，首先是要梳理和调研国家和地方在节能降耗(如太阳能光伏发电)方面的各项政策与补贴，汇总编辑这些补贴和扶持政策，可以帮助企业了解节能降耗的优惠与补贴政策，帮助企业申请相关政策支持。其次，在商贸物流领域，也要研究专项的绿色物流政策措施，建立相应的补贴机制，推进商贸物流领域绿色物流的发展。

四、推动绿色物流发展的突破口分析

1. 绿色物流基础设施突破口

发展绿色仓储是绿色物流基础设施的重要突破口。从合理设置仓储网络及各种设施方面出发，要求布局合理，以节约运输成本。布局过于密集，会增加运输的次数，从而增加资源消耗；布局过于松散，则会降低运输的效率，增加空载率。此外，仓库建设前，还应当进行相应的环境影响评价，充分考虑当地的环境，仓库在建设的过程中，也要求严格实行"三同步"政策，避免因为仓库的建设和货物的存储产生潜在环境破坏，大幅提高了环境保护的可靠性。

从仓储建设角度，仓库建筑节能、仓库照明节能都是非常重要的方面。尤其是冷库的建设，充分采用建筑节能材料，减少能源浪费，是冷库节能的最重要措施。物流作业与普通建筑不同，冷库需要货物频繁装卸车，库门需要经常打开，如何做到冷藏车与冷库门无缝对接？也是减少能源消耗的重要方面。在照明方面，尽量利用自然光照明，采用节能环保的LED照明可以大幅节省能源。

仓库要想实现绿色节能，还有一个重要的方法就是利用屋顶资源，开展新能源的光伏分布发电，自发自用，实现清洁能源和新能源利用，更是一个最大的和最直接的节能降耗的突破口。

2. 绿色物流作业突破口

使用绿色环保物流装备，实现绿色环保仓储作业，也是绿色物流作业的重要突破口。在绿色物流中心内，一些对人体无害、对环境影响小、产品结构简单而又不降低功能、可循环使用回收的物流装备得到越来越广泛的应用，如使用清洁燃料或电力驱动的叉车等。

在仓储环节，随着环保理念的深入和新型装备的研发使用，传统物流运作方式实现了新的变革。在物流中心的货物出入库、拣选、装卸等环节，尽量避免商品的损坏，从而减少资源浪费以及废弃物对环境造成污染。另外，通过流程优化消除无效搬运等操作，合理利用机械化和自动化设备，保持物流的均衡顺畅。

在运输环节，大力推进绿色货运行动计划，全面推进新能源车的发展，推进轻型卡车、节

能卡车全面发展,对传统的货运车辆通过加装节能导流罩、更换低阻力轮胎等技术实现货运装备绿色化;通过甩挂运输、多式联运、智能调度与路径优化、司机节油培训等方式推动绿色货运模式创新与管理创新。

例如,托盘的循环使用。如果在货车的装卸搬运过程中,一直使用托盘,不仅可以提高货物的活性指数,还可以大幅提升装卸搬运的作业效率。但是,由于托盘的成本不低,如果托盘出去了无法收回来,则会大幅增加企业的物流成本。而且,托盘是可以重复使用很多次的。所以,虽然大家都知道托盘应该循环使用,但却一直找不到破解的方法。托盘的使用范围往往就只局限在一个企业内部。目前,已有多个托盘回收企业在搭建平台,构建托盘使用回收的网络,降低企业托盘回收使用的成本。如图10-7所示,这是由招商路凯公司构建的托盘循环业务模式图,看得出来这个体系正在逐步得到完善,吸引着越来越多的企业加入进来。

微课:托盘与带板运输

扫码学习托盘与带板运输微课。

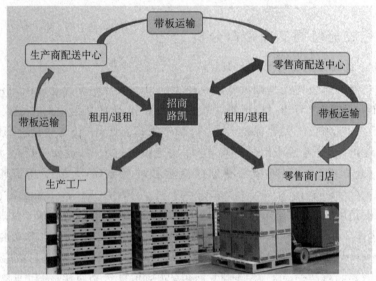

图10-7 招商路凯公司构建的托盘循环业务模式图

3. 绿色物流配送的突破口

绿色物流配送的突破口主要有两个方向:一个是绿色配送模式;另一个是绿色配送车辆。

大力发展共同配送,优化车辆装载,同等业务量情况下大力减少配送次数是实现节能减排的有效手段。共同配送有统仓统配、集货共配、循环取货共配、智慧共配等几十种先进的模式。以循环取货共配方式为例,"循环取货"是指在一定的距离内,一辆卡车按照优化的路线,到多个供货商处依次循环装载货物并进行共配的模式。与以前采用一辆卡车仅从一家供货商处取货的方式相比,这种方式全面提高了车辆装载效率,缩短了行驶距离,因而减少了卡车能耗及二氧化碳排放量。

使用节能降耗的配送车辆,是降低碳排放、发展绿色配送的重要方面。城市配送车辆是城市污染物排放的重要来源,采用电动、LNG(液化天然气)等新能源配送车辆,采用节油卡车,采用卡车节油技术,也是降低排放的重要措施之一。其中大力发展电动配送车辆是重点措施,可以在城区实现零排放配送。由全寿命周期综合分析可知,电动新能源车辆也不能实现零排放,因为发电消耗能源也将产生大量污染与排放,但是,发展电动卡车,一方面是在人口集中地区实现零排放,减少污染对人类的影响;另一方面在电力发电领域,光伏、风能、水能等新型能源用量也在快速增长。总体上看,大力发展电动车是绿色物流配送的一个重要突破口。

4. 推进落地实施的突破口

推动绿色物流,落地实施是关键,按照政府引导、广泛联盟、市场主导、系统推进的原则,是全面推进中国绿色物流的发展突破口。

政府引导主要体现在标准制定与落实、专项资金补助与支持和政策法规引导等方面;绿色物流主要集中在商贸流通领域,属于商务部职能范围。可由国家商务部主导,联合各相关职能部门,通过制定和规范物流标准,建立专项支持资金,制定一系列的政策法规,系统性地推进绿色物流地发展。通过政府引导,建立广泛的企业绿色联盟,通过绿色供应链传导机制,推动全社会绿色物流发展。

市场主导的重点在市场主体,市场主体集中在应用领域。建议从市场应用领域入手,联合重点企业,建立广泛的绿色物流的企业联盟,倡导社会责任,实施绿色物流合作伙伴计划,建立绿色物流的市场主导体系;生产企业和商贸流通企业是推进仓储与配送的节能降耗技术应用的市场主体,抓住市场主体,建立合作联盟,倡导绿色物流,强化社会责任,建立绿色物流的市场主导体系,是发达国家推进绿色物流的成功经验。

通过为企业提供绿色物流的节能减排解决方案,提供集约化的绿色存储和共同配送策略,提供绿色物流全面的技术支持,利用国家的各项优惠政策,帮助企业扩大市场,创造效益。企业要承诺优先采用绿色物流解决方案,同时制定企业绿色物流行动路线图,确定企业仓储与配送的节能减排目标。

组织实施的关键在于系统推进,仓储与配送的节能降耗工程是一个大系统,中国仓储与配送协会需要结合仓储业转型升级,通过技术创新和模式创新,采用系统的运作思路全面推进绿色仓储与配送行动计划。例如,目前应用越来越广泛的大数据分析技术,美团、饿了么等企业借助这项技术,可以为末端送餐员提供同一线路的订单整合服务,使其一次性可以多送几个订单,在提升服务效率的同时降低服务成本。还有无人机技术的发展,也使得部分道路复杂、件量少的快递服务通过无人机来解决,这也减少了对环境的污染。

绿色物流对社会有好处是毫无疑问的,其实,处理好了,它对企业也是大有好处的。解决绿色物流推进过程中的痛点,关键是要找到成本与效果之间的平衡点,这样推动起来才能达到事半功倍。

扫码学习绿色物流痛点分析微课。

微课:绿色物流痛点分析

四两拨千斤,小托盘大作用

在物流系统中作为集装器具的托盘,是运输、仓储、包装、装卸搬运、流通加工、配送等环节中使用的托盘,而且一般是指通用平托盘。在我国台湾地区把托盘称为"栈板",在香港和广东等地也有把托盘称为"卡板"的习惯。《物流术语》中将托盘定义为:"用于集装、堆放、搬运和运输,放置作为单元负荷物品的水平平台装置。"从该定义中,我们不难理解托盘的概念:一是堆放物品;二是堆放的物品形成集装单元;三是物品始终处于集装单元负荷状态存在;四是托盘是一种放置集装单元化物品的水平平台装置。

一般情况下,人们对托盘的表象认识如下:托盘上堆码几十个包装物品,形成一个集装单元,只要有叉车、吊车、输送机等装卸搬运机械,就能进行单元化作业;将物品放在托盘上,堆码成型,可随时由静态转换成动态,拥有了活性,为下一步作业提供了方便;物品堆码在托盘上,叉车、吊车、输送机等装卸搬运机械便可与托盘组合,于是,机械化、自动化物流作业成为可能。

托盘能将零散单件物品集合成单元化形状,作业效率能几倍、十几倍、几十倍地提高,作业成本大幅降低。物品堆码在托盘上,能减少重复搬倒作业,物流各环节实现了有效的衔接,整个物流过程变得通畅;托盘化作业有利于节能、减排、环境保护、生态平衡、循环经济发展。

当然,要达到理想的目标,托盘的利用需要由局部转向整体;由多个标准转向一个标准;由企业自购转为租赁;由小循环转为大循环;由自家使用转为大家共用。

托盘是从托架演变而来的,至今已有近百年的历史。据考证,世界上最早的叉车出现在英国(1914—1915年),1930年美国市场上才有叉车出售。早期的叉车起升高度小,用实心的轮胎,使用场所和用途有限。1943年,安装有充气轮胎、起升高度5 m的叉车问世,装卸搬运等作业性能也有了显著提高,由此与叉车作业不相适应的托架逐渐被能与叉车作业相匹配的托盘替代。实际上,托盘最初仅用于工厂、码头、火车站等场所的装卸搬运作业,因为外形各异、尺寸和性质不同的货物,一经放在托盘上就能简单、快速地利用叉车进行装卸搬运,不仅作业效率大幅度提高,还能解除重体力劳动。后来发现托盘的利用并不局限在装卸搬运方面,在仓储和运输等作业环节中也能发挥明显作用。特别是在20世纪40年代初第二次世界大战期间,美国军队运用的军事后勤保障系统中托盘在装卸环节发挥了很大的作用,由此,托盘在产业中的地位和影响得以确立,以托盘为基础的集装单元化原则应运而生。

1960年,美国开展了"托盘售货"活动,托盘进入超市,直接用来出售商品。20世纪70年代初期,北欧各国在托盘下面装上轮子,在托盘底板装上框架式结构,装载货物的托盘原封不动地从工厂运到商店,当成商品展示柜台,于是托盘变成了售货工具。

由于托盘使用范围的日益扩大,托盘的生产和销售数量骤增。美国的托盘保有量由1945年的3 000万个,增长到1958年的12 500万个,1968年达到20亿个。托盘的产量也从1958年的940万个,增加到1962年的6 800万个,1968年达到11 500万个,参加托盘联营的国家上升到19个。

据美国托盘协会资料记载,20世纪70年代初期,美国的托盘以木质为主,比例高达98%。20世纪80年代起开始研究使用钢材、塑料、纸以及其他种类材料制造托盘,其原因主要源于木材资源的限制。最早使用的托盘是平托盘,后来相继出现箱式托盘、柱式托盘、框架式托盘。关于托盘尺寸的规范化也在逐步推进,日本1963年制定了平托盘工业标准,1970年又制定了直达运输平托盘试验方法及包装规格系列。

1970年9月,在土耳其召开的"集装箱、托盘运输包装相互统一的国际流通模数化"会议上,得出的最适合的托盘尺寸是800mm×1 100mm,该尺寸也称安卡拉尺寸。1971年

10月召开的国际标准化组织/单件货物搬运用托盘技术委员会（ISO/TC51）分组会上，曾草拟出台了800mm×1 100mm、800 mm×1 200mm、900mm×1 100mm、1 100mm×1 100mm、1 000mm×1 200mm 5种尺寸的标准方案，征求各国意见。随后还针对是选用1 100mm×1 100mm托盘还是800mm×1 200mm的托盘展开了激烈的争论。

托盘联营最早出现在美国。美国于1940年开始在耐火砖、肉罐头等行业试行托盘联营，在部分企业之间和地区内建立托盘循环、共用机制。1946年，澳大利亚政府利用美国第二次世界大战期间留下的托盘和相关装备建立了联邦搬运装备共用系统(commonwealth handling equipment pool, CHEP)。开始实行以托盘租赁方式为主的全国托盘联营。起始阶段由国有企业运营，1958年改由私营企业CHEP经营。

CHEP经营的托盘联营公司在澳大利亚设置了11个管理站点，除统一了130万个1 160mm×1 160mm（正方形）托盘外，还把一万多个集装箱也并入了联营体系，提供给民间运输企业利用。1947年瑞典、1951年瑞士也先后加入了托盘联营。此后，托盘联营之风遍及欧洲、苏联、澳大利亚、加拿大、日本。日本在1971年相继设立了日本托盘租赁公司和日本托盘联营公司。而且，大部分是以铁路运输为核心发展起来的。1961年7月，欧洲国际托盘联营组织成立，以瑞士和德国为发起国，其主要目的是增加铁路运输能力，扩充铁路运输货源，更好地发挥托盘的作用。1962年，苏联、德国、捷克、匈牙利、蒙古等国家的部分火车站相互之间缔结了托盘交换协定。20世纪70年代末，德国、捷克、保加利亚、匈牙利、波兰、南斯拉夫等国家加入了欧美国际托盘联营组织。

从"托架"到"托盘"，其中包括平托盘、箱式托盘、立柱式托盘，它们与叉车相结合，作为装卸搬运过程中的重要组成要素，成为减轻繁重体力劳动、提高作业效率的一大创举。从把托盘只当成一种"水平装置""可移动的地面""活动的货台"，到把托盘看作连接运输、仓储、包装、装卸搬运、流通加工、配送等物流各环节的桥梁和纽带，确保物流全过程顺畅、贯通的重要组成要素，托盘跃上了一个新的台阶。

从把托盘只当成"集装化器具""单元化物流"中不可或缺的组成部分，到把托盘看作实现国际供应链的起点和无缝对接的重要组成要素，实现了托盘的一次"质"的腾飞。可以说，托盘的演变与发展以及托盘地位和作用的显现，与物流业和经济的发展进步密不可分。

资料来源：http://t.sg.cn/dg1lfb。

本章思考

1. 为什么要推进绿色物流？
2. 你能想到哪些措施来推进绿色物流？
3. 如何提升物流企业之间的协同作业效率？

第十一章

物 流 平 台

学习目标

知识目标：
1. 了解商业竞争中的降维打击方式；
2. 理解物流平台产生的原因；
3. 理解并掌握物流平台的构建及演化方式。

能力目标：
1. 能结合案例，分析物流平台上多方合作共赢的机制；
2. 能结合案例，分析物流产业的多元化发展策略。

素质目标：
1. 形成艺不压身的思想，养成热爱学习的态度；
2. 养成做事有大局观的工作习惯。

导入案例

传化物流发布线上平台：传化网

传化物流建立16年以来，瞄准的一直是公路物流。在传化看来，当下，货运量在国内物流处于重量级位置的公路物流领域，物流、供应链与未来世界之间，只差一个具有操作系统意义但又高于操作系统价值的连接器。而传化打造的连接器就是"传化网"。

会上，传化物流作为传化集团战略核心产业之一和国内领先的公路物流行业整合运营商，首次对外公布了物流战略，并推出连接全行业生态资源、全业务场景、全网智慧协作，整合商流、资金流、信息流、物流的完整兼容生态系统平台——传化网。

据亿欧了解，传化网是智慧的连接平台、数字化的操作平台、智能化的实现平台，这也体现了传化物流的野心：不仅为中国公路网装操作系统，为中国170个枢纽建设公路港城市物流中心，打造中国智能公路物流网络运营系统，发展物流大数据，形成中国物流大脑；同时应用互联网、云计算等信息技术，供应链、金融等服务手段，贯穿供应链全链条。

首创公路港模式，物流内功深厚

面对中国物流业"低、小、散"的问题，16年前，传化首开公路港模式，为物流行业转型发展服务。传化物流线上与线下协同发展，物流、互联网与金融协同发展，为工商企业、物流企业、卡车司机提供全场景的服务。经过16年沉淀,业务组合目前包括以物流基础设施服务和专业物流服务为主的城市物流中心;以服务于干支和城配领域的线上线下一体化物联网物流业务;金融及生态增值业务。

传化物流公路港已在全国80多个城市落地。传化物流整合服务了200万货车司机、3万多家物流企业和20万家货主企业。

传化物流的创新探索被提升到国家工程的战略高度在全国推广——发展改革委、工业和信息化部、交通运输部等五部委发文推广传化公路港物流经验;国务院发文助力交通物流融合发展,传化首创的"公路港"成为国家布局工程。传化物流已被验证成为物流业供给侧结构性改革的重要实践力量和推动力。

全新平台上线,传化想用软件开启物流行业的革命

传化集团董事长徐冠巨表示,传化将推动中国生产性服务业的发展,致力于营造生产制造与生产性服务业协同发展的新生态。其中的第一战略就是传化物流的发展——致力于构建中国智能公路物流网络运营系统,打造中国生产性服务业的基础设施平台。而这一平台的核心就是传化网。

而目前,传化已经打造了一横一纵、线上加线下联动的物流生态。横向上,传化公路港、联盟物流园区、企业存储仓库等不同节点组成了一张实体联盟网络,同时,基于实体网络,利用物联网、移动互联网等信息技术操作又形成一张数字信息网络;纵向上,实体网络又与生态伙伴的B2B平台、商贸专业市场、物流企业等系统构成一张网络。传化网通过物联网技术标识人、车、货、仓,实现实体联盟网络上传状态、数字信息网络下达指令,打通横向和纵向的互联,完成对万物的管、控、营一体化及全链路贯通。

"传化网还是一个承载服务的开放平台,连接所有行业实体,承载生态圈内各种服务",通过提供开放、共享的合作模式,聚集志同道合的伙伴共同打造传化网,同时,传化网又可供联盟或行业合作伙伴使用;通过构建创客机制,开放接口,让创客快速植入产品与服务,传化网提供全面的创业孵化服务。

资料来源:https://www.iyiou.com/news/2016101533166。

头脑风暴

在物流行业的模式创新中,如何理解"羊毛出在猪身上"这句话?

第一节 物流平台覆盖策略

一、降维打击

中国著名科幻作家刘慈欣在小说《三体》中提到高科技外星文明时新创了一个词——降维打击。降维打击就是将攻击目标本身所处的空间维度降低,致使目标无法在低维度的空间中生存从而毁灭目标。小说中提到,通过二向箔进行降维打击,把高维度的世界变成低维度,把三维变成二维,对一个三维世界最致命的伤害就是降维打击。

降维打击这个词近年来在商业领域出现的频度很高,它是指竞争对手的攻击来自高维度、你完全无法想象的地方。而你的一切常规反击手段、价格战之类,根本无效。例如,数码相机与胶卷,柯达公司生产的相机胶卷是世界上最好的,但是在未来使用胶卷的人已经非常稀少,数码相机已经取代了胶卷相机。而与此同时,一个不相关的行业——手机行业,因为内置了越来越便捷、质量越来越好的镜头,它已经取代了大多数普通相机的位置(图 11-1)。经济生活中,一个看似不相关的行业产品或服务,正在逐步取代原来的某些行业。

图 11-1 数码产业的降维打击

扫码了解其他领域的降维打击。

有时候,一个企业的倒闭,并不是因为它的产品做得不够好,而是因为来自不同领域的企业完全可以取代它,而且是你想象不到的手段。企业竞争中,采取的常见手段就是降价,但是,无论怎么降,它总是会有一定的价格存在。但是,如果一个不相关领域的企业,它突然提出来说可以免费提供产品和服务,而且质量相当好,那么对原来的企业来讲,将会是灭顶之灾。物流平台覆盖其实就是降维打击。

其他领域的降维打击

二、物流平台

物流平台指的是多方进行物流信息交换、便于物流交易达成、有助于物流业务运作效率提升的场所(或系统)。物流平台覆盖是指一个平台企业借助自身的优势,袭击处于本行业及相关行业的企业,通过捣毁对方的利润池来瓦解对方的市场掌控度,进而吸收对方的市场客源。

对物流企业运营方而言,如果它只有唯一的收入来源是令人担忧的。因为它的竞争对手如果是有多种利润来源的,它就有可能一段时间内在你唯一的收入业务上采取低价或免费的竞争策略,那么这些企业将会陷入两难的境地。如果企业客户对它的黏性不够高,则很快就会流向竞争对手。如果企业采取同样的低价竞争,则又会由于后续资金难以为继而失败破产。

三、物流平台产生的原因

物流平台是在第三方物流的基础上发展起来的。之所以需要物流平台,是因为它有着更全面的功能,对物流领域的运作有着更好的推进作用。

1. 物流平台的功能

(1)信息服务功能。信息服务是物流综合信息平台的基本功能,也是物流综合信息平台在建设初期的核心功能。信息服务主要表现为对各类物流信息提供录入、组织、维护、发布、查询、交流等服务。如综合公共信息、企业业务交易信息、货物跟踪信息、车辆调度跟踪等信息的查询和检索等。

(2) 资源整合功能。一般供应链节点企业的信息系统建设程度不同，相互之间的信息共享程度也不同，而企业之间一定程度的信息的交互对于提高整个供应链的运作效率，降低供应链总成本有着重要的作用。资源整合功能通过系统接口的标准化将异构系统进行整合；通过物流信息化标准，将分散的、不同标准的信息资源进行整合；根据一定的标准提供开放式的物流应用系统，整合中小物流企业的信息资源。

(3) 在线交易功能。在线交易功能为供需双方提供一个虚拟的交易平台，有利于规范市场运作，整合物流资源，并可确保 B2B 和 B2C 在 Web 上的安全协作。在线交易的主要功能有网上报价、网上下单、网上交易、网上配载、信息外包和项目招标等，实现网上购物、电视购物与城市配送的有机结合。

(4) 物流作业管理功能。物流综合信息平台不仅为各类物流信息提供共享接口，而且是配套管理系统。可对企业内部、外部资源进行计划与管理，并能面向企业供应链的全过程。物流管理功能包括库存控制、国际贸易物流管理、运输工具管理、财务管理等。物流综合信息平台必须面对客户的需求快速构建和集成端对端的物流管理功能，例如，成本计算模式和承运商的自动选择。

(5) 辅助决策功能。利用物流综合信息平台积累的全面、长期的数据，通过建立物流业务的数学模型，对历史数据进行分析、挖掘，为用户在预测、规划、方案评估等方面提供决策支持。辅助决策支持功能包括全局或局部物流优化、各级客户地理分析、运输能力模型分析、交通物流资源优化配送中心能力分析、配送网络方案分析、门到门服务分析优化、联运优化方案分析、代理网点设置优化、物流仿真分析模型、仓储能力分析、仓库选址模型、中转仓库优化方案等。

2. 物流平台的优点

(1) 降低物流成本，提高企业利润。物流信息平台能大幅降低制造业、物流业等各行业的成本，实打实地提高企业的利润，生产商、批发商、零售商三方通过智慧物流相互协作，信息共享，物流企业便能更节省成本。其关键技术诸如物体标识及标识追踪、无线定位等新型信息技术应用，能够有效实现物流的智能调度管理、整合物流核心业务流程，加强物流管理的合理化，降低物流消耗，从而降低物流成本，减少流通费用、增加利润，改善备受诟病的高物流成本居高不下的现状，并且能够提升物流业的规模、内涵和功能，促进物流行业的转型升级。

(2) 借助互联网先进技术，整合优化各类物流资源。物流平台集仓储、运输、配送、信息服务等多功能于一体，打破行业限制，协调部门利益，实现集约化高效经营，优化社会物流资源配置。同时，将物流企业整合在一起，将过去分散于多处的物流资源进行集中处理，发挥整体优势和规模优势，实现传统物流企业的现代化、专业化和互补性。此外，这些企业还可以共享基础设施、配套服务和信息，降低运营成本和费用支出，获得规模效益。

(3) 为企业生产、采购和销售系统的智能融合打基础。随着 RFID 技术与传感器网络的普及，物与物的互联互通，将给企业的物流系统、生产系统、采购系统与销售系统的智能融合打下基础，而网络的融合必将产生智慧生产与智慧供应链的融合，企业物流完全智慧地融入企业经营之中，打破工序、流程界限，打造智慧企业。

 **资料链接**

平台经济反垄断,物流平台需要警惕吗

2020年11月10日,国家市场监管总局发布了《关于平台经济领域的反垄断指南(征求意见稿)》(以下简称《反垄断指南》),向社会公开征求意见,引发了广泛关注和讨论。

《反垄断指南》发布的目的在于预防和制止互联网平台经济领域垄断行为,加强和改进平台经济领域反垄断监管,保护市场公平竞争。指南不仅对平台、平台经济等相关概念进行了定义,更重要的是对垄断协议、滥用市场支配地位、经营者集中等经济垄断行为以及行政垄断行为的规定作出了整体性、系统性的方案设计。

另外,《反垄断指南》发布时间也很有意思,"双11"前夕,这是要给商家敲警钟啊!市场和资本的反应也很显著,阿里、京东、美团、腾讯等互联网平台巨头股价大跌,让打折变成了打脸现场,一场狂欢盛宴会变成了血光之灾。很多人觉得2020年"双11"虽然打折的时候够长,但并没有往年那么热闹,这可能是因素之一。

释放了什么信息?

作为一种新兴商业模式,平台经济已经成为现代经济领域中不可或缺的组成部分,代表着数字时代的发展方向和未来。近年来,在一揽子支持平台经济健康发展的政策引导下,以"互联网+"为代表的平台经济在我国发展迅猛,推动我国平台经济不断攀越新高峰,更使中国成为全球平台经济版图中的亮眼新星。

在互联网、大数据等技术的支持下,平台大幅降低了用户交易、匹配所付出的成本,更突破了传统经济受到的时空限制,将数以亿计的企业、消费者连接起来,推动双方或多方之间的沟通、匹配、交易、分工、合作和互信。作为新经济增长点,互联网平台经济发展潜力巨大,对实体产业起到了带动和激活效应。

但不可否认的是,平台经济本身也存在诸多问题。近年来,大量由市场失灵、恶性竞争、道德风险引发的负面事件随着平台经济的迅速发展而出现,市场摩擦加剧,公共事件频发。这导致创业和消费都受到了影响,因为无论干什么,都会笼罩着巨头的阴影。

例如,线下支付,有些商家限制只能用微信,有的只能用支付宝;还有外卖平台,去了美团,就不能去饿了么……闹得比较严重的应该是2019年某宝和某多事件,某微波炉品牌因和某多勾勾搭搭,某宝一怒之下掐断了该品牌店铺流量,逼着品牌做选择,以致该品牌损失惨重。这种残酷的"二选一"使得用户和商家不能视自己的情况而自由选择,苦不堪言。

视频平台在会员基础上再充会员的超前点播、诸如X平台前期资金补贴后期亮獠牙的割韭菜行为,其实都属于不规范竞争行为。除此,还有"大数据杀熟"现象,对同一件商品,有些平台根据顾客的画像和大数据,计算出哪部分用户对价格不敏感付钱爽快,那么这部分用户的网页显示的价格就更高……互联网巨头高高在上,自带"赢家通吃"属性,颇有点有恃无恐。

《反垄断指南》发布,首次明确拟将"二选一"定义为滥用市场支配地位、构成限定交易行为,将"大数据杀熟"定义为滥用市场支配地位、实施差别待遇,无疑是监管部门打出的一记重拳,有人说它带来的影响绝对不亚于一个核弹。

确实,这意味着加强互联网平台垄断监管的信号已十分明显,群魔乱舞、肆无忌惮发展

的现状将终结，平台经济领域将迎来"强监管"时代。

这不，已有大佬表态了。近日，阿里董事会主席兼首席执行官张勇在世界互联网大会主论坛上称，国家有关部门正在就平台经济领域的政策和法规征求意见，这是非常及时和必要的，并表示将积极学习和响应国家的政策和法规，用自身更高的要求建设更为健康的平台经济。

物流平台发展需要警醒吗？

因为《反垄断指南》的约谈名单，有人把它看成是剑指阿里、腾讯、美团、京东等电商巨头垄断的普法书。其实不然。

《反垄断指南》指出，平台为互联网平台，是指通过网络信息技术，使相互依赖的多边主体在特定载体提供的规则和撮合下交互，以此共同创造价值的商业组织形态；平台经济，是指由互联网平台协调组织资源配置的一种经济形态。所以，此范围的所有互联网平台都将受此约束，包括物流领域的互联网平台。

有专家曾预测，物流将是继 Web 和移动之后下一个平台涌起的领域。不出所料，伴随"互联网＋"高效物流的快速发展，历经几十年，物流平台如雨后春笋般大量涌现，从最初的信息平台到车货匹配撮合型交易平台，再到如今的主力军网络货运平台以及其他细分领域的物流供应链平台，在平台经济发展浪潮中，物流平台也是勇立涛头。

据 2019 年数据显示，我国物流平台总数已突破 1 000 家，随着网络货运的放开，这个数据也在不断更新，如今物流行业平台化转型趋势已经越来越明显。物流平台的发展伴随着物流变革、转型和升级，作用不必多说。

但同样，在物流平台高速发展的同时，也面临着一些问题和挑战，尤其是货车司机和平台的矛盾。因恶意压低运价、补贴免费到后期收费、在司机和货主之间设置沟通障碍等行为，公共舆论曾多次将矛头指向物流平台，由货车司机引起的罢工抵制抗议示威也曾多次发生。

2020 年 4 月下旬，针对司机多次在国务院"互联网＋督查"平台反映的"某些平台企业垄断货运信息、恶意压低运价、随意上涨会员费等严重侵害货车司机利益"的问题，交通运输部发布核实处理函，要求相关部门配合核实查处被点名物流平台是否存在垄断行为，若确实存在违规经营行为的，要责令整改依法严肃处罚，情节严重的，要依法予以取缔。

这是物流平台首次受到垄断预警，在行业引起了很大反响。当时，有媒体发文质疑政府行政干预，影响市场自由进入和企业发展，并指出愿意与否的主动权掌握在司机和货主自己手里，三者并没有强行绑定。

司机反映的问题是否属于"垄断行为"，不好界定，也不是所谓的未占据"垄断式"市场份额能确定的，因为平台经济的市场份额计算和传统并不完全一样。但是可以肯定的是，被点名的物流平台给了司机这种"垄断"感受，是平台的某些机制或疑似"作恶"行为让他们有了利益被损害、从而向政府反映的行为。司机也不可能无的放矢，这就是问题。同时，现在再看《反垄断指南》，应该要另说了吧。

其实，《反垄断指南》不是为了给平台打上垄断标签而制定的，之前交通运输部发函核实某些物流平台问题，垄断并不是需要讨论的重点，重要的是市场竞争机制是否合理、公平性能否得到保障，各方利益是否得到平衡。虽然大家都是商业经营者，但平台更多的是一个帮扶者的角色，而不是争利者。

小结：垄断的界定一直都很困难，虽然平台和平台经济好界定，但因平台经济不具有传统生产企业的特点，所以就更不容易界定其市场了，例如市场支配地位怎么算，滥用又怎么衡量，更何况在大数据和算法的掩盖下，滥用市场支配地位很难收集到证据，即使能收集，付出的成本估计也不低。所以，平台经济反垄断监管其实非常困难。不过还是希望在平台经济反垄断法的规范和震慑下，平台经济能向着更好、更健康的方向发展。

资料来源：https://www.cifnews.com/article/84568/.

四、物流平台的覆盖策略

物流与电子商务的结合是一种有效的平台覆盖策略。浙江某企业原来自己在电商平台做汽车配件销售，业务发展很快，2011年年初的日发快件量就已达1 500单。为节约自身的物流成本，其选择了一家快递公司加盟，而且，它还租用了一些生产企业的闲置厂房作为网点，将厂房改造后引进多家电商企业办公和仓储，形成了一个小型的电商园区。这些电商企业只需要向该公司交纳极低的租金，不过有一点要求就是必须走该公司所加盟的快递公司的业务渠道。入驻的电商企业既可以节省办公和仓储用房的租金成本，又可以在快递成本保持不变的情况下更为便捷地发件，这对电商企业来说是很有吸引力的。

扫码了解该公司业务发展图片。

后来，该公司又利用自身的优势陆续为入驻的电商企业提供摄影、网页优化等方面的配套服务，吸引了越来越多的电商企业入驻，公司业务发展很快。2017年，该电商园区的日发件量已突破2万件，光是快递业务的收入就很可观。在这里，这家公司其实也是一个小的物流平台，它有效地连接电商企业和快递企业，并且蚕食了一部分电商企业的租赁市场，形成了良好的电商物流生态圈（图11-2）。可以看出，在激烈的市场竞争中，如果一些物流园区只能够提供简单的租赁服务，并且将租金作为唯一的收入，那么它是很容易被一些新的物流平台所取代的。

电商园区平台公司业务发展图片

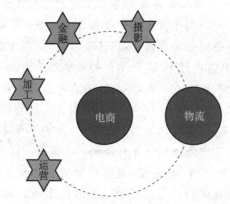

图11-2　电商生态圈

现在还有一些物流平台，例如以送外卖起家的美团公司，它在全国布下数量庞大的网络之后，就开始利用送餐网络顺带配送其他物品，而且，它还建立了自己的电商平台，在上面销售电影票、提供订餐服务等（图11-3）。而由于原来的送餐业务可以提供资金支持，它可以在一开始入侵相关领域时提供免费服务，从而在一定时间内将竞争对手击溃，再将对方的市场

图 11-3 美团平台的业务拓展

收入囊中。

物流平台的产生为平台覆盖的竞争方式提供了更有力的竞争手段。作为平台本身,它应该努力去发掘合适的平台覆盖竞争手段;而作为物流企业,则必须有危机意识,时刻提醒自己要防范可能来自某些平台的降维打击。最后,请大家思考在经济领域还存在哪些平台覆盖现象?

扫码学习物流平台覆盖策略微课。

微课:物流平台覆盖策略

第二节 物流平台构建模式

一、物流平台的构建

当前,物流行业的竞争逐步转向平台的竞争。而作为物流平台,它需要整合大量的资源,提供在其他地方难以享受到的服务,才能将众多的交易双方吸引到平台上来,它是怎么做到的呢?

1. 整合现有闲散资源构建平台

以爱鲜蜂平台(图 11-4)为例,它以众包微物流配送为核心模式,以不愿临时外出购物的年轻白领"懒人群体"为目标客户群,定位为"掌上一小时速达便利店",着重打造基于移动终端定位的 O2O 社区品牌,自平台成立以来发展速度惊人。该平台的送货员主要由各住宅区及办公区周边的小卖部店主组成。由于小卖部的经营特点是销售时间比较分散,这些店主的闲暇时间多,而且距离下单用户很近,利用他们提供配送服务既盘活了资源,又节约了成本,还能提高终端用户的体验满意度,能够取得双赢的结果。

2. 借助资本力量构建物流平台

京东物流平台是一个典型案例,京东物流的建设其实是从 2007 年开始的,当年获得今日资本千万美元融资,于是在北上广建设了总面积超过 5 万平方米的仓储体系,开始启动移动

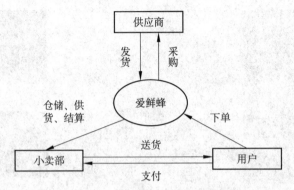

图 11-4　爱鲜蜂平台的业务流程

POS 上门刷卡服务。近年来,京东物流获得了红杉资本、招商局资本、腾讯、中国人寿、国开金融、国调基金、工银国际、高瓴等资本力量的投资。这些资本推动了京东物流的布局不断升级完善。截至 2017 年年底,京东在全国共建有 8 大区域物流中心,运营了 486 个大型仓库,总面积达 1 000 万平方米。同时,京东在印度尼西亚、泰国等东南亚国家的物流布局也形成了一定规模。

3. 从虚拟平台过渡到实体平台

运满满物流平台(图 11-5)成立于 2013 年,是国内首家基于移动互联网技术开发的全免费手机 App 应用产品,致力于为公路运输物流行业提供高效的管车配货工具,同时为车找货(配货)、货找车(托运)提供全面的信息及交易服务。运满满平台服务的对象涵盖所有类型的货物和车辆,全面满足物流公司、信息部及中小企业的公路长途整车运输需求。借助这个平台,不仅可以提高车主配货效率、降低空返率,而且可以提升货主找车效率,改善整体物流行业的运行效率。运满满平台开启了货运领域"互联网+"的先河,将司机与货主集合到平台上,让货运信息与运力在线上对接,重构了物流生态。目前,平台上已汇聚重卡司机 600 万、货主 150 万,是全国最大的卡车运力调度平台。

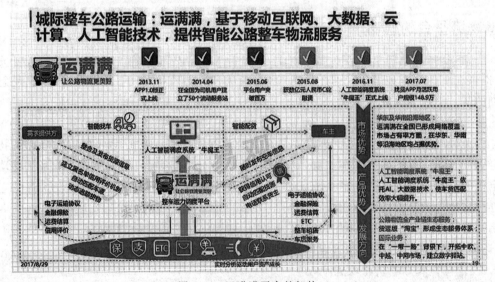

图 11-5　运满满平台的架构

二、物流平台的演化方式

物流平台形成以后并不是一成不变的,它还会动态地进行演化。演化主要通过寄生、共生、衍生3种方式进行。

1. 物流平台的寄生

所谓平台寄生是指有些物流平台长期或暂时必须依赖于其他平台的存在而存续,并从这些平台中获取相关利益的一种关系。丰巢科技公司当初是由顺丰、申通、中通、韵达、普洛斯等物流公司共同投资创建的,其推出的是面向所有快递公司、电商物流使用的24小时自助开放平台"丰巢"智能快递柜。它其实也是一个终端快递派送平台,寄生在几大快递平台企业上,提供平台化的快递收寄交互业务。

2. 物流平台的共生

物流平台的共生是指两个以上的平台相互依赖、共同生存。多数快递平台和电商平台之间基本上都是共生的,快递平台从一开始就同时服务于多家电商平台,不会被电商平台所拘束。快递平台需要依赖电商平台的销售业务,电商平台也需要依赖快递平台完成商品的流通服务。相比而言,共生型物流平台比寄生型物流平台的生存能力更强。

3. 物流平台的衍生

物流平台的衍生主要是指随着网络技术的变革与创新,随着原有物流平台的发展而产生一些新的物流平台的过程。现代物流的范围已不仅局限于运输、仓储等传统业务,随着商品流通业务的创新,物流业已衍生出了配送、快递、物流金融、物流数据分析等一系列新的业务,而且这些业务日渐壮大,每一个新滋生的领域也逐渐演变成很大的市场。从市场实际运作的情况来看,衍生往往是两类以上平台交叉形成,它兼具这些平台的共性,既是原有平台的延展,又是符合市场需求的一种创新,因此,这类物流平台产生后,即会具有较快的成长性。美团、58速运等平台就属于这一类。

微课:物流平台构建模式

扫码学习物流平台构建模式微课。

即问即答

物流平台寄生、共生、衍生的例子还有哪些?它们各有哪些优缺点?

本章思考

1. 物流平台的构建路径有哪些?
2. 物流平台可以承接哪些业务?它具备哪些优势?
3. 如何理解传化公路港的平台盈利模式?

参 考 文 献

[1] 房秀文,林锋.中华商业文化史论[M].北京:中国经济出版社,2011.
[2] 秋原.清代旅蒙商述略[M].北京:新星出版社,2015.
[3] 许小年.商业的本质和互联网[M].北京:机械工业出版社,2020.
[4] 刘志则,张吕清.一路顺丰[M].北京:北京时代华文书局,2017.
[5] 何黎明.2019中国物流技术发展报告[M].北京:中国财富出版社,2019.
[6] 香帅.香帅财富报告[M].北京:新星出版社,2021年.
[7] 肖建辉.跨境电商物流渠道选择与发展[J].中国流通经济,2018(9):30-40.
[8] 速卖通大学.跨境电商物流[M].北京:电子工业出版社,2016.
[9] 尤西·谢菲.物流集群[M].岑雪品,王微译.北京:机械工业出版社,2015.
[10] 陈威如,余卓轩.平台战略[M].北京:中信出版社,2013.
[11] 中国邮政快递报社.无处不在[M].北京:中信出版集团,2019.
[12] 徐晋.平台经济学[M].第2版.上海:上海交通大学出版社,2013.
[13] 忻榕,陈威如,侯正宇.平台化管理[M].北京:机械工业出版社,2020.
[14] 朱晓军,杨丽萍.快递中国[M].杭州:浙江人民出版社,2016.
[15] 马克·莱文森.集装箱改变世界[M].姜文波等译.北京:机械工业出版社,2008.
[16] 花永剑.基于平台机制创新的物流产业升级模式研究[M].杭州:浙江工商大学出版社,2016.